Mein Tödi

Ein Lesebuch

Publiziert mit freundlicher Unterstützung von:

Stiftung der Glarner Kantonalbank
für ein starkes Glarnerland

kanton**glarus**   **Kulturförderung**
SWISSLOS

Stiftung
Anne-Marie
Schindler

Umschlagbild: Reklameillustration
«Feine Eierhörnli Marke ‹Tödi›», 1920er-Jahre.

www.as-verlag.ch

© AS Verlag & Buchkonzept AG, Zürich 2024
Ein Verlag der Lesestoff-Gruppe
Gestaltung und Satz: AS Verlag & Grafik, Urs Bolz
Projektleitung und Lektorat: AS Verlag, Philipp Ramer
Korrektorat: AS Verlag, Martha Höschel
Druck und Einband: BALTO print
ISBN 978-3-03913-060-3

Der AS Verlag wird vom Bundesamt für Kultur
für die Jahre 2021–2024 unterstützt.

Mein Tödi

Ein Lesebuch

Herausgegeben
von Perikles Monioudis

AS Verlag

Vorwort des Herausgebers

Vor zweihundert Jahren wurde der Tödi – der mit 3612 m ü. M. «höchste Glarner», der vergletscherte Riese im hochgebirgigen Grenzgebiet der Kantone Glarus und Graubünden – zum allerersten Mal alpinistisch bezwungen.

Vollbracht haben das im Jahre 1824 die beiden Gemsjäger Placi Curschellas und Augustin Bisquolm. Sie stiegen aus der Surselva auf und triumphierten auf dem Piz Russein – man lese hierzu den dramatischen Beitrag des grossen Tödi-Kenners und Schriftstellers Emil Zopfi in diesem Band. Die beiden Wagemutigen trotzten den Unwägbarkeiten des Aufstiegs, den Fährnissen der Witterung, schlechterdings ihrer eigenen Physis und nicht zuletzt der Natur. Denn sie zähmten mit ihrer bergsteigerischen Grosstat die Wildnis, die sich nur durch eine solche Eroberung der Vertikalen bannen lässt – und zwar lediglich für den lebensgefährlichen Augenblick.

Diesen Augenblick feiern wir heute. Er hat sich über zwei Jahrhunderte im kollektiven Gedächtnis einer ganzen Alpenregion gehalten. Der Tödi selbst ist freilich auf einer anderen Zeitachse verortet, die bis zur Entstehung der Alpen zurückreicht und zugleich in die astronomische Zukunft vorausgreift. Wann ist also der richtige Zeitpunkt, um sich einem Gebirge zu nähern, einem majestätischen Berg, dem

Tödi? Sind wir in der Betrachtung dessen, was ihn und was die Menschen um ihn her betrifft, zur richtigen Zeit am richtigen Ort? Oder machen wir heute nur deshalb kurz Rast, weil wir einer einfachen Zahlenmystik erliegen – der Zahl 200?

Nein, der Moment ist schon richtig gewählt, denn wir befinden uns einmal mehr in einer Zeitenwende. Galt die Bergwelt einst als Trutzburg und Rückzugsort vor der Welt – etwa im «Réduit-Gedanken» im Zweiten Weltkrieg –, gehörte es sich später, aktiver Berggänger und Tourenskiläufer zu sein. Heute ist dieser schweizerische Imperativ nach wie vor *en vogue*, er wird aber anders interpretiert. Die Jugend kraxelt viel lieber in den Boulderhallen oder in eigens hergerichteten Kletterfelsen in den Voralpen, oder sie schwingt sich auf dem Pfad aufs Mountainbike.

Die Literatur der Berge spiegelt solche Entwicklungen wider. In den Bergtexten des frühen 20. Jahrhunderts vollzog sich ein Wandel von der kollektiven Besinnung auf die Berge hin zu einer subjektiven, persönlichen Betrachtungsweise der Alpen. Diese herrscht heute noch vor. Themenbereiche wie Geschlecht, soziale und Biodiversität, Umwelt und Klima, Raum oder auch Materialität greifen in die Betrachtung – und Begehung – der Alpen und lassen neue Diskurse entlang der Frage entstehen: Von wem, von wo aus, auf welcher Grundlage und mit welchem Ende wird die Bergwelt in unseren Tagen betrachtet, besungen und gefeiert?

Der vorliegende Band beantwortet diese Fragen in schönster Weise. Im ersten Teil sind eigens für «Mein Tödi» verfasste Beiträge zu lesen, so Renata Burckhardts «Tödis Raunen im Norden», in dem die Aura des Bergs noch im Zürcher Fitnessstudio seine Wirkung zeitigt, oder Daniel Mezgers «Einen Berg zeichnen», der einen in die Glarner Primarschule entführt. Für Seraina Kobler, die passionierte Berggängerin, ist der Tödi nach wie vor «Nicht zu fassen», während in Claudio Landolts «ChatGPTödi» sich ein Chatbot um pragmatische Auskunft bemüht und Alfonso C. Hophan in «Die Ödnis» die Vergangenheit heraufbeschwört – und einen Tierfehd-Besucher namens Friedrich Nietzsche.

Neben einem weiteren Originaltext, verfasst von Peter Weber, stehen Auszüge aus Büchern, in denen der Tödi oder die Menschen um ihn her eine Rolle spielen. So in Franz Hohlers «Die Öde», in Tim

Krohns «Frühling auf Fessis», Elsbeth Zweifels «Das Bündel Zeit» oder in Roland Heers «bergfahrt», um nur einige wenige zu nennen.

Ein weiterer Tierfehd-Besucher kommt im zweiten Teil des Bands zu Wort: Karl Kraus mit seinem Gedicht «Landschaft». Gemeinsam mit den Auszügen aus Meinrad Inglins Erzählung «Drei Männer im Schneesturm» – Inglins Vater kam am Tödi ums Leben – sowie Nelly Zwickys «Das Geheimnis des Knechts» bildet er eine Art Steigbügel für alle später erschienenen Tödi-Texte.

Das gilt in gewisser Weise auch in Bezug auf die Beiträge im dritten Teil. Sie grundieren den literarischen Kontext der ersten beiden Teile aus erklärender Sicht. Bernhard Tschofen erzählt in «Die Alpen sehen» die Blickgeschichte der Alpen nach und erläutert die jüngere kulturwissenschaftliche Alpenforschung. In «Bergsteigerinnen der 1880er- und 1890er-Jahre» beschäftigt sich Tanja Wirz mit ebendiesen Frauen und den sozialen Widerständen, denen sie begegneten. Mirja Lanz präsentiert mit «Pfad Val Frisal» einen Blogbeitrag, den sie im Auftrag des Schweizer Alpen-Clubs SAC in der Höhe verfasste und für die erstmalige Drucklegung im vorliegenden Band bearbeitete.

Ihr Text kündet nebenbei von den Anstrengungen, die heute die spezifischen Institutionen der Alpenwelt unternehmen, um dem Bedürfnis nach kultureller Teilhabe und dem Freizeitverhalten der Jugend zu begegnen.

Mögen sie fruchten!

Perikles Monioudis,
im Sommer 2024

Inhalt

Erster Teil

Emil Zopfi
Die Speckschwarte auf dem Piz Russein – Die Erstbesteigung des Tödi, eine rätselhafte Geschichte

In den Anfängen des 19. Jahrhunderts träumen zwei Männer davon, den Tödi zu besteigen. Noch sind erst wenige hohe Alpengipfel von Menschen betreten worden: der Montblanc, die Jungfrau. Von Norden versucht der Arzt und Botaniker Johannes Hegetschweiler aus Stäfa am Zürichsee mehrmals den Aufstieg über den Bifertengletscher. Von Süden nähert sich der Benediktinerpater Placidus a Spescha, Kaplan in Trun, dem Berg.

1822

Hegetschweiler verfasst ein Buch über seine Tödi-Expeditionen. Er schreibt:

> Im August 1822, dessen anhaltend warmer Sommer zu Gletscher-reisen vorzüglich geeignet schien, wagte ich einen dritten Versuch, den Tödi zu besteigen. Ausser meinem Knechte, der mich als Trä-ger begleitete, und der bereits mit Pflanzentrocknen und Tragen des Barometers umzugehen wusste, diente mir als Führer Hans Thut aus Linthal, Gemsjäger, Senn und Naturheiler, man nann-

te ihn den «Wasserdoktor». Ich zweifelte kaum an der Erreichung des Ziels und hoffte, dieselbe durch einige wissenschaftliche Versuche bemerklich zu machen.

Eine grässlichere Wildniss mag es im Alpgebirge kaum geben, als die unter uns, neben und über uns war. Nach einer halben Stunde kehrte der Führer zurück und rief jubelnd von einem Felsenvorsprung, dass der Tödi zu ersteigen sei. Wir stiegen rasch über mehrere Felsen hinauf bis an einen Felsenruns, durch den einiges Wasser floss, und der notwendig passiert werden musste. Mit einiger Nachhilfe, indem der Führer durch seine Hand den Stand unseres Fusses sicherte, gelang auch dieses, obgleich die Wand sehr steil und bei jedesmaligem Ansetzen der Hände an die Felsen das Wasser aus den Ärmeln gegen den Leib lief.

Nach mühsamem Steigen gelangten wir auf die südöstliche Seite des Berges. Wir lagerten uns auf einer gegen Felsen und Gletscherbrüche durch überragende Felsen geschützte Steinplatte, 9202 Fuss über Meer. Hier machten wir Experimente über das Einwirken der Luft auf den Menschen und die Beschaffenheit derselben in bedeutenden Höhen. Um die Verbreitung des Schalles zu beobachten, schossen wir eine Pistole ab.

Wir glaubten uns bald am Ziel unserer Reise, aber gewaltig türmte sich noch der Berg mit seinen gelben Wänden vor uns auf. Wir standen in der Höhe der Wasserscheide von Glarus und Graubünden. Unserer Beratung gab der tobende Föhn bald den Ausschlag. Schwarzblau ruhte auf uns der Himmel, aus zerrissenem Gewölke tauchte nur hie und da ein Gegenstand aus den Ländern der Sterblichen auf. Unter diesen Umständen war an kein Weiterkommen zu denken, und bei der wahrscheinlich fortdauernden schlechten Witterung auch an kein Ausharren auf dem Berge. Ungern ward die Rückkehr beschlossen.

Pater Placidus a Spescha ist ein aufgeklärter Universalgelehrter, Theologe, Geograf, Erforscher der romanischen Sprache. Ein herzensguter Mensch. Und ein starker und geduldiger Bergsteiger, der sagt: «Berge sind Festungen, hart einzunehmen. Nur Kunst und Beharrlichkeit kann sie bezähmen». Er hat mehrere Gipfel erstbestiegen, darunter das Rheinwaldhorn im Revolutionsjahr 1789 und den Oberalpstock. Bei seinem sechsten und letzten Versuch am Tödi ist er 71 Jahre alt.

Den 1. des September 1824 wagte ich den noch nie erstiegenen Piz Russein zu ersteigen. Die Gemsjäger aber, die zur Mitersteigung bestellt waren, konnten nicht zeitlich genug versammelt werden, folglich musste das Nachtlager, welches unter dem Crap Glaruna hätte eingenommen werden sollen, um den Aufstieg zu verkürzen, bei der unteren Hütte der Alp Russein von Trons, wo das Vieh lagerte, eingenommen werden. Bei der oberen Hütte der Alp entschloss ich mich zu verbleiben; denn die Ersteigung des Bergs schien mir zu beschwerlich. Demnach schickte ich die Jäger: Placi Curschellas von Trons und Augustin Bisquolm von Disentis dahin und beobachtete ihre Hinreise. Wir – mit mir Carli Cagenard von Trons, mein Diener – sahen ihre Auf- und Abfahrt mit an. Nächst dem Fussglätscher westlich stiegen sie über die Mitte der Felsen des Bergs hinaus, lenkten zur Linken, um dessen westlichen beschneiten Rücken zu erreichen und so gelangten sie auf den Berggiebel um elf Uhr.

Wegen des Höhenrauchs war die Zentralkette der Alpen, einige hohe Gipfel vorbehalten, mit Dünsten eingehüllt. In der Ferne kamen ihnen die Gegenstände undeutlich vor. Im Glarnerland erblickten sie acht bis neun Ortschaften, in einer eine ansehnliche Kirche; rücklings das Medelser Thal und den Lukmanier. Näher gegen Westen ragte ein sehr hoher und beschneiter Berggiebel empor, vermutlich der Montblanc. Sie bewunderten die ungeheure Tiefe der nächstgelegenen Täler: Sandalp und Russein und die umliegenden Schneefelder und Gletscher. Einen Theil des Vierwaldstätter Sees glaubten sie auch gesehen zu haben – und dies ist leicht möglich. Sie hielten sich nur dreissig Minuten auf dem Gipfel auf; sie beklagten sich sehr über das Athemholen, Verfinsterung der Augen und Schwindel; und ihre Gesichter waren von dem neuen Schnee, der nicht selten unhaltbar war, entflammt.

Einer sass auf seiner Kappe und der andere auf seinem Grabinstrument; so verzehrten sie ihren mitgenommenen geräucherten Speck, und zum Zeichen ihres Daseins liessen sie dessen Schwarte dort liegen, da sie weit und breit keine Steine fanden, um einen Steinmann aufzurichten. Sie versicherten aber einmütig, einer allein würde den Berg nicht erstiegen haben; denn sie mussten einander helfen und Mut einflössen.

Ich selbst mit meinem Diener Carli Cagenard von Trons stieg eine beträchtliche Höhe seitwärts rechts hinauf, um die Auf- und Absteigung der Jäger mitanzusehen. Um vier Uhr abends trafen wir bei der oben gemeldeten oberen Alphütte zusammen, wo man sich labte und erzählte.

So endigten meine vierzig und mehrjährigen Bergreisen unbeschädigt. Gott sei Dank!

Pater Spescha schreibt einen Bericht fürs «Churer Intelligenzblatt», informiert auch Hegetschweiler vom Erfolg der beiden Gemsjäger am Russein. Der glaubt jedoch, es handle sich bei dem, was die beiden dem Pater erzählten, um Bündner «Jägerlatein». Auch an der Beobachtungsgabe des alten Spescha zweifelt er.

Der würdige, noch in hohem Alter warme Freund der Naturkunde Pater Placidus a Spescha hatte die Güte, mir diese Nachricht in einem Briefe mitzuteilen.

Allein nach schriftlichen Berichten von ihm selbst, konnte er selber das letzte Mal nicht einmal bis zur Wand des Piz Russein vordringen. Und wie wenig auf die blosse Aussage der Führer zu trauen sei, habe ich selbst mehr als einmal erfahren.

Dass sie den Gipfel erreicht haben, scheint dem ehrwürdigen Greis deswegen wahr, weil er mit dem Fernrohr nachmittags an den Fussstapfen deutlich wahrnehmen konnte, dass sie vom Berge herabkommen. Aus einer Entfernung, aus welcher ich mir auch mit einem guten Fernrohr kaum einen Menschen zu unterscheiden getraute.

1834

Zehn Jahre nach der Besteigung des Piz Russein durch die Bündner Gemsjäger kehrt Hegetschweiler nochmals zum Tödi zurück. Seit drei Jahren ist er Zürcher Regierungsrat, in die Politik gelangt als Redner am «Ustertag» 1830, der den Sturz der Aristokratie einleitete.

Man hat ihn gerufen, weil drei Hirten aus Linthal behaupten, sie hätten den Tödi von Westen her bestiegen. Allein der Sturm habe sie abgehalten, eine Fahne auf dem Gipfel aufzupflanzen. Hegetschweiler examiniert die drei, entlarvt sie als Schwindler, unternimmt einen letzten Versuch, der wieder scheitert. Pater Placidus a Spescha ist ein Jahr zuvor verstorben. Regierungsrat Hegetschweiler fällt im «Züriputsch» im September 1839 einem Attentat zum Opfer.

1837

Ein heisser Sommer im Glarnerland, auch politisch. Die Regeneration, der liberale Umschwung, hat das Tal erfasst. In Glarus sammeln sich Truppen, es geht gegen die Katholischen von Näfels, die sich der neuen Verfassung widersetzen.

Indes wendet der Linthaler Gemsjäger Bernhard Vögeli seinen Blick nicht gegen Norden, sondern dem Tödi zu. Ermutigt durch die neue Zeit vielleicht, die mehr Freiheit verspricht. Die Bergler wollen ihre Berge selber meistern, nicht nur zahlende Herren aus dem Unterland auf die Gipfel führen, damit sie die Ehre einer Erstbesteigung für sich reklamieren. Schon seit er ein Bub war, hat sich Bernhard Vögeli gewünscht, vom Tödi-Gipfel in die weite Welt hinauszuschauen.

Endlich zieht er los, sechzig Jahre zählt er schon, sein Sohn Gabriel ist mit von der Partie und Thomas Thut, ein Vetter des «Wasserdoktors». Fusseisen, Heuseile und eine Leiter haben sie dabei. Zweimal müssen sie wieder umkehren, erst im dritten Anlauf kommt, nach einer kalten Nacht am Gletscher, der Gipfel in Sicht. Nicht der Russein, den sieht man von Linthal aus nicht, sondern der Ostgipfel, der Glarner Tödi. Es ist der 12. August 1837.

Bernhard Vögeli erzählt:

> Hier war es, wo ich durch die grosse Arbeit erschöpft, mich sehr
> unwohl fühlte, auch, wie meine Begleiter mit Schrecken bemerk-
> ten, meine Gesichtsfarbe veränderte. Ein Frost und heftiges Zit-
> tern der Glieder hatten mich überfallen. Das Gefährliche meiner
> Lage einsehend, raffte ich meine letzten Kräfte zusammen, fuhr
> fort, mich zu bewegen, nahm einige Schlücke Kümmelwasser und
> hatte die Freude, mich in kurzer Zeit von diesem Zustande befrei-
> en zu können.
>
> Noch eine Weile schritten wir fort; da teilten sich plötzlich
> die Wolken und unser Auge überschaute eine zahllose Menge von
> Berggipfeln, von denen keiner zu uns emporreichte. Wir überzeug-
> ten uns fast zu unserm Schrecken, dass wir auf der Spitze des noch
> nie bestiegenen Tödi standen. Unser Tal, in dem wir unsere Woh-
> nungen und das Stachelbergerbad erkannten, lag in dunkler Tiefe
> zu unsern Füssen, und wir vergossen Tränen der Freude über das
> uns zu Teil gewordene Glück. In aller Eile wurde nun als Signal
> aus zwei Stöcken ein Kreuz verfertigt, an das wir einige Nastücher
> mit Nadel und Faden, die wir zu diesem Zwecke mitgenommen,
> befestigten. Dann erst setzten wir uns auf den glänzenden Firn,
> nach dem wir so oft mit Sehnsucht hinaufgeblickt hatten.

Euphorisiert von ihrem Erfolg kamen die drei Erstbesteiger gegen
Abend im Tale an. Die «Glarner Zeitung» schreibt: «Mit Jubel zeigten
sie ihren Sieg über den Tödi den respektablen Stachelbergbadgästen
an, fanden aber nicht die Symphonie, die sie hofften.»

Auch wenn der alte Thut, der Führer Hegetschweilers, beteuert,
er habe das Fähnlein auf dem Gipfel gesehen, glauben die Kurgäste
des vornehmen Schwefelbades den Einheimischen kein Wort. Dass
einfache Bergler ohne zahlende «Herren» und Wissenschaftler einen
Berg besteigen, kann man sich nicht vorstellen. Genauso wie die Besteigung des Russein durch die Bündner Gemsjäger noch immer an-
gezweifelt wird.

Nun geschieht jedoch etwas Unerwartetes: Ein junger Zürcher,
der mit seiner Mutter zur Kur im Stachelberg weilt, tritt vor die drei
Männer hin. Friedrich von Dürler, Sekretär der Armenpflege der

Stadt Zürich, schlägt vor, die drei Einheimischen bei einem erneuten «Spaziergang auf den Tödi» zu begleiten, um ihre Leistung zu bestätigen.

Friedrich von Dürler berichtet seinem Freund Ferdinand Keller:

> Hektische Vorbereitungen begannen, an denen sich einige Gäste des noblen Hotels beteiligten. Schnell wurde eine grosse rote Fahne aus Tischteppichen verfertigt, Mundvorrat im Überfluss herbeigeschafft, ein gegenseitiges Zeichen verabredet und die Beobachtung mancherlei Erscheinungen empfohlen, aber während des Eifers der Zurüstungen das interessanteste Gerät, ein Barometer, von unvorsichtiger Hand zerschmettert. Unter allgemeinen Glückwünschen und einem Geleite von Freunden schritten die Wanderer um drei Uhr nachmittags dem Fuss des Tödi zu.
>
> Bei Anbruch der Nacht wurde die obere Sandalp erreicht. Ihre Bewohner setzten unsern Reisenden gastfreundlich das vorzüglichste Gericht vor, das eine Sennhütte aufweisen kann, einen Rahmbrei, Fänz genannt. Sie räumten ihnen auf dem Heulager die bequemsten Stellen ein.

Dürler, trainiert von Bergwanderungen, Hauptmann im Militär und Vorturner im akademischen Turnverein, schafft den Aufstieg durchs Spaltengewirr des Bifertengletschers ohne Probleme. Auf dem Gipfel wird die rote Fahne geschwenkt, mit dem Fernrohr die Umgebung inspiziert und das Tal, wo die Einheimischen und die Kurgäste zusammenlaufen und zum Berg hinaufstarrten. «Wo Menschen, winzigen Kobolden gleich, auf der vor kurzem noch unersteiglich geglaubten Schneekuppe umherirrten», schreibt die «Glarner Zeitung».

> Eine Stunde verging, ehe man nach so grossen Strapazen an den Genuss von Speise und Trank dachte. Der Hunger war bald gestillt; dagegen konnte der brennende Durst, den die Bergleute Hungerdurst nennen, kaum befriedigt werden. Branntwein mit Schnee vermischt mundete nicht.
>
> Zur grossen Überraschung der Gesellschaft bewegte sich, als sie eben am Mittagsmale sass, ein Schmetterling, den die Winde

nach dieser Region des Todes hinaufgetragen hatten, in mattem Flug an ihr vorbei.

Für wissenschaftliche Experimente bleibt kaum Zeit, ebenso verzichtet man nach Beratung auf den Übergang zum Russein. Beim Abstieg setzen sich die Einheimischen auf ihre Bergstöcke und sausen die steilen Schneehänge hinab. Dürler tut es ihnen gleich, stürzt dabei in einen Spalt und kann nur mit Mühe herausgezogen werden. Unverletzt bleibt er und munter, lediglich seine goldene Uhrkette hat er verloren.

Die Ankunft im Tal am andern Morgen gleicht einem Triumphzug.

Von der hinteren Linthbrücke weg, wo eine Gesellschaft Kurgäste sie erwartete und ein kleines Fest bereitet war, bis zum Badegebäude ertönten von allen Fenstern Begrüssungen und feierliche Glückwünsche; ja der Pfarrer des Dorfes selbst ermangelte nicht, in einer passenden Anrede die Kühnheit und das Selbstvertrauen der Wanderer zu loben.

Linthal ehrt den «ersten Touristen auf dem Tödi», wie man Dürler nennt, mit einem Denkmal. Aus Dankbarkeit verfasst er vor einer geplanten nächsten Tödi-Tour ein Testament, seine Führer sollen je 90 Gulden erhalten, die Gemeinde Linthal 500, die Schule 250. Im März 1840, bei einem Wettlauf vom Uetliberg ins Tal, setzt er sich wie am Tödi auf seinen Bergstock, saust eine gefrorene Holzschleife hinab, stürzt und schlägt sich den Schädel ein. Sein Nachlass wird, wie verfügt, ausbezahlt.

Auf dem Uetliberg erinnert der Dürlerstein an den Tödi-Pionier.

1859

Im Jahre 1855 wird die Dufourspitze des Monte Rosa bestiegen, der höchste Gipfel des Landes. Das folgende Jahrzehnt gilt in der Alpingeschichte als das «Goldene Zeitalter des Alpinismus». Gipfel um Gipfel wird «erobert», wie man damals sagt, meist von britischen «Herren» mit einheimischen Führern. Das goldene Jahrzehnt endet 1865 mit der Besteigung des Matterhorns.

Auch der Tödi wird mehrmals bestiegen. Am 8. August 1858 der Piz Russein von Norden durch den Glarner Zeichner Heinrich Speich mit dem Berner Künstler Theodor von Hallwyl, einem Herrn von Sprecher aus Chur und den Führern Thomas Thut Vater und Sohn und Gabriel Vögeli. Die Linthaler kennen den Tödi schon wie ihren Hosensack.

In einem Bericht in der «Glarner Zeitung» behauptet Speich, seine Partie habe als erste den Russein bestiegen.

> Um halb elf langten wir auf der Spitze des Tödi an. Wir waren wie verzaubert, als wir uns plötzlich auf der höchsten Zinne des Berges befanden und ein Meer von Gletschern, Gebirgen, Tälern, Seen von solch erhabener Höhe herab überblickten. Den Eindruck, den die grossartige Aussicht auf mich machte, auch nur einigermassen wiederzugeben, bin ich zu arm an Worten. Wir sahen wie vom Himmel auf die Erde. Ich kann nur der göttlichen Allmacht, die mir Herz und Gefühl für die wunderbaren Werke der Natur und die nötigen körperlichen Kräfte verliehen, sie zu schauen, meine Dankbarkeit und Ehrfurcht zollen.
>
> Nach fast zweistündigem Aufenthalt, bei milder Temperatur, banden wir uns ans Seil und spazierten noch auf den Piz Russein, höchster Punkt des Tödi, welcher bis dahin noch nicht betreten wurde.

1861

Einer, der ebenfalls die Besteigungen des Piz Russein anzweifelt, ist Rudolf Theodor Simler, Dozent der Chemie und Mineralogie an der Universität Bern. Im Sommer logiert er im Bad Stachelberg und blickt sehnsüchtig zum Tödi hinauf, «dem schönsten Berg der nordöstlichen Schweiz». Doch schrecken ihn die nötigen «bedeutenden Auslagen». Da trifft es sich, dass der St. Galler Kaufmann und Alpinist Georg Sand ebenfalls im Stachelberg weilt. So können sie sich die Kosten für die Führer Heinrich Elmer und Gabriel Zweifel teilen. Nach der «lebhaften Teilnahme an der sonntäglichen Soirée dansante» brechen sie am 29. Juli 1861 auf, übernachten auf der Sandalp und stehen schon vor Mittag auf dem Glarner Tödi.

Ich fasste nun sogleich den Entschluss, nach dem noch unerstiegenen Russein aufzubrechen ... Man biegt im Bogen um, nach Süden zu, und gelangt bald auf einen giebelförmig zugeschärften Firn, über den man balancierend hinwegschreiten muss. Hier zeigte es sich, dass Gabriel Zweifel kein Hochgebirgsführer war. Zweifel versagte auf einmal den Vortritt und überliess es mir zu gehen wohin ich wolle. Wir banden uns daher mit Hilfe des Seils auf zwanzig Fuss Distanz zusammen, und nun schritt ich vorsichtig, jedoch unerschrocken dem noch nie betretenen Ziele zu.

Der stolze Russein, der langjährige und eigentliche Gegenstand der Sehnsucht von Spescha und Hegetschweiler, er war besiegt! Dank dir, oh Phöbus Apollo! Dank deiner Huld!

Nicht nur Speck und Brot, sondern eine «gutgebratene Gans nebst einer Flasche Medoc» lassen sich die vermeintlichen Erstbesteiger schmecken. Den Pionieren Hegetschweiler und Pater Placidus a Spescha erweist Simler Reverenz, indem er in der Pose des Eroberers eine Felsplatte am Ende der Schneerunse «Hegetschweilers Platte» nennt, eine Scharte zwischen Stockgron und Piz Mellen «Porta da Spescha». Im «Simlergrat», der Verbindung zwischen Glarner Tödi und Piz Russein, wird er später geehrt. Die Ehre der Erstbesteigung gibt er sich gleich selber.

Es unterliegt keinem Zweifel, dass die Überschreitung des Grates Russein-Stockgron im Jahre 1824 durch Placi Curschellas und Augustin Bisquolm wirklich stattgefunden hat und dass dieselben über den Firnwall des Bifertengletschers bis auf die Sattelkante zwischen Russein und Tödi gestiegen sind. Dagegen bleibt es immer zweifelhaft, sogar unwahrscheinlich, dass die beiden wirklich auf einem der obersten Tödi-Gipfel ihr Mittagsbrot verzehrt haben. Die Aussicht ist hier schon so unermesslich, dass sie den weniger interessierten Bewohner der Berge vollkommen befriedigt.

Dagegen darf ich die Ehre, den eigentlichen und höchsten Gipfel des Tödi, den kühn geformten Russein, zuerst betreten zu haben, für die Expedition vom 30. Juli 1861 in Anspruch nehmen.

Auf dieser Tour, so will es die Legende, hat Simler die Idee, eine nationale Vereinigung der Bergsteiger zu gründen. Die Idee liegt in der Luft. Britische Bergsteiger haben 1858 in London den Alpine Club gegründet und stürmen in sportlichem Wettbewerb, von einheimischen Führern und Trägern geführt und gestützt, Gipfel um Gipfel der Alpen.

> Nebenbei blieb es mir nicht verborgen, welche topologischen Entdeckungen am Tödi und dessen Umgebung noch zu machen seien. Eine grosse Zahl von Punkten war noch unbesucht. Man besass fast keine Nachrichten von den Gletschern Gliems, Puntaiglas und Frisal; unerstiegen war der Bifertenstock, der doch eine wahrhaft kühn herausfordernde Stellung behauptet; unbekannt war der Rücken des langgedehnten Selbsanft. Dies alles überwältigte mich. Meinen schwachen Kräften konnte ich die Erforschung dieser Gegenden allein nicht zutrauen und so reifte in mir der Gedanke an eine Association.

Im folgenden Jahr verschickt Simler ein Kreisschreiben an die Bergsteiger und Alpenfreunde der Schweiz. Am 19. April 1863 versammeln sich fünfunddreissig «schweizerische Berg- und Gletscherfahrer» im Bahnhofbuffet Olten und «konstituieren sich zu einem Schweizer Alpenclub». Simler wird Zentralpräsident des SAC.

Zu den fünfunddreissig Berg- und Gletscherfahrern gehört auch Heinrich Speich, Erstbesteiger des Russein von Norden. Mag sein, dass er Simler überzeugt, dass vor ihm schon andere Menschen auf dem Gipfel des Piz Russein standen.

Schliesslich nimmt Simler Abstand von seiner sich selbst zugedachten Ehre, lässt sogar halbherzig die beiden Bündner Gemsjäger als Erstbesteiger gelten. Im Gründungsjahr des Clubs besteigt er den Tödi nochmals, diesmal von Westen durch die Porta da Spescha, mit Abstieg nach Osten.

Simler stirbt 1873 an einem Leberleiden, erst vierzig Jahre alt.

Im ersten Clubführer der Glarner Alpen anerkennt der SAC die beiden Bündner Curschellas und Bisquolm als Erstbesteiger des Piz Russein. Fast neunzig Jahre nachdem die beiden ihre Speckschwarte auf dem Gipfel hinterlassen haben, ist damit Ende der Diskussionen und Zweifel. Als Beweis gilt die Biografie Placidus a Spescha, verfasst von den Bündner Professoren Friedrich Pieth und Karl Hager. Hager ist als Benediktinerpater und Lehrer an der Klosterschule Disentis besonders eng mit Speschas Leben und Werk verbunden.

Den Gipfelbeweis führen die beiden durch exakte Analyse von Speschas verschiedenen Berichten der Besteigung.

Wäre es Simler vergönnt gewesen, Einsicht in die Spescha-Originalien zu nehmen, so würde er ausgerufen haben: «Aus der Phantasie kann eine so getreue Schilderung unmöglich geschöpft werden.»

Curschellas und Bisquolm sind wirklich auf dem Russeingipfel gestanden. Die letzten Zweifel benimmt Spescha durch folgende Bemerkungen: Im Glarnerland erblickten die Bergreiser acht bis neun Weiler und etwelche im Medelsertal ... Ortschaften des Glarnerlandes können aber nur auf einem der beiden Gipfel überschaut werden; der umfassende Blick auf die Sandalp und das Russeintal ist ausserdem nur vom Russeingipfel aus möglich.

Wenn daher Hegetschweiler das Verdienst gebührt, die wesentlichen Hindernisse der Tödi-Ersteigung von der Glarnerseite her überwunden zu haben, so fällt dagegen der Ruhm auf die Bündner Curschellas und Bisquolm, indirekt aber auf Spescha, welcher 1824 der intellektuelle Urheber des Unternehmens war.

Bleiben wir kritisch. Einen Gipfelbeweis im heutigen Sinn gibt es nicht. Die Speckschwarte, welche die Erstbesteiger auf dem Piz Russein hinterlassen haben, hat der Schnee zugedeckt oder eine Bergdohle aufgepickt. Gefunden hat sie nie jemand. Pater Speschas Augenzeugenbericht ist glaubwürdig, auch wir wollen dem hoch gebildeten und jedem Schwindel abholden Theologen und Gelehrten Glauben schenken.

In der Geschichte des Alpinismus ist allzu oft nur von den «Herren» die Rede, von den gebildeten Männern aus den Städten, die mit spannenden Berichten und wissenschaftlichen Beobachtungen und Messdaten ihre Besteigungen dokumentierten. Die mutigen und ortskundigen Einheimischen, welche die eigentlichen Alpenpioniere waren, hatten dagegen kaum eine Stimme und sind allzu oft vergessen gegangen.

Am Tödi waren es Menschen aus der Gegend, Gemsjäger und Sennen, die von Süden wie auch von Norden als Erste den Aufstieg bis auf die Gipfel schafften. Das macht diesen Berg, dieses Massiv, abgesehen von dessen einzigartiger Lage und Gestalt, auch einzigartig in der Besteigungsgeschichte unserer Alpengipfel.

Quellen: Hegetschweiler, Johannes: «Reisen in den Gebirgsstock zwischen Glarus und Graubünden». Orell Füssli, Zürich 1825. Pieth, Friedrich; Hager, Karl: «Pater Placidus a Spescha. Sein Leben und seine Schriften». Benteli, Bern, 1913. Ferdinand Keller: «Das Panorama von Zürich. Schilderung der in Zürichs Umgebung sichtbaren Gebirge, nebst Beschreibung der im Jahre 1937 ausgeführten Ersteigung des Tödiberges». Orell Füssli, Zürich, 1839.

Glarner Zeitung 1837/1859. Simler, Rudolf Theodor: «Der Tödi-Rusein und die Excursion nach Obersandalp». Haller, Bern 1863.

Vreni Stauffacher
Verena, die fiktive Erzählung

Ihre Geburt ist freudig erwartet worden. Insgeheim erhoffen sich ihre Eltern einen Jungen. Es ist jedoch ein Mädchen: Verena. Ihre Mutter ist dreissig, ihr Vater dreiundzwanzig Jahre alt. Die Mutter kommt aus dem Nachbardorf und ist bereits verwitwet, als sie Verenas Vater heiratet. Sie hat noch genügend Zeit, einen Sohn zu gebären.

Bereits ein Jahr später kommt es zur Geburt der Schwester Barbara. Verena und Barbara sind sich nahe. Verena ist zwei Jahre alt, als der ersehnte erste Sohn geboren wird. Nun wendet sich die Aufmerksamkeit des Vaters dem Bruder zu. Dieser stirbt mit 7 Jahren. In der Zwischenzeit, Verena ist nun vierjährig, kommt es nochmals zur Geburt eines Sohnes, Conrad. Zwei weitere Söhne und Töchter kommen zur Welt. Verena und Barbara, die beiden ältesten Kinder, haben viel zu tun. Die Beaufsichtigung der Geschwister braucht Energie und Geduld. Es ist eine grosse, lebhafte Familie. Infolge der häufigen Schwangerschaften delegiert die Mutter vieles an Verena und Barbara. Vater Martin ist ein angesehener, politisch und geschäftlich aktiver Bürger. Martin wird früh Ratsherr und ist während mehrerer Jahre auch Gemeindepräsident von Engi. Oft kommen Besucher. Es wird diskutiert und politisiert. Vor allem wenn sein Bruder, der Landrat Leonhard, vorbeischaut.

Verena, ein lebhaftes Mädchen, lauscht im Geheimen oft den Gesprächen der Männer. Diese interessieren sie um einiges mehr als der Austausch der Frauen. Vater Martin nimmt es belustigt zur Kenntnis. Verena stellt ihm Fragen. Er weist sie darauf hin, dass diese Dinge für sie nicht wichtig seien. Sie solle sich bemühen eine tüchtige Hausfrau zu werden. Dies hindert Verena nicht daran, weiterhin über vieles nachzudenken und den Vater diesbezüglich auszuhorchen. Das Weltgeschehen und die Ereignisse im Kanton Glarus werden besprochen: die Bildung der Bundesstaaten, Kinderarbeit, die schlechten Bedingungen in den Fabriken, der Pilzbefall der Kartoffel, die Armut, die Emigration und die damit verbundenen Zahlungen für die Überfahrt an die Auswanderungswilligen – auch dass es schwierig für die Gemeinden ist, dieses Geld aufzutreiben und oft Wald abgeholzt und verkauft werden muss, um zu dem benötigten Geld zu kommen, und dies wiederum die Bürger der Gemeinden verärgert. Verena beschränkt sich beim Zuhören vorwiegend auf das Geschehen im Kanton Glarus.

Sie wohnen im Adler. Wenn einer der Gäste sich ungeziemend über Verena und Barbara äussert, reagiert der Vater heftig und weist die Männer zurecht.

Die Mutter ist infolge der häufigen Schwangerschaften oft unpässlich. Verena nimmt dann deren Stelle ein und unterstützt sie tatkräftig. Zur Belohnung darf sie ab und zu mit dem Vater auf dem Fuhrwerk nach Glarus fahren. Das alte Strässchen mit den vielen Steigungen nach Schwanden wird während der Jahre von Verenas Primarschulzeit neu gebaut und ist nun komfortabler. In Glarus gilt Verenas Aufmerksamkeit einer Chapellerie und einem Geschäft mit bestickten, mit Perlen und Spitzen verzierten, samtenen und seidenen, wunderschönen Stoffen. Beim Hutmacher bewundert Verena die breitrandigen, mit Blumen geschmückten Kunstwerke. Gerne würde sie einen dieser Hüte besitzen. Vater jedoch lacht und meint, dies sei vielleicht in Glarus möglich, aber bestimmt nicht im Sernftal. Später, zur Konfirmation, schenkt ihr der Vater einen schwarzen Spitzenschal.

Die Familie ist vorerst privilegiert. Trotz Kartoffelfäulnis und Armut im Tal leiden sie unter keinen Einschränkungen. Vater Martin ist auch zu den Armen grosszügig. Manchmal hört Verena, diese Grosszügigkeit sei schon beinahe leichtsinnig.

Verena ist zehnjährig, als es auf dem Landsgemeindeplatz in Glarus zu einer grossen Feier kommt: 500 Jahre zuvor ist der Kanton Glarus dem Bund der Eidgenossenschaft beigetreten. Verena erinnert sich vor allem an den Zuckerbäcker.

Verena ist lebhaft. Manchmal wird ihr jedoch alles zu viel. Barbara ist nur ein Jahr jünger. Trotzdem ist es vor allem Verena, die die Verantwortung für die Geschwister übernehmen muss. Manchmal zieht sie sich zurück und Barbara muss für die ältere Schwester einspringen. Während der Pubertät verstärkt sich diese Tendenz von Verena, plötzlich zu verschwinden, unauffindbar zu sein. Im Adler ist ein Rückzug nicht möglich. Verena eilt dem Mühlebach entlang und versteckt sich im Gebüsch. Ein fremdes Gefühl überwältigt und lähmt sie. Als ob mitten im Sommer der Winter käme, das Leben innehält, alles erstarrt. Verena fühlt sich schwer, vermeint mit den Wurzeln des Gestrüppes und der Bäume zu verwachsen, zu verschmelzen. Regungslos. Verena fürchtet sich vor diesem Zustand. Sie weiss, irgendwann wird man sie suchen und ihr Bruder wird sie nach Hause bringen. Er foppt sie. Er kann nicht nachvollziehen, was mit seiner Schwester passiert. Vater Martin ärgert sich über ihr Verhalten. Er vermutet, sie wolle sich vor der Arbeit drücken. Doch die Mutter versteht Verena. Sie spürt schon im Voraus, dass Verenas Stimmung umkippen wird. In den Tagen vor dem Weglaufen präsentiert sich Verena stets witzig, lebhaft, überaktiv, wirft den Männern verstohlen Blicke zu, die diese als Aufforderung zu einem Flirt aufnehmen. Vater Martin nimmt dies ungern zur Kenntnis und tadelt seine Tochter. Wenig später ändert Verena ihr Verhalten, wird abweisend, fast feindselig und es kommt der Moment, in dem sie wegrennt. Die Mutter ahnt den bevorstehenden Absturz und versucht den Vater milde zu stimmen. Sie weiss, sobald Verena aufgefunden und zurückgebracht wird, beginnt eine schwierige Zeit. Verena starrt vor sich hin, spricht kaum mehr und bewegt sich im Zeitlupentempo. Sie ist kaum wiederzuerkennen. Vater Martin hat den Eindruck, er müsse sie rasch unter die Haube bringen. Die Mutter ist dagegen. Martin weiss bereits, wer als Ehemann infrage kommen könnte. Es ist Dietrich, ein Junggeselle und Sonnenwirt vom Nachbardorf Matt. Vielleicht ist das Gerücht der unberechenbaren Verena nicht bis zu ihm durchgedrungen. Die Mutter bezweifelt dies. Sie stammt selbst aus dem Nachbardorf und ahnt, wie schnell sich so etwas verbreitet. Zudem möchte sie ihre Tochter noch in ihrer Nähe haben und auf sie aufpassen können. Vater Martin sieht dies pragmatischer. Er muss für alle seine Kinder eine gute Lösung finden. Für die Mädchen bedeutet dies, verheiratet zu werden, und Verena ist nun mal die Älteste. Die Mutter wehrt sich für ihre Tochter. Dieser Sonnenwirt ist in ihrem Herkunftsort bekannt als Eigenbrötler, und die Matter fragen sich, weswegen er mit über 30 Jahren noch ledig ist. Mutters Bedenken überzeugen den Ehemann Martin nicht. Gegen ihn kommt sie nicht an.

Verena findet aus der Depression heraus. Sie ist wieder die hilfsbereite, aktive, temperamentvolle junge Frau. Nun lädt der Vater den Sonnenwirt immer öfters ein. Dieser verliebt sich in Verena.

Verena ist nicht begeistert. Dietrich ist wortkarg und nur wenige Jahre jünger als ihr Vater. Zudem kennt sie den Klatsch über diesen Einzelgänger. Ihr selbst gefällt ein junger Mann aus dem Dorf. Ihre Zuneigung wird erwidert. Die beiden treffen sich heimlich und schmieden Pläne für eine gemeinsame Zukunft. Seine Familie weiss von Verenas Stimmungswechseln, ist gegen eine Heirat und lässt sich auch durch die versprochene grosse Mitgift nicht umstimmen. Der junge Mann beugt sich dem Willen seines Vaters. Die Liebe bleibt unerfüllt. Nach aussen gibt sich Verena fröhlich. Doch sie leidet.

Dietrich hält um Verenas Hand an. Der Vater ist einverstanden. Nun, da Verena wieder lebhaft und witzig sei, gelte es, die Situation so rasch wie möglich auszunutzen, bevor sie wieder in diesen eigenartigen Zustand der Passivität falle.

Verena will nicht nach Matt in dieses grosse, kühle Haus mit den vielen Abstellräumen.

Dietrich hat keine Geschwister, sie würde sich sehr allein fühlen. Aber Vater ist unerbittlich.

Im Sommer 1859 heiraten Verena und Dietrich und Verena zieht ins Nachbardorf. Sie bringt viel «Neumödisches» mit. Unter anderem den mit Spitzen verzierten schwarzen Schal, den sie vom Vater zur Konfirmation erhalten hat. Ihr hätte der farbige mit den Perlen besser gefallen. Vater liess sich nicht überreden und ihr Ehemann Dietrich findet, der Spitzschal sei für Matter Verhältnisse ohnehin aussergewöhnlich, beinahe eine Provokation.

Verenas Lebhaftigkeit hat Dietrich gefallen, sie ist tüchtig, sie bringt Vieles in die Ehe ein, sein reicher, angesehener Schwiegervater imponiert ihm. Verenas Onkel amtet als Landrat. Verena ist jung und könnte viele Kinder gebären. Dietrich fühlt sich in der grossen, lebhaften Familie seiner Frau in Engi wohl. So etwas stellt er sich für seine Zukunft vor.

Es kommt anders. Verena wird mit prallvollen Truhen mit dem Fuhrwerk nach Matt gebracht. Kaum ist ihre Familie weg, beginnt sie zu schluchzen. Dietrich ist hilflos. Er fordert sie auf, sich zusammenzureissen. Dies verschlimmert die Situation. Dietrich steht neben seiner weinenden Ehefrau. Er getraut sich nicht, sie an sich zu ziehen. Eigentlich ist er stolz auf dieses geräumige, solide Haus. Er weiss von vielen Frauen, die gerne hier eingezogen wären. Verena jedoch ist untröstlich. Die Einsamkeit droht sie zu ersticken. Sie vermisst ihre Schwester Barbara, ihre Eltern und Geschwister. Hier in dem grossen, gemauerten Haus findet Verena genügend Möglichkeiten, sich zu verstecken. Es ist so still und unheimlich in diesem Haus. Bevor man es betritt, durchschreitet man ein tunnelartiges Gewölbe. Die Küche ist riesig und der getäferte Tanzsaal ist abends, wenn alle weggegangen sind, bedrohlich und düster.

Verena vergleicht Dietrich immer mehr mit ihrem dynamischen, aktiven Vater. Im Wirtshaus zur Sonne fallen derbe Sprüche. Ihr Vater hätte dies nie zugelassen. Dietrich schweigt. Verena fühlt sich nicht wohl in Matt. Als sie am Sonntag zum Kirchgang den schwarzen Spitzenschal um die Schultern legt, tuscheln die Frauen neben ihr. Verena ist sich sicher, dass man über sie spricht. Dies setzt sich in ihrem Hirn fest. Man spricht über sie. Sie hört dies Tag und Nacht. Diese Stimmen machen ihr Angst. Sie zieht sich zurück und presst die Hände an ihre Ohren. Sie will es nicht mehr hören. Dietrich realisiert, dass man ihm etwas verheimlicht hat. Nachts irrt Verena durch die vielen Räume des Gebäudes, die Petrollampe fest in den Händen haltend. Sie hört das Raunen, das Flüstern und Tuscheln – alle sprechen über sie – aber ausser den unheimlichen Schatten sieht sie niemanden.

Verena eilt oft nach Engi zu ihrer Familie. Der Vater bringt sie auf dem Fuhrwerk nach Matt zurück. Ihre Mutter hört, was man sich über ihre Tochter erzählt. Sie stammt selbst aus Matt und ihre Eltern erzählen ihr vom Geschwätz. Verena bildet sich nicht nur ein, dass man über sie spricht. Man spricht über sie.

Verena wird schwanger. Die Familie in Engi erhofft sich dadurch eine Besserung. Das Gegenteil ist der Fall. Dietrichs Freude über die Geburt eines gesunden Sohnes wird durch den Zustand seiner Ehefrau getrübt. Sie geht noch häufiger, nun den kleinen Heinrich an ihre Brust gepresst, nach Engi zu ihren Eltern und Geschwistern. Der leere Blick seiner Frau beunruhigt Dietrich. Hätte er bloss auf die schwatzhaften Weiber gehört und sich nicht durch den Reichtum der Familie blenden lassen. In Engi blüht Verena für kurze Zeit auf. Vater Martin bringt sie abends wieder nach Matt zurück und ermahnt sie, eine ehrenwerte Frau zu sein, und nicht so häufig auszureissen. Verena lacht immer seltener. Dietrich findet, sie sollte glücklich sein, einen gesunden Sohn geboren zu haben. Verena klagt über Kopfschmerzen und mag morgens öfters nicht aufstehen. Sie interessiert sich weder für das Geschehen im Dorf noch im Kanton. Der Brand von Glarus. Sie reagiert kaum. Einzig das Wohl des kleinen Heinrich scheint ihr noch nahezugehen. So vergehen einige Jahre. Verena wird wieder schwanger und gebärt eine Tochter, Regula. Verena ängstigt sich sehr um dieses kleine Mädchen. Es gibt so viele Treppen in diesem Haus. Regula könnte ausrutschen und sich verletzen. An Weihnachten, ihre Tochter ist nun achtzehn Monate alt, stirbt Regula. Verena findet nicht aus der Trauer heraus.

Die Familie in Engi kann sich kaum mehr um Verena kümmern. Sie hat nun grosse finanzielle Probleme. Vater Martin muss seit der zweiten Hälfte der sechziger Jahre seinen Besitz veräussern. Häuser, Wald, Wiesen, Fuhrwerke, Pferdegeschirr und persönlicher Besitz kommen auf die Gant. Dies alles erscheint im Amtsblatt. Nun ist ihr Vater nicht mehr der angesehene Politiker. Der Konkurs ist nicht aufzuhalten. Die Familie in Engi beschliesst auszuwandern. Vier Geschwister wollen die Eltern begleiten. Darunter auch Barbara, die ihr eng verbundene Schwester. Die Familie drängt Verena mitzukommen. Doch ihr Sohn Heinrich ist erst neun Jahre alt. Er braucht sie noch. Dietrich, ihr Ehemann, würde nie zulassen, dass sie Heinrich mit nach Amerika nähme. So entscheidet sie sich in Matt zu bleiben.

1869 wandert ein Teil ihrer Familie nach Wisconsin aus. Verena vermisst ihre Eltern und Geschwister. Sie ist wieder schwanger. Der im Frühling geborene Sohn Dietrich stirbt nach zwei Monaten. Verena hat keinen Ort mehr, um Trost zu finden. Ihr Bruder Conrad wohnt noch in Engi. Er hat den Eltern und der Schwester Barbara versprochen, auf sie aufzupassen. Aber er ist so anders als Verena. Zudem verlässt Verena das Haus immer seltener. Nun sprechen auch die Leute von Engi über ihre Familie. Es konnten nicht alle Rechnungen beglichen werden. Vater Martin hatte nach einem ersten Konkurs innert kurzer Zeit wiederum Schulden angehäuft. Schuldscheine zirkulieren. Verena schämt sich. Sie bedauert, nicht mit den Eltern und Geschwistern ausgewandert zu sein. Verenas Stimmungen schwanken von überaktiv zu depressiv. Ihr Ehemann Dietrich weiss nie, wie der folgende Tag sein wird. Diese Situation überfordert ihn. Er kann seine Gefühle schlecht ausdrücken. Er ist wortkarg. Er stürzt sich in die Arbeit und schweigt. Manchmal schäkert sie mit den Gästen. Dietrich ist eifersüchtig und macht ihr deswegen Vorwürfe. Dann wiederum wirkt sie abweisend und grüsst kaum. Sie schluckt ihren Schmerz hinunter, resigniert. Auch ihr Sohn Heinrich leidet. Er spürt die Spannung zwischen seinen Eltern, er fühlt sich beiden verpflichtet. Er vermisst die lebhafte Familie in Engi. Zieht sich seine Mutter zurück, so übernimmt er deren Aufgaben, bedient die Gäste und hilft dem Vater beim Heuen. 1871 liest Verena in der Glarner Zeitung von der Bourbaki-Armee und deren Internierung. Verena fantasiert. Die Bilder sind aufwühlend. Verena denkt an die Herkunft der Soldaten: Frankreich. Sie will weg, irgendwohin an die Wärme, an einen Ort, wo der Himmel weit und die Sonne warm ist und es im Winter nicht so früh dunkel wird.

Quält sie das Heimweh nach ihrer Familie, holt sie den schwarzen Spitzenschal und vergräbt ihr Gesicht in diesem. Sie erzählt Heinrich von seinen Grosseltern und liest ihm deren Briefe vor. Heinrich ist zwölfjährig, als die Nachricht vom Tod des Grossvaters aus Amerika eintrifft. Verena ist untröstlich. Sie hatte so sehr gehofft, ihren Vater nochmals zu sehen. Ihre Familie ist inzwischen von Wisconsin nach Schuyler in Nebraska umgezogen. Barbara, ihre geschiedene Schwester, hat sich wieder verheiratet.

Heinrich sehnt sich nach der lebhaften Familie von früher. Es hat sich alles verändert. Heinrich ist ernsthafter als die gleichaltrigen Freunde und Klassenkollegen. Er versteht seine Mutter und befürchtet, auch sie zu verlieren. Verena denkt immer mehr ans Auswandern. Sehnsüchtig wartet sie auf die Postkutsche, die die Briefe aus Amerika bringt. Nach dem Tode des Vaters bittet die Mutter, die nun bei einem Neffen in Schuyler wohnt, Verena zu ihnen zu kommen. Noch ist der Sohn Heinrich zu jung, um allein beim Vater gelassen zu werden. Aber Verena ist sich immer sicherer, dass sie Matt verlassen und nach Amerika auswandern wird.

Das Haus ist ihr während all der Jahre nicht vertrauter geworden. Sie empfindet es immer noch als unheimlich. Ihre Mutter Regula hatte ihr vor Jahren erzählt, man munkle, das Gasthaus Sonne sei auf dem Grundstück der Landvögtin erbaut worden. Diese Landvögtin soll im 16. Jahrhundert in Abwesenheit ihres Mannes, des Landvogtes, bei dem Brand des Hauses all ihr Hab und Gut gerettet haben, aber um ihre drei taubstummen Stiefsöhne habe sie sich nicht gekümmert und sie kaltblütig verbrennen lassen. Ihr Mann beschuldigte sie bei seiner Rückkehr schwer. Sie jedoch schwor, unschuldig zu sein und sprach, dass sie «zytli verünne und ewig verbrünne» wolle, falls sie nicht die Wahrheit sage. Dies geschah dann. Sie starb kurz danach, der Fluss schwoll an, riss den Sarg mit sich und ... Verena fröstelt.

Verena weiht ihren Bruder Conrad in ihre Pläne ein. Sie will aber noch zuwarten, bis ihr Sohn konfirmiert wird. Sie ahnt, dass er sich in die Tochter des Ratsherrn Bäbler verliebt hat, ein ausgeglichenes, ruhiges und liebenswürdiges Mädchen. Verena weiss ihren Sohn bei dieser jungen Frau gut aufgehoben.

Sohn Heinrich hat seiner Mutter versprechen müssen, dem Vater nicht zu verraten, dass sie die Absicht habe abzureisen. Die Ehe ist zerrüttet. Dietrich spürt, dass sich irgendetwas anbahnt. Nun aber handelt er. Er lässt im Amtsblatt vom fünften August 1876 veröffentlichen, er werde allfällige Schulden, die seine Ehefrau Verena, geborene Baumgartner, kontrahieren sollte, nicht anerkennen, und dass er sich mit dieser Kundgebung der daherigen Haftbarkeit entledige. Verena schämt sich und ist erbost. Behütet und wohlhabend aufgewachsen empfindet sie dieses Vorgehen demütigend. Sie bespricht sich mit ihrem Bruder Conrad. Er rät ihr, sich bevogten zu lassen. Er werde dieses Amt übernehmen und sich um alles kümmern. Es gehe ihm materiell nicht schlecht. Zudem sei auch für sie noch genügend Geld vorhanden, welches er verwalten werde. Er spricht von einer grossen

Summe in Form einer Obligation. Sollte es ihr in Amerika nicht gefallen, könne sie jederzeit zurückkommen. Die Überfahrt koste nur einen Bruchteil des Geldes, welches ihr gehöre, und dieses werde er in ihrem Sinne betreuen.

Verena glaubt ihm. Sie verdrängt die Zweifel. Der Zufall will, dass ein Freund ihres Bruders aus Amerika zurückkehrt und sich bereit erklärt, Verena auf der Reise nach Übersee zu begleiten. Verena kennt diesen Mann seit ihrer Kindheit. Er ist einige Jahre jünger als sie, weltgewandt und spricht Englisch.

Ihr Bruder Conrad fädelt alles ein. Verena will weg und ist froh um die Hilfe ihres Bruders, zumal er ihr immer wieder versichert, eine Rückkehr werde möglich sein.

Im Januar 1877 leidet Verena sehr unter der ausgesprochen föhnigen Wetterlage. Kopfschmerzen plagen sie. Sie weint häufig. Heinrich zu verlassen, fällt ihr schwer. Am zwanzigsten Januar unterschreibt sie zusammen mit dem Freund ihres Bruders und Vertrauten der Familie den Vertrag zur Auswanderung. Sie unterzeichnet diesen mit ihrem Mädchennamen Baumgartner. Auch ihr Begleiter heisst Baumgartner. So würden die Mitreisenden vermuten, dass sie zusammengehörten. Sie würde den Belästigungen der Männer weniger ausgeliefert sein. Doch für Verena ist es klar, dass er nur ihr Beschützer und Reisebegleiter ist, der sich in Amerika auskennt.

Über den Abschied von Heinrich will Verena nicht sprechen. Bruder Conrad holt sie mit dem Fuhrwerk ab. Heinrich sieht sie mit einem Blick an, der sie durchdringt, den sie von sich selbst kennt. Seine Lippen sind fest zusammengepresst. Ernst und traurig steht er da. Tränen kollern über seine Wangen. Verena zögert. Ihr Bruder drängt sie auf das Fuhrwerk zu steigen. Verena hat sich den schwarzen Spitzenschal um die Schulter gelegt. Sie schaut nicht zurück. Sie sieht Heinrich, der hinter dem Fuhrwerk herrennt, nicht mehr. In Engi steigt ihr Reisebegleiter dazu. Sie fahren mit dem Fuhrwerk nach Glarus und von dort mit dem Zug nach Zürich. Er versteht ihren Schmerz. Auch er hat eine Familie, die er verlässt. Im Gegensatz zu Verena weiss er, dass er bestimmt zurückkehren wird.

Verena kämpft gegen die aufkommenden Ängste und Bedenken. Ihre Zukunft ist unsicher. Sie wird bei Bekannten ihrer Familie als Magd arbeiten. In ihrer behüteten Kindheit war sie von Knecht und

Magd umgeben. Nun also muss sie sich fern von ihrem Sohn als Magd verdingen. Aber sie könne jederzeit zurückkommen, hat ihr ihr Bruder und Vogt versprochen. Die Reise ist belastend. Sie ist seekrank. Die räumlichen Verhältnisse sind beengend. Der Dampfer «Canada» fährt von Le Havre via Plymouth nach New York. In Manhattan gehen sie von Bord und werden von der Einwanderungsbehörde kontrolliert. Nachher fahren sie weiter nach Monroe Wisconsin. Sie wird erwartet. Sie arbeitet viel. Die Bekannten ihrer Familie nutzen sie aus. Sie will zurück nach Hause. Doch ihr Bruder und Vogt ist nicht mehr zuständig und auch nicht erreichbar. Sie hätte es wissen müssen. Conrad war ein Luftikus. Er hatte es im engen Tal nicht mehr ausgehalten. Er ist mit ihrem Reisebegleiter und dessen Familie nach Amerika verreist. Sie kennt seinen Aufenthaltsort nicht. Ihre Bitte, zurückkehren zu dürfen, wird von ihrem Ehemann Dietrich abgelehnt. Sie ist allein. Sie weiss nicht, dass in der Zwischenzeit ein anderer das Amt ihres Bruders als Vogt übernommen hat. Sie weigert sich zu essen. Sie hat keine Kraft mehr zum Arbeiten. Sie verliert ihre Stelle. Es ist ihr egal. Sie macht sich auf den Weg zu ihrer Mutter und der Schwester Barbara nach Schuyler. Sie misstraut allen. Sie hört Stimmen. Sie beäugt die Mitreisenden. Sie fühlt sich bedroht. Sie denkt an ihren in Matt zurückgelassenen Sohn Heinrich. Er ist verheiratet und hat bereits zwei Töchter. Das zweite Mädchen, im März 1882 geboren, heisst Verena wie sie sclbst. Es ist Frühsommer 1884. In Amerika verschlechtert sich Verenas Zustand rapide. Sie befürchtet vergiftet zu werden und verzichtet auf jegliche Nahrung. Sie will bei ihrer Mutter und ihrer Schwester Barbara in Schuyler sterben. Sie ist auf dem Weg dorthin.

In Schuyler wird sie von Mutter und Schwester Barbara erwartet. Die beiden erschrecken ob ihrem Aussehen. Verena macht einen schwer kranken Eindruck. Der schwarze Spitzenschal lässt sie noch blasser und ausgemergelter erscheinen. Verena wirkt fiebrig, ihre Augen glühen. Sie verweigert jegliche Medizin. Sie ruft nach dem Sohn Heinrich und Verena, ihrem Enkelkind. Sie fantasiert, bittet ihre Mutter und Barbara, Heinrich und Verena zu holen, und versteht nicht, dass diese nicht kommen. Sie ist sich der Distanzen nicht mehr bewusst. Mutter und Barbara halten Wache bei der Todkranken. Verena stirbt im Juni 1884 wenige Tage vor ihrem zweiundvierzigsten Geburtstag. Eingehüllt in den zerschlissenen, schwarzen Spitzenschal, in den Händen ein Foto ihres Sohnes Heinrich mit jenem Blick, der alles durchdringt und so unendlich traurig ist.

Franz Hohler
In die Öde

Wer den Tödi besuchen will, tut gut daran, sich kurz nach drei Uhr morgens von der Fridolinshütte aus auf den Weg zu machen. Er wird im Scheine seiner Lampe einen Pfad suchen, der ihn schon bald zu steilen Schneehängen bringt, einer Hütte entgegen, die auf einem Felssporn errichtet wurde, als allererste alpine Unterkunft gleich nach der Gründung des Schweizer Alpen-Clubs vor 150 Jahren. Als Zeitzeugin hat man sie hiergelassen, obwohl sie nicht mehr benutzt wird. Bei ihrem Bau stand sie gleich neben dem Gletscher, der durch das Tal hinter dem Sporn kriecht. Heute muss der Tödi-Ersteiger mit Hilfe eines gut fixierten Drahtseiles durch eine bröcklige Schieferwand auf den Firn hinunterklettern. Dort steht er dann, blickt zu den bizarren Eistürmen des Gletschers hinüber, hinter dem sich die grauschwarzen Felstürme von Selbsanft, Schiben und Bifertenstock erheben, und er weiss, jetzt kommt er in die Öde, die dem Berg den Namen gegeben hat, i d'Ödi.

Langsam verschafft sich die Morgenröte Platz am Sternenhimmel, und der Gebirgswanderer kann die Stirnlampe ausschalten; er geht nun, angeseilt inzwischen, über den Firn hinauf bis zur Gelben Wand, einer steinernen Bastion, die ihn noch vom Gletscher trennt. Hier wurden Ketten befestigt, Stahlseile auch, Sprossen sogar an einer leicht überhängenden Felsschulter, Pfeile wurden von den Glarner Bergführern fürsorglich auf Felsplatten gemalt, damit sich der Tödi-Sucher nicht in der Öde verliert, sondern sich willkommen und empfangen fühlt.

Das kann er auch brauchen, denn der Weg über aperes Eis und weichen Schnee, über Spalten und Schrunde, mit Steigeisen und Pickel, ist von entmutigender Endlosigkeit, und hinter jeder erklommenen Stufe erhebt sich die nächste, sodass er nach über sechs Stunden fast überrascht ist, dass hinter dem Gipfel kein zweiter Gipfel folgt. Aber das Kreuz lässt keinen Zweifel zu: Das ist er, der höchste Punkt der Glarner Berge, und da sind sie alle versammelt, die Riesen der Alpenfaltung, vom Ortler bis zum Mont Blanc, unter einem grossen Himmel, viele davon hat er schon besucht, der Tödi-Gänger, und er weiss nicht, wie manchen er noch wird besteigen können, denn er wird jedes Jahr ein Jahr älter, und wie den Gletschern ihre Zunge, so schmilzt sein Vorrat an Zukunft.

Aber da leuchtet einer, gar nicht so weit weg, der hat sich sein schönstes weisses Kleid angezogen heute und träumt den Traum von der Pyramide, und als der Wanderer seinen Begleiter fragt, ob er den dort kenne, sagt dieser, das müsse das Rheinwaldhorn sein.

Das Rheinwaldhorn? Oh, das Rheinwaldhorn!

Renata Burckhardt
Tödis Raunen im Norden

Dämmerung. Ich steige über Geröll, vor mir eine aufkommende Dunkelheit und ein Schatten. Steine unter meinen Schuhen knirschen und krachen, oder bin ich barfuss? Dohlen im noch hellen Himmel, kreischen sie oder sind sie lautlos? Ich sehe sie fliegen, von Felsen fallen, in weiten Bögen aufschwingen, in grösster Leichtigkeit, während ich dem Stein verhaftet bin. Vor mir tut sich eine Spalte auf, Eiseskälte schlägt mir entgegen, nun falle auch ich, aber nicht leicht.

Ich erwache mit klopfendem Herzen und überhitzt, ich hatte vergessen, die Heizung für die Nacht herunterzudrehen. Kurz darauf stehe ich frierend auf dem Balkon und blicke über Dächer, Menschen rundum schlafen noch, der Morgen ist knapp da und in der vergangenen Nacht ist nur knapp nicht Schnee gefallen. So kahl waren die Äste der Bäume noch nie, zwischen ihnen zeigt sich der Horizont. War der Morgen je so glasklar? Habe ich je so in die Nachbarschaft geblickt? Blicke ich genauer, nur weil unklar ist, ob ich hier wohnen bleibe, seit die Wohnung wie eine Milch überkippt und zu stinken beginnt, weil meine Zeit in ihr um ist? Da erblicke ich sie zum ersten Mal: die Urner und Glarner Alpen, sie stehen am Ende meiner Sicht, in unterschiedlicher Grösse, vermeintlich in einer Reihe, über ihnen ein pastellfarbener Himmel, zwischen ihnen und mir Stadtquartiere, Universitätsgebiet, Limmatufer, ein See. Gewisse sind hell, bedeckt von Schnee und Eis, ihre Spitzen leuchten weiss. Andere wirken wie vergessene Bausteine, dunkel, Thierstein, abgeschottet, unwirtlich, sprachlos. In mir erklingt das Wort «Gipfel», ein Wort der Glückseligkeit. Gipfel sind Eltern, die vor Jahrzehnten Hand in Hand den Berg erklommen, Gipfel sind Wanderungen mit liebsten Menschen, sind die «Rasten» auf dem Weg zum Gipfel, sind Schokolade, Landjäger, Tomatenschnitze essen und Tee trinken aus Feldflaschen, die es nicht mehr gibt: geripptes Weichplastik mit Deckel in Form eines Trapezes.

Erste Sonnenstrahlen zeigen sich, wärmen jedoch nicht. Die Bodenplatten, das Gerippe der letztjährigen Pflanzen in den Töpfen, meine klammen Finger, die Dächer rundum: alles eisig. Die Kirchenuhr schlägt, ich brauche Koffein. Erst als ich den Balkon verlassen will und nochmals zum Horizont schaue, erblicke ich ihn. Er steht dort wie eine Fata Morgana. War er in all den Jahren stets zu sehen? Hat er mich in all den Jahren beobachtet, wie Nachbarn, die einen seit Jahren beäugen, die Dinge wissen, von denen man selbst nicht weiss? Mir schwindelt. Das Balkongeländer ist nach heutigem Standard auch im dritten Stockwerk nicht hoch genug. Ich wechsle zurück in die überhitzte Wohnung, die Heizungen spinnen und sind alt. Ich muss los.

Heute führt ein gedrungener Mann das Training an. Ist sein Körper tatsächlich gedrungen oder sind seine Muskeln bloss so trainiert, dass Proportionen anders erscheinen? Sein Kreuz ist breit, sein Po wie zwei flache, runde Steine, sein Oberkörper ein gestauchtes Dreieck. Er lässt uns Arme und Beine bewegen, das Gleichgewicht finden, das Becken heben und senken, das Standbein wechseln und das alles ohne Musik. Bei geschlossenen Augen verlieren wir den Halt, ich schwanke und muss kurz meinen grossen Zeh zurück auf die Matte tippen, sonst falle ich. Während wir stumm unsere Gliedmassen stärken und dehnen, näselt der Trainer durchs Mikrofon – es klingt nach Österreich –, er redet von einem Horizont, den wir alle bräuchten, nach dem wir stets strebten, ohne den wir nicht leben könnten. Sein Brustkorb scheint vor Stolz über die laut bekundete Erkenntnis weiter anzuschwellen. Anschliessend liegen wir alle auf Matten auf dem Boden des Studios und strecken unsere Beine zur Decke hin, unser Rumpf soll arbeiten. Meine Matte stinkt, ist es der Geruch des Materials oder der Schweiss derer, die da auch schon lagen? Habe ich je so genau hin gerochen, oder ist's, weil mir klar wird, dass mir unklar ist, ob ich hier weiter trainieren will? Das Deckenlicht blendet, seitlich erblicke ich den stahlblauen Himmel des heutigen Tages, hier im fünften Stockwerk gehören wir ein klein wenig mehr zu ihm. Nach Trainingsende stehe ich erhitzt vor den Fenstern und trockne mir das Gesicht; derlei diverse Muskeln in sich zu spüren, kann tägliches Lebensziel sein, und ich sehe weit unten Menschen zum Mittagessen strömen, sie strecken ausgehungert ihre Gesichter der Vorfrühlingssonne entgegen. Ich werde nur Salat essen, so viel ist klar; unweit glitzert der See. Da erblicke ich ihn und diesmal erschrecke ich ein klein wenig. Wieder hat er mich beobachtet, mit einer Jahrmillionen alten Geduld, wieder habe ich ihn nicht bemerkt. Der Tödi. Muss ich mich zu ihm hinbewegen anstatt auf der Stelle zu treten im fünften Stockwerk der Trainingsinstitution? Ich muss los.

Die Studentinnen und Studenten färben ihre Haare blau und die Fingernägel bunt, sie suchen ihre Themen und finden sie in Biophilic Design, immersiven Ausstellungskonzepten, Toiletten als Sozialraum, Bürostrukturveränderungen. Ich begleite die Suche, wieder und wieder, mit der Geduld eines Berges nahezu. Beim Forschen wollen wir Fragen stellen und erkunden, wer welche Antworten bereits gefunden hat, wir wollen Denkweisen und Erkenntnisse in Bezug setzen, unabgeschlossen interpretieren und Schlussfolgerungen zum Teil eines grösseren Gefüges machen. Wir sind keine freischwebenden Radikale, nicht abgesondert von allem Anderen, wir kommen nur im Netzwerk weiter – und wenn wir hin und wieder über den Tellerrand blicken. In den Pausen steige ich die sieben Stockwerke der Hochschule hinunter und hole viel Schokolade, die schnell in mir verschwindet und sich in mir auflöst, während die Studentinnen und Studenten plaudern. Dann löst sich die Gruppe auf, der Seminarraum ist plötzlich lichtdurchflutet leer; bevor ich gehe, kippe ich fürs Lüften die Fenster. Wann wagen die Studierenden mehr, wann hören sie auf damit, stets nur den freien Fall zu fürchten, und den Verlust von ECTS-Punkten? Und ist mir eigentlich klar, wie unklar mir ist, ob ich hier weiter lehren soll? Da erblicke ich ihn wieder. Diesmal erschrecke ich vehement. Was will er von mir? Er raunt: Wir beruhigen und heilen, wir relativieren und erzählen von anderen Zeitaltern, und zugleich, oh Mensch, gib Acht, sind wir gefährlich und bringen den Tod. Tödi, ein lieblich schweizerischer Tod, versehen mit ein paar zusätzlichen Punkten? Ich bin eindeutig kein Ueli Steck. Dennoch aber muss ich los.

Frau Knuchel empfängt mich duftend. Alles an ihr ist auserlesen, heute trägt sie Hellbeige, ihre Augen sind stahlblauer denn je, und jedes Schmuckstück nicht von ungefähr. Sie schliesst die Schallschutztür hinter uns, beide setzen wir uns in einen Sessel, meiner ist grau, ihrer ist schwarz, rings um uns Objekte, Lampen, Bilder, nichts davon zufällig. Sie legt ein Bein auf die Coach, das irritiert mich angenehm. Wir blicken uns an, und wir legen irgendwo das Messer an, bei einem Traum, bei meinem Sport, bei unwiderruflichen Dingen, beim Zetermordio im Hirn, bei den Fragen zum Warum und Wann und Wo und Wie weiter. Wir setzen beim Zerstörten an, nicht beim Wiederaufbau. Das Ziel jedoch ist Fliegen. Hin und wieder wechselt die eine von uns das Bein, überschlägt es, stellt den Fuss zurück auf den Teppich, holt das andere Bein unter dem Sessel hervor. Mir ist nicht klar, ob mir das Reden zur Leichtigkeit verhilft. Mir ist nicht klar, ob ich beim Reden einen Felsen in der Brandung baue oder noch mehr falle. Wenn zwei Menschen von Angesicht zu Angesicht Worte austauschen, hält der Sprechende den Blickkontakt nicht aufrecht, sondern lässt seinen Blick umherschweifen, bis zum nächstgelegenen Horizont. So nun auch ich. Und als mein Blick auf das Fenster trifft, weiss ich sofort, was sich draussen am Horizont zeigt. Ich sage Frau Knuchel nicht, dass mich der Anblick des Tödi aufwühlt, dieses Raunen aus einer anderen Zeit, während wir hier in der Stadt nach der Zukunft streben. Normalerweise mag ich Unangebrachtes, aber nun und heute frage ich Frau Knuchel nicht nach ihrem Parfum, ich steige die fünf Stockwerke zügig hinunter, eile raus auf die Strasse, wo mein Blick nur Fassaden und Strassenschilder erhaschen kann. Ich muss los.

Elias ist grossgewachsen, er trägt ein dunkles Jackett und ist zusammen mit diesem Jackett vor mir da, ich erkenne die beiden, Elias und das Jackett, weil ich auf Google ein Bild von ihnen gefunden habe. Fast schon ist die Nacht da, die Stunden beginnen, während derer sich in der Stadt Unbekannte treffen. Elias sitzt allein an der Bar im fünften Stockwerk. Zwei Minuten später ist mir bereits klar, dass ein netter Mensch mir gegenübersitzt und dass wir uns dennoch nicht wiedersehen werden, weil mir unklar bleibt, warum ich auf diese pragmatisch-programmatische Weise einen Mann treffen sollte. Elias und ich reden über die schönsten Fahrräder der Welt, darüber, dass er – um dem Kunstdunst zu entfliehen – seit Neustem alte Menschen pflegt, und wir reden über den Sechseläutenplatz, dessen Weite unseren Gemütern entspreche. «Ich glaube, von hier aus sieht man den Tödi», sage ich. Elias nickt nett, aber ich sehe, dass ihn meine Aussage sonderbar anmutet. «Wir können das klären», sagt er, steht auf und stellt sich an die Fensterfront, hält sein Mobiltelefon in Richtung der Bergreihe. «Stimmt, wäre es noch hell, stünde er laut App dort drüben», sagt Elias. «Steht er nur vielleicht dort, weil wir ihn nun nicht sehen können», frage ich. Elias zuckt mit den Achseln, sein Jackett legt sich in Falten und wahrscheinlich auch seine Stirn, im Abendlicht kann ich das jedoch nicht erkennen. Wir verabschieden uns, zuhause lösche ich mein Dating-Profil und lege erst dann meinen Mantel ab.

Anhang

Auch vom Balkon aus kann ich in der Dunkelheit nur erahnen, wo der Tödi ist. Ich müsste los, und die hundert Kilometer zwischen mir und ihm hinter mich bringen. Im Wald käme ich an der Wirtschaft Degenried vorbei, in der ich wieder und wieder sass, nach langen Spaziergängen mit Anna, vertieft in Gespräche, draussen in den Ästen schwerer Schnee, als es den schweren Schnee noch gab. Ich käme vorbei am TC Witikon, wo ich Tennis spielen lernte bei einem Menschen, der sich selbst zum Lehrer ernannte, mit verkniffenen Lippen. Ich würde am Süessblätz Halt machen, eine Birne kauen, fasziniert ihre Form betrachten, weil sie die schönste Form der Welt besitzt. Ich würde links und rechts über die Felder schauen und Ovomaltine essen, die Albert Wander vor 120 Jahren in der Berner Altstadt erfunden hat. Ich käme am Wehrmännerdenkmal vorbei und würde vor den gefallenen Soldaten des Ersten Weltkriegs den Hut ziehen, vor jenen, die durch Schüsse starben oder durch die spanische Grippe, die auch meinem Grossonkel und meinem Urgrosspapa das Leben kostete. Ich käme nach Rapperswil und würde im Schuppen am See die wohl gepflegten Boote sehen, Skiff, Zweier, Dreier und Vierer, in denen ich mit Saskia rudern war. Und dann ginge ich zwischen Obersee und Walensee und wüsste, wie tief und kalt das Wasser ist, und dass wir es in Freundesrunden gemeinsam erprobt hatten, als wir jünger waren, wie auch den Anstieg zum Chäserrugg, dessen Namen es weltweit kein zweites Mal gibt. Und ich käme nach Glarus, wo Häuser so stattlich geschmückt und bunt stehen, als wären sie Teil einer göttlichen Torte, und in denen auch Monique aufgewachsen ist, in einer Horde von Geschwistern, in einem verwachsenen Garten, mit einer Mutter, die sich von keinen Regeln einschränken liess. Und ich würde mehr und mehr zwischen die Berge geraten, mich tiefer und tiefer ins Gebirge vorwagen, und so den Tödi erreichen, vielleicht.

Ich verneige mich in der Dunkelheit mit einer kleinen Kopfbewegung vor ihm und seinen Gipfeln. Das Wort Gipfel ist ein Hirn, das sich entspannt, das vergisst und das Wort Heimat nicht braucht. Gipfel sind Caspar David Friedrichs Figuren in Rückenansicht, demütig über die Weite blickend. Gipfel ist der romantische Geist unter uns. Ich möchte auch ein Berg sein. Einer mit Sockel, mit altkristallinem Grundgebirge und einem Gipfel. Ich wäre Rhetorik, Poesie, Kritik und Natur zugleich. Ich wäre Kuss, Küssende und Geküsste. Ich wäre universal. Und während mein Atem Wolken in die Nachtluft hinausschickt, raune ich in Tödis Richtung: «Zürne nicht. Ich erklimme dich nicht. Ich bin keine Ueli Steck. Aber ich weiss nun, dass du da bist. Wenn auch niemandem hier klar ist, ob nicht auch du unstet bist, dich abbaust und bröckelst, ob nicht auch du dich in steter Veränderung durch die Zeiten bewegst.»

Leo Tuor
Cavrein

X

Das Auto ruckelt im Dunkel des Morgens den holperigen Weg hoch. Der steinige Stutz ist manchmal so steil, dass es fast senkrecht steht. Erbarmungslos frisst es sich hoch ins Inferno von Dante, während der Benzinzeiger nach unten fällt. Kriecht sorglos, als hätte es Raupen montiert. Die Rinnen der Naturstrasse sind da und dort mit Beton gefüllt, damit man nicht rückwärts rutscht. Zweimal umkurvt die Via da Russein einen grossen Felsblock: ziemlich am Anfang und fast ganz oben. Nach dem zweiten Fels eine Ebene und freie Sicht auf Cambrialas, Cuolm Tgietschen, Cazarauls, Sandpass, Crap Glaruna – Chli Tödi –, auf den Russein – den Tödi –, die Stocs, den Piz Gliems und den Piz Avat. Unter den Ställen bimmeln die Ziegen über den Weg, sie wissen noch nicht, welche Richtung sie nehmen wollen. Der lange, schwarze Bock wankt mit gereckter Nase der Herde nach, hat Lust schon am frühen Morgen.

Der Meister der Wildhüter sagte gestern Abend auf die Frage, wo denn der Bock zu jagen sei, wie aus der Pistole geschossen zwei Wörter: «Cuolm Tgietschen».

Zwei Wörter haben dem Bock unter dem Gold der Zedern des Libanon in der Val Cristallina das Leben gerettet. Wildhüter Cazin hatte gemeint, dass der mich nie wiedersehen würde. Weit gefehlt: Ich bin später oft in die Val Cristallina gegangen und habe beobachtet, wie das Herbstlaub fiel um ihn herum, habe ihn gesehen, träumend und sicheren Schrittes in der schwarzen Wand über den gelben Baumkronen der Ahornbäume und Birken, wie er auf die Bianca blickte, nicht wissend, dass er sein Leben der banalen Mathematik der Statistik verdankte. In jenem Herbst wollte der Martinisommer nicht enden, und am letzten Tag bevor der Winter kam, es war schon beinahe Weihnachten, da fand ich in der schwarzen Wand des Bocks, unter einem Vogelbeerbaum, das goldene Horn einer alten Geiss.

Auf dem Grat des Cuolm Tgietschen, über dem Plat, diesseits der Val Pintga, erspäht das bewaffnete Auge die Hörner von Steinböcken. Doch diese verschwinden nach hinten, bevor sie das Fernrohr erfassen kann. Wie sieht es wohl dort hinten aus? Ich rufe nach dem Meister, wie der Menschensohn in schwerer Not nach dem Vater rief. Doch ich bin mit dem Tal allein.

* * *

In der Val Gronda, ein gutes Stück unter den Gondas, hinter einem mächtigen Felsblock, hat der Jagdaufseher Tabakpfeife, Stativ und Fernrohr postiert. Ein Jagdaufseher ist nicht dasselbe wie ein Wildhüter. Der Jagdaufseher ist auf der Hierarchieleiter zuunterst, und er ist auch noch Kleinviehbauer. Wir unterhalten uns über Schafe und Wolle. Halten manchmal Ausschau nach einem Jäger namens Raschein, den sie nach Russein geschickt haben und der irgendwo hier oben in den Felsen sein muss. Hinter uns steht eine Bank aus zwei Steinen und dem vergilbten Brett eines Snöbers, der in den Felsen des Tödi zu Tode gestürzt ist. Der Teufel hole sein Brett! Der Wind bläst heftig ins Tal, gegen alle Regeln der Talwissenschaft.

Schon Mittag.

Ich erkundige mich bei der Tabakpfeife über das Gelände rund um den Cuolm Tgietschen. Nachdem er mir Auskunft gegeben hat, so gut er konnte, stapfe ich beherzt und mit Rückenwind den linken Abhang hinauf mit dem Plan, hinter dem Berg den Steinböcken in den Rücken zu fallen.

Vor mir Weideland und Steine, dann Moräne und Sand, dann Gletscher und Felsen, dann Himmel und Abgrund. Der Blick hinauf zur rechten Schulter des Cuolm Tgietschen fällt auf drei Rinnen, durch die man sich hochkämpfen und vielleicht um den Berg herum gelangen könnte. Ich entscheide mich für die Öffnung ganz rechts, wegen zwei Felsen, die aussehen wie Hundeköpfe, aber mit Kamelhälsen, die senkrecht in den Horizont hinaufragen. Salzsäulen. Der Wind pfeift, als würde man Schweine scheren: viel Lärm, wenig Wolle. Ist der Wind beleidigt, wenn man so etwas sagt? Gemsen flüchten herüber über die Flanken des Cuolm Tgietschen.

Ich bin auf dem Grat unter den Kamelhunden angekommen und kann auf die andere Seite hinunterblicken. Vierhundert Meter senkrecht darunter: die Val Pintga. Um den Berg herumzugehen und Steinböcke zu schiessen kannst du da gleich vergessen. Aus den Steinen – auf 2700 Metern über Meer – guckt mich ein Gänseblümchen an. Ich setze mich leicht windgeschützt hin, packe aus und esse etwas im rauen Wind. Ungefähr hier, oberhalb von mehreren Gletschern, wahrscheinlich noch etwas über den Hundeköpfen, stand der Pater am 1. September 1824 mit Tränen in den Augen und beobachtete mit dem Feldstecher die Erstbesteigung des Tödi durch Placi Curschellas und Augustin Biscuolm, die Männer, die er losgesandt und auf den Berg geschickt hatte: *Nächst dem Fussglätscher westlich stiegen sie über die Mitte der Felsen des Bergs hinauf, lenkten zur Linken, um dessen westlichen beschneiten Rücken zu erreichen und so gelangten sie auf den Berggiebel um 11 Uhr.*

Ich werfe die Flasche, den Proviant und die Kleider, die um das Gänseblümchen ausgebreitet waren, in den Rucksack und beeile mich, in die Steinwüste hinabzusteigen, wo der Pater noch Gletscher unter den Füssen hatte. Mit dem Stock diagonal zur Flanke des Berges geht es rutschend steil abwärts, die Schuhe schindend, über die Moräne hin und die Geröllhalde her, jeden Flecken Schnee nutzend, um zu gleiten und die Knie zu schonen.

Soll ich aufgeben oder versuchen, hinüberzustechen und von der linken Seite her um den Cuolm Tgietschen zu gelangen? Wenn ich nicht auf Tiere stosse, kenne ich dann wenigstens das Gelände, für ein anderes Mal. Gut. Zehn Minuten geradeaus, dann über die Felsen hoch, durch Schneegestöber. Auf allen vieren über ein paar Felsbänder, das Gewehr, den Stock, ständig zwischen den Beinen im Weg. Es beginnt endgültig zu schneien. Zum Teufel, wenn der Schnee sich setzt, kann ich nicht mehr zurück. Ich klettere über die Bergschulter hinüber, dann kommt eine Mulde mit grossen Steinen. Hier werde ich übermorgen Tutanchamun treffen. Nach der Geröllhalde gelange ich vielleicht so weit hinüber, dass ich auf den Plat sehen kann. Und wenn ich Glück habe, sind sie dort und äsen. Von jenem Punkt aus müsste man in die Val Gronda hinuntergelangen können, wenn man ungefähr der Richtung zur Alphütte von Russein Sura folgt. Plötzlich bin ich auf einer Schulter, hinter einem Stein, auf der anderen Seite des Plat. Halte den Kopf hinaus. Schneegestöber in der Nase, Schneegestöber im Nacken. Schneeflocken tänzeln hinauf und hinunter. Nur der Weihnachtsbaum fehlt. Der Plat ist wie leergefegt.

Schon fünf Uhr. Was willst du anderes tun, als hier hinunterzurutschen, so gut es geht, in der Hoffnung, dass du richtig spekuliert hast, was den Weg angeht?

Weit unten verscheuche ich eine rabenschwarze Gemse vom letzten Hang, bevor ich den Talboden erreiche. Zwölfter Tag.

Der Tag darauf ist ein Samstag, und es fallen zwanzig Zentimeter Schnee. Am Sonntag ist das Bündner Erntedankfest, ein Feiertag, von dem ich gar nicht wusste, dass es ihn gibt. Ein Feiertag mit Jagdverbot. Ein Tag der Heiden. Mit einem Beigeschmack von Weidmannsheil und Heilandschterna, von «Siegeszeichen», wie sie ihre Trophäen nannten. Und in St. Moritz marschiert der Jägerumzug im Gleichschritt und mit Panzern à la Hermann Göring.

(...)

XII

Es will und will nicht Tag werden. Zwei Wildhüter sind heraufgekommen und ein ehemaliger Jäger von Russein, ein alter Fuchs, mit allen Wassern gewaschen, wenn es um Felsen und Wände, Wild und Menschen geht. Wenn man seine Initialen in den Felsen hämmern würde, könnte das auch Anno Domini bedeuten. Sein vierrädriger Töff hat vorne und hinten Gepäckträger, auf denen so viele Personen sitzen könnten, wie sich festzuhalten vermögen. Die Maschine würde keine Anstalten machen und trotzdem ziehen. Es ist noch nicht ganz hell, da hat er sich schon in Handschuhe gestürzt, die Mütze ins Gesicht gezogen, sich vor der Hütte mit dem Rücken an einen Stein, nicht grösser als ein anständiger Kartoffelsack, angelehnt und begonnen, mit dem Feldstecher das Gelände abzusuchen. Zwei fahren mit dem Jeep hinaus zu den Hütten von Russein, um in die Val Gliems zu schauen, ob es dort Tiere hat.

Die Steinböcke sind auf dem Cuolm Tgietschen. Der Wildhüter mit den gelben Schuhen, Raschein und ich gehen durch die Val Pintga, schneiden rechts in den Hang hinein und steigen den Cugn hinauf. Die anderen beiden Männer gehen hoch zur Hütte von Russein Sura, um zu dirigieren, kommentieren und fabulieren.

Die Steinböcke sind oben in der Geröllhalde unter der Bergspitze. Wir kommen an Sur Plattas vorbei und stehen schliesslich vor einem grossen Stein. Hier rasten wir, mit dem Rücken zum Berg. Sprechen im Flüsterton wie in der Kirche und essen etwas. Hinter dem Stein hält ein Mann unentwegt Ausschau und lässt die Tiere nicht aus den Augen. Ein Steinbock ist auf dem Grat, eine Geiss liegt weiter hinten am Horizont. In der Geröllhalde über uns muss, aus den Zeichen der Männer von Russein Sura zu schliessen, noch etwas sein, was wir nicht sehen. Plötzlich erscheint aus heiterem Himmel im Feldstecher ein Horn in der Geröllhalde. Zehn Zentimeter Horn. Vielleicht hundertzwanzig Meter weiter oben. Der Wildhüter packt das Spektiv mit Stativ am Kragen und gibt mir zu verstehen, dass ich ihm folgen soll. Wir umklammern die Gewehre am Bauch, vor dem Abzug. Der Wildhüter legt sich ins Geröll und richtet das Stativ. Der

Steinbock erhebt sich aus dem Schutt, stellt sich mit den Vorderbeinen auf eine Platte und schaut hinunter auf die Menschen. Der Elfplus für Raschein! Der Jäger wirft sich auf den Boden und bringt das Gewehr in den Anschlag. Der Steinbock, gelbe Augen und ein Kiefer, der sich von Zeit zu Zeit hin und herbewegt, schaut geradewegs hinunter, ohne mit der Wimper zu zucken, direkt in den Lauf seines Mörders.

Wenn Malaparte behauptet, die Toskaner wüssten als einzige auf der Welt, was für eine lächerliche Sache das Sterben sei und wie viel lächerlicher als das Sterben die Angst vor dem Sterben, so weiss ich, und der Cuolm Tgietschen ist mein Zeuge, dass der Steinbock ein Toskaner ist und kein Bündner, denn er weiss, dass das Sterben eine Sache zum Schieflachen ist und die Angst vor dem Sterben zum Totlachen. Deshalb und nur deshalb sind die Steinböcke frei und die Bündner nicht; denn die haben Angst vor dem Tod.

Der Gehörnte schaut noch immer auf uns herab. Hat nicht mit der Wimper gezuckt, nicht einmal, als der Martini geknallt hat. Und unter dem Kinn kann man wunderschön den Knochen von Strabon sehen, wie beim göttlichen Tutanchamun. Hat keinen Wank gemacht, der Steinbock. Erinnert an einen untersetzten vatikanischen Prälaten, den du in den Hintern treten kannst, ohne dass er einen Mucks macht. Der Martini feuert noch zwei Schüsse ab. Die Geiss weiter hinten hat sich erhoben. Der Steinbock, vollgestopft mit Blei wie Moby Dick mit Doppeleisen, geht gemässigten Schrittes auf die Geiss zu, dann, nach dem dritten Schuss, etwas schneller und verschwindet dann aus unserem Blickfeld. Was für ein Spuk, achtzig Meter von uns entfernt, im Geröll, unter dem Tgietschen.

Was bleibt uns anderes übrig, als Lauf und Schwanz einzuziehen, vom Berg hinunterzusteigen und den Kopf zu schütteln, dass die Ohren der Mützen nur so hin und her schlagen, nachdem wir auf solche Weise mit Hurrlimutz und Hokuspokus versorgt worden sind?

Unten bei der Hütte pfeffert der Jäger sechs, sieben Schüsse in ein Brett, bevor es dunkel wird. Dreht insgesamt zweimal sieben Rasten im Uhrzeigersinn und dann wieder zweimal sieben Rasten gegen den Uhrzeigersinn. Und siehe da, das Gewehr hört auf zu bocken.

XIII

Ich selbst glaube nicht an das Drehen von Rasten in bestimmte Richtungen. Für mich hatte der Steinbock von gestern Bezoare. Das sind Ballen, die im Magen von Wildtieren sein können. Mit diesen Ballen im Körper kann das Blei dem Tier nichts anhaben. Es kommt oft vor, dass ein Jäger erzählt, er habe ein Tier hundertprozentig im Visier gehabt, und doch sei es auf den Schuss nicht umgefallen. Für grosses Aufsehen sorgte im vergangenen August die Nachricht aus Vals, wo verwunderte Jäger beobachten konnten, wie der Wildhüter aus kurzer Distanz fünf Schüsse brauchte, um einen uralten, kranken Steinbock zu erlegen. Als die kantonalen Tierärzte die Mägen des Steinbocks umdrehten, fiel ein riesiger Bezoar heraus. Dieser Steinbock starb nicht wegen der Munition, sondern am Schock, dass einer vom Kanton fünfmal daneben schiessen kann. Der Körper des Tieres war ein Sieb. Darin hatte es noch alte Projektile von Vetterli und Englisch Express, so viel Blei wie Harpunen im Wal von Melville. Leuten, die Bezoare in der Tasche oder um den Hals tragen, können Geschosse ebenfalls nichts anhaben, schreibt der alte Chronist Bartholomäus Anhorn. Sie brauchen den Tod nicht zu fürchten, auch wenn sie keine Toskaner sind.

Unser Steinbock von heute, dem zweitletzten Jagdtag, hatte aber keine Bezoare. Der Elfplus rannte um sein Leben, als er den Jäger Raschein erblickte mit der auf ihn gerichteten Flinte, dem ausgebeulten Rucksack auf dem Rücken und der Wechselwäsche in der Hasentasche, mit der er schon seit zwei Wochen eine armselige Figur machte. Der Jäger liess sich auf den Hintern fallen, fixierte den Ellbogen im Winkel zwischen Bein und Oberkörper, schoss und versenkte das Symbol des Kantons in einer Mulde unterhalb der Porta Spescha im Tödi-Massiv.

Anstelle von Klageliedern für den Toten erreichen uns zehn Minuten später Klagen via Handy: Aus Medels lässt ein Medelser seine Frau beim Wildhüter jammern, dass die Krähen seine Limmchen belästigen würden. Während es die aus Medels mit den Krähen hat, platschen die Eingeweide des Kantons die Geröllhalde hinunter, dämmert es langsam, wird der Bauch des Kantons zusammengenäht, und unter dem Tödi wird es trübe. Die Lamentos gehen weiter, bis es dunkel ist. Die Nervensäge will den Medelser Krähen den Garaus machen. «Nein», sagt der Wildhüter plötzlich genervt, «mit Gift arbeiten wir nicht!», und will das mit den Krähen auf ein andermal verschieben. Das Handy schimpft weiter. Der Wildhüter greift mit einer Hand das vierzig Meter lange Seil, befestigt daran die Vorderbeine des Steinbocks und hält geduldig das krähende Handy ans Ohr. Er nimmt einen Strick, zieht ihn hinter den Hörnern nach vorne, dann um die Schnauze, macht einen Halfter und gibt das Strickende dem Jäger in die Hand. Der Hornschlitten ist bereit für die steile Abfahrt, eine Stunde durch das Nichts der Nacht. Zwei greifen sich vorne rechts und links je ein Horn. Die Krähen schimpfen, das Handy windet sich, protestiert. Die Männer vorne heben den Kopf an und ziehen. Einer packt hinten an, damit der Körper gerade bleibt und nicht zur Seite kippt. Hat der hinterste Mann kein Seil mehr, ruft er «Halt» in die Nacht. Die Lampe kommt vierzig Meter nach unten, und wenn sie im Steilhang wieder Tritt gefasst hat, gibt sie den Befehl weiterzugehen. Die Gewehre klackern, die Männchen wackeln, die Seile spannen, es bremsen die Mannen. Das Handy surrt, die Verrückte murrt, es schmerzen die Rücken, die Kappennägel drücken. Sie schleifen die Steine, schinden den Abhang der Stocs. Sie lassen nicht nach, die Männer, die Zangen, bis das Gehörn, bis die Schlittenladung zuunterst ist, am Fusse des Hangs, wo die Weide freundlicher wird und das Mobiltelefon kapitulieren muss, weil es keinen Empfang mehr hat.

«Also, dieses Mobiltelefon, ich muss schon sagen», meint der Jäger, während er sich im Bett auf die Seite dreht, um das Licht zu löschen. «Das Mobiltelefon ist der Anfang vom Ende des Privatlebens. Du kannst ja nicht mehr private Telefongespräche führen. Die ganze Welt ist gezwungen, sich diesen Dreck anzuhören. Jeder Furz macht sich wichtig. Das ist wie auf einem ausgestellten Klo zu sitzen, und alle müssen zuschauen, wie du am Drücken bist. So weit ist es gekommen!»

XIV

Mit der Jagd ist es wie mit dem Leben. Eines schönen Tages ist alles vorbei, dabei hat es doch erst begonnen. Heute ist Luisin wieder mit mir hochgestiegen, guten Mutes und mit dem Plan, Steinböcke zu Fall zu bringen. Wenn der Prophet nicht zum Berg kommt, muss der Berg eben zum Propheten gehen. Wir steigen in den Hang, wie Tiere in den Hang hinein, verleiben uns den Hang ein und sitzen nach kurzer Zeit in der Falle: Ein Steinbock steht plötzlich kerzengerade auf einer Kuppe und äugt ganz steil nach unten. Wir verharren mäuschenstill, fünf, zehn, fünfzehn Minuten, bis er nach hinten verschwindet. Dann steigen wir steil hinauf, schnurgerade auf die Porta Spescha zu, mehr auf allen vieren als aufrecht. Wühlen uns an einer Felskante entlang nach oben. An der Kuppe vorbei, wo die Kerze stand. Tasten uns weiter und weiter hoch bis auf eine Grasbank. Strecken die Nase raus. Dann stossen wir uns weiter hinauf, kriechen hinüber bis hinter einen Stein und ducken uns. Ein kurzer Blick durch den Feldstecher, runter mit dem Rucksack und wieder den Feldstecher auf die Nase. Nichts. Ein Rosenkranzgebet lang nichts. Uns gegenüber der Piz Mellen, der gelbe Berg. Links, senkrecht unter uns, befand sich zu Zeiten von Spescha der Bleisasverdasgletscher, heute eine Moränenwüste. Das Glas sichtet die Steinböcke in den schwarzen Felsen links von der Porta Spescha. Wie sie dort kleben. Noch weiter links oben, als könnte man ihn umfassen: der Tödi. Etwas nach vorn geneigt das Kreuz, unter erstarrtem, verwehtem Schnee.

Auf der Bündner Seite ist der Tödi ein Klotz ohne einen Funken Glanz oder Göttlichkeit. Auf der anderen Seite zeigt er, was er ist, der Glarner Tödi mit den hängenden Gletschern, einer über dem anderen, über dem Röticouloir an der Ostwand, links vom Sandgipfel, mit dem steil abfallenden Nordgrat und dem Dreieck der Nordostwand. Darüber eine Platte, als hätte man die Spitze abgeschnitten: die Tafel der Götter. Aber ohne Tafelrunde. Der Tödi war nie ein Olymp.

Wir stehen staunend, auf der Bündner Seite, unter dem Klotz vor den Höllentoren: die Porta Spescha und links davon die Porta Russein, darunter der Bleisasverdasgletscher, der nicht mehr ist. Zuoberst auf Bleisasverdas, auf den Felstürmen zwischen den Portas, die Steinböcke. Wir haben nur eine Chance: sie durch die Porta Russein in die Falle zu treiben. Dabei kommt mir der alte Chronist Champell zu Hilfe: *Die Jäger verfolgen die Steinböcke, bis sie diese auf eine Felsplatte oder einen so glatten und glitschigen Felsen bringen, dass sie weder vorwärts noch rückwärts können. Dann greifen sie die Wildtiere von der Seite her an* ... Oder in unserem Fall: sie in die Enge treiben und von unten her angreifen. Ein kapitaler Plan, aber heikel, denn die in Chur unten haben mit Champell schlechte Erfahrungen gemacht und «jegliche Arten von Treibjagd» verboten. Und man weiss bei Gott nie, ob nicht plötzlich ein streitsüchtiger Wildhüter vom Tödi heruntergestolpert kommt, lauthals schreiend und schimpfend wie ein Rohrspatz, was denn hier los sei. Ich bin zwar mit allen Wassern gewaschen und habe für solche Situationen mit aufgebrachten Polizisten immer einen besonderen Heiltrank in einer kleinen Thermosflasche dabei, nämlich die *Mixtura professoralis* von Pfarrer Künzle: «So benenne ich den Tee, der hauptsächlich für Leute bestimmt ist, die wie Professoren, Kommandanten, Hauptleute, Prediger, Katecheten, Lehrer, Portiers an Bahnhöfen, Ausrufer usw. viel und laut sprechen müssen und daher ein sicheres, schnell wirkendes Mittel benötigen.» Nur muss man beachten, dass man diesen Tee nicht vor dem Zubettgehen verabreicht, «weil er anfangs gewaltigen Urinabgang bewirkt». Die Möglichkeit, hier einen Wildhüter anzutreffen, ist zwar minim, doch man kann nie wissen. Wir lassen den Plan von Champell fallen und beschliessen abzuwarten, ob die Steinböcke gegen Abend herunterkommen.

Mittag. Nehme aus dem Rucksack mein blaues Victorinox-Messer, auf dem etwas Rotes draufsteht. Heute steht überall etwas drauf. Du kannst bald nicht mehr ein Unterhemd kaufen, auf dem nichts steht.

Ich esse etwas Kartoffelwurst und lasse die Etikette und die Haut zwischen den Beinen zu Boden fallen, kaue etwas Brot und Käse und zuletzt zwei Reihen Schokolade. Ein Schluck Tee. Ich halbiere einen

Apfel und lege eine Hälfte auf mein Knie. Halbiere das andere Stück, schneide den Kern heraus und schäle es. Mehr um mir die Zeit zu vertreiben. Uns gegenüber der Planuragletscher mit seiner flachen Hütte, als hätte man einen Büroschrank auf einen Felsklotz gesetzt. Ein Bienenhaus. Sportflugzeuge hummeln zwischen den Bergspitzen, die aussehen, als wären sie zur Hälfte im Gletscher eingesunken. Manchmal landet eines. Ziemlich viel Verkehr dort drüben. Samstag halt. Es dauert eine Weile, bis etwas passiert, wenn eines gelandet ist. Das ist immer noch ein feierlicher Moment, wenn ein Flugzeug gelandet ist. Bis der Motor abgestellt ist und sich die Türen öffnen. Nicht so banal wie bei einem Auto, wo ohne Disziplin Türen geöffnet und zugeschlagen werden. Aus einem Flugzeug steigen die Leute immer in feierlicher Stimmung und mit zum Gruss erhobener Hand. Als wollten sie zu verstehen geben: Ich habe den Himmel bezwungen.

Es kommen Männchen raus, man sieht von hier aus, dass ihre Kleider picobello sind. Wolfskin wahrscheinlich und Mammut und Lacoste und weiss ich was. Aus den schicken Läden von Zürich. Sie schauen sich um. Sagen, als würden sie das «u» eine Rutschbahn runtersausen lassen: «Schauuuuuuurig schön!» Gehen einmal rund um das Flugzeug. Und gehen wieder hinein. Verbrennen ein bisschen Kerosin, bei dem schönen Wetter. Die Schickeria der Gletscher. Der aggressive Lärm der Hummeln kommt und geht. Wenn ich eine Kalaschnikow dabei hätte, könnte ich locker eine über dem Planura herunterholen. Diese Petrolprotze. Hochebenen sind nichts für die Umwelt. Hochebenen ziehen Flugzeuge an und allerlei anderes Teufelszeug. Wie das Butterbrot die Fliegen. Die Hochebenen sind Magnete für die Mehrbesseren. Besctzer sind das. Planura wurde besetzt, die Greina plattgemacht, und Selva und Sagogn wurden den Golfschlägern ausgeliefert.

Die wärmende Sonne verscheucht vorübergehend die Kalaschnikow. Lass uns ein Nickerchen machen. Ich höre mich schnarchen. Im petrolig limmernden Himmel huscht etwas in meinen Halbschlaf. Ich öffne ein Auge. Ich öffne beide Augen. Was? Nicht zu glauben. Ein Bartgeier, direkt über meinem Schädel. Zum ersten Mal sehe ich den goldenen Adler, wie er aus dem roten Himmel emporsteigt. Den Vogel, über den in den Medien so gedankenlos dahergeredet wurde. Der

Kondor der Alpen. Er, der früher Lämmchen und kleine Kinder raubte und sich heute mit Knochen begnügt. Er fliegt in seiner ganzen Weite über mich hinweg, landet nicht weit von den Steinböcken auf einem Felsen und verliert bei der Landung zwar seine ganze Eleganz, nicht aber seine rostfarbene Schönheit. Steht verdattert dort drüben, mit Buckel und eingezogenem Hals, als ob er Prügel bekommen hätte. Ich nehme den Schildkrötenzerbrecher mit dem Fernrohr ins Visier und kann nicht aufhören, dem Vogel ins Auge zu schauen. Noch nie habe ich ein so schönes Auge gesehen, gelb, glänzend und umrandet von einem mennigroten Ring. Er schaut so, wie Vögel schauen, und lässt mehr Wildheit als Verstand erahnen.

Mit der Gemse verbindet den Bartgeier der schwarze Streifen über der Wange. Mit dem Steinbock hat er mehr gemeinsam, als man vermuten würde, er, der goldene Adler, wie er genannt wurde wegen seiner Bäder in rostigem Wasser, die den hellen Partien seines Gefieders einen gelbroten Glanz verleihen: Zunächst hat er einen Bart wie der Steinbock. Und dann die Tatsache, dass beide zum letzten Mal in Vrin gesichtet worden waren, bevor man sie ausrottete. Das Totenregister des Jahres 1751 berichtet lapidar, *obyt Martin Caviezel ibices seu rupicapras venaturus in summis alpibus*, dass Martin Caviezel bei der Jagd nach Steinböcken oder Gemsen verunglückt sei, auf den allerhöchsten Bergen. Die letzte Brut eines Bartgeiers wurde 1885 in Vrin beobachtet.

Drüben zwischen den Felstürmen gehen den ganzen Nachmittag Steine nieder. Die Steinböcke kümmert das überhaupt nicht. Sie kauen ganze Heustöcke zusammen. Stehen nach Stunden wieder auf. Machen einen Buckel. Machen eine halbe Drehung. Scharren anderthalbmal mit dem Vorderlauf. Legen sich wieder hin. Kauen weiter, träumen wie Oblomows. So geht das den ganzen Nachmittag.

Um Viertel vor sechs richtet sich einer auf, dann ein anderer, dann noch einer. Sie steigen von ihren Kanzeln herunter. Sind im Nu unter den Felsen fünfzig Meter weiter unten und ziehen über die Geröllhalde. «Das-gibt-es-nicht!» Da legen sie sich zuhinterst auf der Geröllhalde auf dem Grat noch einmal hin.

Wie durch ein Wunder können wir ihnen folgen, ohne dass sie uns sehen. Wir rutschen durch eine Felsscharte nach unten. Stapfen über eine steile Schneezunge. Klettern auf allen vieren einen Hügel aus Erde und Geröll hinauf, bis auf eine Kante hinter einem Felsblock, wo wir keinen Halt finden. Einer gräbt einen Pfad, damit man stehen kann. Einer beobachtet die Steinböcke. Zählt Wülste, sieht Wülste doppelt, fängt noch einmal an. Die Vermehrung der Wülste. Ich lege das Gewehr an. Ziele. Mein Gott! Ich streiche mir die Haare zurück.

Das ist eine Entfernung von zweihundert Metern. Da ist ein kapitaler Schuss gefragt. Die mit den kapitalen Schüssen hocken unten am Stammtisch auf ihren Hintern statt hier oben, wo man nicht stehen kann. Verflucht.

Ballistik wäre gefragt. Jetzt kommt es ans Licht, dass du nie die Tabelle auf der Innenseite des Deckels der Munitionsschachtel studiert hast und nicht weisst, dass eine Kugel auf zweihundert Metern mit einer Geschwindigkeit von 475 Metern pro Sekunde fliegt und sich um fünfundzwanzig Zentimeter senkt. Zum Glück habe ich Luisin dabei, einen ehemaligen Bündner Schützenmeister und Meisterschützen: «Du musst am Vorderlauf entlang hinaufziehen und genau auf die Linie des Rückgrats halten.»

Die Uhr zeigt halb sieben, und um sieben ist es dunkel. Da nimmt Luisin das Gewehr, als wollte er die Lage prüfen, dreht das Okular des Zielfernrohrs auf sechs, zielt und meint, da brauche es einen Volltreffer. Ich sage: «Schiess du.» Er sagt: «Warum soll ich schiessen?» Ich: «Schiess du für mich, Luisin.» Die Sonne ist inzwischen untergegangen, und der Himmel wird dunkelblau, dann violett. Ich sage zu Luisin, wie es in der Jagdliteratur bei Hemingway geschrieben steht: «Wenn sie nicht bis auf eine ordentliche Entfernung herankommen, gehen wir bis auf eine ordentliche Entfernung hin.» Wie auf ein Kommando ziehen wir die Ohren ein, kriechen über die Kante und robben voller Respekt in die Geröllhalde hinein, den Steinböcken entgegen, die dort bockstill stehen und uns anschauen. Ich bin der Stierkämpfer Rafael el Gallo, mustere von oben bis unten den

Stier mit neun Wülsten und drehe mich dann um zu meinem Bruder Jose alias Luisin: «Töte ihn für mich, Jose. Mach es für mich. Ich mag nicht, wie er mich ansieht.»

Als der Knall zwischen den Felsen widerhallen sollte, kam ich wieder zu mir. Der Himmel, der mich noch immer betäubte, war nun gelbrot. Rafael el Gallo und Joselito standen da, gesättigt, ohne getötet zu haben, in der Unermesslichkeit des Himmels, der jeden Augenblick verschwinden würde, der verschwand, und drüben über dem Piz Gliems wartete ein goldener Mond, bereit, in der schwarzblauen Dunkelheit aufzugehen. Und hinten, ganz steil oben gegen den Tödi hin, streckte die Porta Russein ihre Zunge heraus:

Per me si va nella citta dolente,
Per me si va nell'eterno dolore,
Per me si va tra la perduta gente.

Tras mei van ins tier la perdida schenta.

Durch mich geht's ein zum verlorenen Gesindel.

Mit leuchtenden Augen blickten wir gegen Südwesten auf das Meer der Bergspitzen, die in das Licht des Jagdhimmels eingetaucht waren, im Rücken das
Tödi-Massiv und unsere Vorfahren, direkt gegenüber die Zacken des Piz Cavardiras, schon im dunklen Blau vor der schwarzen Nacht.

Daniel Mezger
Einen Berg zeichnen

In der Schule, dort und damals, Linthal Auen, am Fusse des Tödi, nein, bereits auf seinen Zehen oder noch eher, fast schon auf seinem Schoss, war zu lernen, wie das geht: einen Berg zeichnen. Von den Grösseren abgeschaut, die ihr Wissen wiederum, als sie noch kleiner waren, von den ihnen Vorangegangenen abgeschaut hatten. Drüben auf dem Nachbarsblatt war es zu sehen, was auch auf dem eigenen wachsen sollte. Nicht ein Berg. Der Berg.

So:

Das Blatt quer. Darauf als erstes ein Halbrund, raumgreifend von der unteren linken Ecke bis weit nach oben in die Mitte und wieder hinunter nach rechts, erst stoppen, wo das Blatt aufhört und der Tisch beginnt.

Auf der linken oberen Seite des Halbrunds einen Strich ansetzen, nach schräg unten ziehen, zur Mitte des Blattes und ein klein wenig über diese Mitte hinaus. Von der rechten oberen Seite einen weiteren dazu, nach links, etwas kürzer als der erste, den es zu treffen galt. Ein Y. Kursiv gesetzt. Ins entstandene Dreieck Schnee.

Das war ein Berg.

Der Tödi.

Ein paar Linien vielleicht noch, die Felsvorsprünge andeuteten.

Und um das Blatt zu füllen, neben den runden Riesen ein paar beliebige Zacken, denn, was neben dem Berg ist, ist Beigemüse, blosse Aussicht, damit der Grösste nicht alleine steht.

Darüber ein paar Ws, weil das Vögel sind, und ein paar Wolken, weil es der Himmel ist.

Dann ausmalen.

So sieht er aus, der Berg. So hat er auszusehen. Es ist immer der Tödi. Und so zeichneten wir ihn. Jahrgänge von Bildern an der Schulzimmerwand, in Ordnern, die man nach Hause brachte, später eine Schublade in einem Schrank, später eine Kiste in der Scheune mit der Aufschrift Erinnerung.

Das immergleiche Halbrund mit dem immergleichen Einschnitt, der Tödi eben.

So sah ein Berg aus.

Nur dass man ihn, diesen Berg, von da, Linthal Auen, zu seinen Füssen, auf seinen Zehen, auf seinem Schoss, dass man ihn, dass also ich ihn, eine Kindheit lang – gar nicht sehen konnte.

Hinten in der Aussicht zwischen Selbsanft und Gämsfairen ein leeres Dreieck. Obwohl das hier doch das Ende des Tals und somit das Ende der Welt war, der scheinbar freie, dreieckgrosse Blick gen Süden. Ausser bei Föhn, dann ist das Dreieck zugemauert. Eine Wand aus Wolken.

Die Berge, die daneben je nach Laune die Aussicht verstellten oder die Aussicht waren, hiessen: Chamerstock, prominent, steil aufragend, und von anderer Seite betrachtet kaum Berg zu nennen; oder der Chilchenstock, dieser Schutthaufen, der sich kaum selber halten kann, legendär bloss wegen seines nächtlichen Rumpelns, weil er sich Stück für Stück ins Dorf zu verkrümeln sucht, das darum die Wälle hoch und höher zieht und beunruhigt hochschaut, wie viel da wohl noch runterkommen wird; oder der schönste von allen mit dem besten Namen, obengenannt, der Selbsanft, eigentlich ebenfalls grossartig zu zeichnen, weil ebenfalls markant eigentlich, aber eben nicht der eigentliche Berg. Nicht der Tödi.

Der Tödi.
War ich je oben?
Nein.
Auch von oben sieht man doch bloss Aussicht.
Und nicht den Berg.

Das Wunder der Kindheit war, im Zug zu sitzen (wenn talauswärts mit dem Rücken voran, wenn auf dem Weg nach Hause den Blick in Fahrtrichtung) und nur wenige Ortschaften nach beziehungsweise vor dem Zuhause und bei günstiger Kurve wurde die Sicht frei gegen Süden. Das Erstaunen, dass da hinten, wo man gerade herkam oder wohin man gerade zurückwollte, etwas in die Lücke, ins leere Dreieck, getreten war.

Das Tal abschliessend. Hoch aufragend.

Ein Berg, wie gezeichnet, minus die Ws am Himmel über ihm.

Ein Berg, seltsamerweise tatsächlich anwesend, wie konnte man ihn übersehen, wenn er täglich doch so viel näher war. Man auf seinen Zehen stand, auf seinem Schoss sass? Ein Berg, der Berg. Es gibt ihn also doch.

Ein Berg, dessen Grösse wir auswendig aufsagen konnten, über dessen Spitzen wir Bescheid wussten und dass er jenseits der Kantonsgrenze höher sei als bei uns und ob das eigentlich eine Rolle spielt.

Aber weil er so wichtig war, war darauf zu bestehen: Eigentlich gehört er uns.

Und er gehörte nicht uns. Weil er denen gehört, die ihn sehen und sagen: Der da hinten, das ist er. Da will ich hoch.

Dies kann man noch erzählen:

Einmal, eine Lesung an einem Festival, Budapest war das, auf dem Podium neben mir zufällig ein Kollege aus dem Nachbardorf.

Das Dorf weiter südlich. Jenseits des Bergmassivs.

Und wie ich das erzählte bei der Vorstellungsrunde: Er und ich, wir seien eigentlich Nachbarn.

Und wie er sagte: Ja, zwischen uns liege bloss dieser Berg, der Tödi. Und dann erklärte er das Wort Tödi und dass es Tod bedeute und irgendwie sollte auch das etwas heissen und ich sass daneben und korrigierte ihn nicht.

Was wusste er denn schon, was wusste ich schon, wir hatten diese Einöde namens Berg nie zu Gesicht bekommen, sondern nur zu beschreiben gelernt.

Samuel F. Krämer
Auf Fessis

Sinsheimer hatte recht. Die Leiche Salzsteins wurde gut zweieinhalb Wochen nach seinem Verschwinden gefunden. Vom Bergbauern Silas Elmer, genannt Saul. Saul war ein knorziger Kerl, der das Kleintal nur ein- oder zweimal im Jahr verliess, einmal zur Landsgemeinde im Mai und einmal zum Viehmarkt im Herbst. Die Sommer verbrachte er mit seiner Frau Maria Magdalena auf der geliebten Alp Fessis, fernab jeglicher Stumpfsinnigkeit. Auf Alp Fessis war er sein eigener Herr und Meister, da sprach ihm niemand ins Gewissen, da hiess ihn niemand, dies und das zu tun. Das war nicht immer so. Der Letzte, der das getan hatte, war sein Vater Jeremias, und der war schon lange tot. Er stürzte zu Tode, als er bei schlechtem Wetter vom Melkstand auf Chrummböden herabsteigen wollte und ausrutschte. Er schlug so hart auf einem Stein auf, dass es ihm den Schädel spaltete. Saul fand den Vater erst Stunden nach dem Unfall, als er auf Chrummböden hochsteigen wollte, um nach dem Rechten zu sehen. Damals war Saul schon sechsunddreissig Jahre alt und litt immer noch unter der Herrschsucht und Starrköpfigkeit seines Vaters. Unter der Knute von Jeremias zu stehen, war alles andere als ein Zuckerschlecken. Nicht nur der eigene Sohn und die Schwiegertochter litten darunter, auch Knechte, Mägde und andere Gehilfen fürchteten sich vor den

Wutausbrüchen dieses verbitterten alten Mannes, der, nachdem er seine Frau in den Tod getrieben hatte, vollends zum unausstehlichen Zeitgenossen wurde, dem man nichts rechtmachen konnte. An allem und an allen hatte er etwas auszusetzen, verfluchte unablässig Gott und die Welt und betrank sich jeden Tag mit seinem Selbstgebrannten. Er trank zuweilen so viel, dass er mitunter über lange Zeit nicht mehr richtig nüchtern wurde. Dann mieden ihn nicht nur die Menschen, auch die Kühe im Melkstand wandten sich von ihm ab, weil er dermassen nach Schnaps roch und von einer unangenehmen Aura umhüllt war, einer Aura, die Gras und Blumen zum Welken und Tiere zum Verstummen brachte.

Saul war überzeugt davon, dass dem verbitterten Vater die ständige Sauferei zum Verhängnis wurde. Für ihn war absehbar, dass Jeremias früher oder später den Halt unter den Füssen verlieren und derart hinfallen würde, dass sein erbärmliches Leben ein solches Ende nehmen musste. Seine Trauer hielt sich dann auch in Grenzen, er konnte nicht angemessen wehklagen, so wie es sich für einen Sohn geziemt. Und er wollte auch nicht jammern, dafür hatte er keine Zeit, und keine Lust. Jeremias war weg. Und niemand vermisste ihn, weder die Tiere noch die Menschen, und am wenigsten die Alp Fessis selbst.

Nachdem Saul Jeremias gefunden hatte, spuckte er ordentlich Gift und Galle, bevor er kurz darüber nachdachte, ob er sich über den plötzlichen Tod des Vaters freuen oder ob er bestürzt darüber sein sollte. Er war beides. Saul war ein kräftiger Kerl, gross wie ein Bär, breit wie ein Schrank. Fluchend hievte er sich den leblosen Körper über die Schulter und trug den Vater wie einen Sack Mehl hinunter zur Hütte, wo er die Last niederlegte, sich die Hände im Hellbach wusch und lautstark nach seiner Frau Maria Magdalena und dem Zusenn Melchior rief. Beide kamen herbeigelaufen, die eine aus der Alphütte, der andere aus dem Stall. Auch bei ihnen hielten sich Bestürzung und Erleichterung die Waage. Melchior bemerkte trocken, dass das früher oder später passieren musste. Maria Magdalena stellte sich zu ihrem Saul, nahm seine rechte Hand und drückte sie in einer Art und Weise, die unmissverständlich andeutete, dass sie insgeheim froh über das Ableben des Schwiegervaters war.

Jeremias war der erste Tote, den Saul gefunden hatte. Und das war vor gut zwanzig Jahren. Den zweiten Toten fand er an einem

Dienstagmorgen Mitte September 1985, als er sich anschickte, mit dem Tagewerk zu beginnen. Es gab viel zu tun auf Alp Fessis. Aber das war dem Saul egal. Er liebte es, hart anzupacken. Er liebte die fünfzehn Kühe und den Stier Herkules, die fünfunddreissig Rinder und Kälber kannte er mit Namen, die vier Schweine wollte er auf keinen Fall missen, und die drei Ziegen erfreuten ihn täglich aufs Neue. Ein Leben ohne Tiere konnte sich der Saul nicht vorstellen. Er zog die Gesellschaft der Viecher jener von Menschen vor. Eigene Kinder hatten Saul und Maria Magdalena keine, die Natur war dagegen, aus welchen Gründen auch immer. Also schenkten sie ihre ganze Zuneigung den Tieren, vor allem dem Hund Brutus, welcher an diesem Morgen ungewöhnlich laut herumkläffte, dem Saul um die Beine wirbelte und hartnäckig an ihm hochsprang. Dass irgendetwas an diesem Morgen nicht stimmte, merkte Saul sofort. Er forderte Brutus wortreich auf, ihm zu zeigen, was ihn solchermassen beunruhigte und in Rage brachte. Der Hund stob davon und rannte hinter den Stall, wo sich die Jauchegrube befand. Saul realisierte schon von Weitem, dass die Grube offen stand, was sehr ungewöhnlich war, und noch ungewöhnlicher waren die jammervollen Schreie, die aus der Grube herauf tönten.

«Himmelarsch!», schrie Saul aufgebracht, «welcher Idiot hat die Grube offen stehen lassen?! Verdammte Scheisse!»

Brutus hüpfte wie wild um das stinkende Loch und bellte das Rind, das in die Grube gefallen war, an, als wollte er es massregeln und zur Rechenschaft ziehen. Saul schrie nach Melchior und seiner Frau. Beide kamen herbeigerannt, trauten ihren Augen nicht, als sie das Rind in der Gülle stehen sahen und begannen sofort unter der Regie von Saul mit den Bergungsarbeiten. Es war beileibe nicht einfach, das Tier aus dem Loch zu hieven, aber es gelang. Der Gestank war fürchterlich, raubte einem beinahe den Atem, das gerettete Rind jammerte und stand benommen auf wackeligen Beinen, Brutus kläffte, dass die herbeigelaufenen Hühner heftig erschraken und flügelschlagend auseinanderstoben.

«Da ist noch was drin», bemerkte Saul, als er das Loch schliessen wollte. Er liess sich von Melchior die Stange mit dem Haken geben und stocherte in der Scheisse rum, bis er so was wie einen Rucksack zu fassen kriegte.

«Wie kommt ein Rucksack in unsere Jauchegrube?», wunderte sich Maria Magdalena.

Sie erhielt keine Antwort, denn der Saul stocherte schon wieder in der Gülle rum, bis er einen leblosen Körper am Haken hatte.

«Heilige Scheisse! Was ist das denn?!»

«Das ist die Person, die den Rucksack getragen hat», antwortete Melchior.

«Ach ja! Was du nicht sagst. Darauf wäre ich nie gekommen. Und jetzt halt die Klappe und hilf mir, den armen Kerl herauszuziehen.»

Maria Magdalena hielt sich die Hände vors Gesicht, Brutus kläffte, das gerettete Rind trottete davon.

«Heilige Scheisse!», fluchte Saul, «das hat uns gerade noch gefehlt.»

Er starrte auf den toten Körper, dem unmöglich anzusehen war, wie weit der Verwesungsprozess schon fortgeschritten war, weil er von einer dicken Schicht Scheisse umhüllt war.

«Melchior, wann hattest du zum letzten Mal hier hinten bei der Jauchegrube zu tun?», fragte Saul.

«Das war gestern. Ich habe hier hinten jeden Tag zu tun.»

«Und dir ist nichts aufgefallen? Stand die Grube offen? Hast du vergessen, den Deckel zu schliessen?»

«Schon möglich, dass ich sie gestern offen stehen liess. Ansonsten ist mir nichts aufgefallen. Die Grube war immer verschlossen.»

«Nun gut. Hättest du sie nicht offen gelassen, hätten wir diesen armen Kerl nie gefunden. – Geh und kümmere dich um das Rind. Spritz es ordentlich ab und bring es in den Stall. Dort soll es sich erholen.»

Inzwischen hatte sich Maria Magdalena am Rucksack zu schaffen gemacht. Möglicherweise waren die Papiere des Toten darin. Zu ihrem Erstaunen war der Rucksack voller kleiner und mittelgrosser Einmachgläser. Es war nicht zu erkennen, womit die Gläser gefüllt waren, alles war mit Gülle verdreckt. In einem Innenfach fand sie einen Ausweis, in Plastik eingeschweisst.

«Sieh mal, Saul. Der arme Kerl heisst Salzstein, Detlef Salzstein aus Leipzig.»

«Aus Leipzig! Was hat ein Tourist aus Leipzig in unserem Güllenloch verloren? Und wie ist er da überhaupt reingekommen? Man stürzt doch nicht einfach so in eine Jauchegrube!»

«Vielleicht hat ihn jemand hinabgestossen?», mutmasste Maria Magdalena.

«Wie dem auch ist. Ich geh jetzt und funk die Polizei an. Die sollen den Kerl so schnell wie möglich von hier wegschaffen. So was brauchen wir hier oben nicht. Je schneller die Leiche fortgeschafft wird, umso besser.»

Keine zwei Stunden später landete ein Helikopter der Rega auf Alp Fessis, was dem Saul gar nicht gefiel. Nachdem er dem Polizisten über Funk gesagte hatte, dass sie einen Deutschen namens Detlef Salzstein tot in der Jauchegrube gefunden hätten, herrschte auf dem Polizeistützpunkt grosse Aufregung. Natürlich wussten die Leute auf Fessis nicht, dass es sich bei der Leiche um den berühmten Leipziger Fäkalkünstler handelte. Woher denn auch? Zeitung hatten sie keine auf der Alp, und was sie sich im Radio anhörten, waren bestimmt nicht kulturelle Sendungen über zeitgenössische Kunst. Und sollten sie den Namen Salzstein zufällig mal aufgeschnappt haben, wenn sie sich Nachrichten anhörten, dann interessierte sie das nicht im Geringsten. Was sie interessierte, waren die Wetterprognosen für die kommenden Tage. Für Künstler hatte Saul nichts übrig. Für ihn gab es nur eine Künstlerin, und das war die Natur. Mit billigen Kopien ihrer vollendeten Werke konnte er nichts anfangen. Auch wenn manche behaupten, dass Kunst konzentrierte Natur sei. Und als er erfuhr, dass Salzstein mit Scheisse malte, schüttelte er verständnislos den Kopf und meinte salopp, dass es ihn nicht wundere, dass dieser Kerl den Tod in einer stinkenden Jauchegrube gefunden habe.

Der Kommissar, dem er dies erzählte, hiess Tasso Thalmann. Missmutig und von einem unangenehmen Schwindel ergriffen, war er aus dem Hubschrauber gestiegen und sah sich irgendwie angewidert um. Er brauchte ein paar Sekunden, um das Gleichgewicht zu finden. Er hasste das Fliegen, vor allem jenes in Helikoptern. Er hatte Höhenangst. Und wer Höhenangst hat, vermeidet das Fliegen tunlichst und begibt sich nicht auf höhere Lagen wie diese Alp oder auf Berge allgemein. Thalmann hatte nichts gegen Berge, solange er sie von unten anschauen konnte. Dass er nun an diesem verfluchten Dienstagmorgen auf mehr als tausendachthundert Metern Höhe einen Tatort besichtigen und eine Leiche bergen musste, widerte ihn an. Er hatte sich auf einen geruhsamen Tag im Büro gefreut. Das konnte er sich jetzt abschminken. Thalmann wusste um die Bedeutung von Salzstein und hatte schon lange im Geheimen gehofft, dass man den umstrittenen Künstler niemals finden möge. Und jetzt das. «Hoffentlich war es ein Unfall», dachte er beim Anblick des Toten, auch wenn er sich kaum vorstellen konnte, wie und aus welchen Gründen auch immer ein Mensch in eine Jauchegrube auf einer Alp in den Bergen fällt. «Und wenn es kein Unfall war, dann bitte ein Selbstmord», spann er die Gedanken weiter. Alles, nur kein Mord, das hätte ihm gerade noch gefehlt, dachte er, während ihm Saul Hof und Stall zeigte.

«Das ist die Irma, das Rind, das in die Grube gefallen ist, weil sie der Melchior offen stehen liess», sagte Saul. «Der Irma ist es zu verdanken, dass wir den armen Kerl überhaupt gefunden haben», scherzte Saul. «Ansonsten wäre er friedlich vor sich hingemodert und niemand hätte ihn jemals gefunden. Letztendlich hätten wir mit ihm die Alpwiesen gedüngt.»

Dem Kriminalpolizisten in Zivil war überhaupt nicht nach Scherzen zumute. Aber die Vorstellung, dass man Salzstein nie gefunden und mit ihm irgendwann Wiesen gedüngt hätte, gefiel ihm. In Gedanken malte sich Thalmann aus, was jetzt alles auf ihn und die Kriminaltechniker zukommen würde: den Tat- oder Unfallort absperren, nach Spuren jeglicher Art suchen, die Jauchegrube auspumpen und nach Hinweisen untersuchen, die Leiche zur Rechtsmedizin überführen und hoffen, dass es ein Unfall war, Angehörige von Salzstein über dessen Ableben informieren, Saul, seine Frau und den Zusenn vernehmen und wahrscheinlich für das Protokoll vorladen, Berichte schreiben, unter Umständen nach Leipzig reisen und weitere Leute befragen. Alles Dinge, die ihm sehr zuwider waren. Schliesslich hatte er sich hierher versetzen lassen, um die letzten paar Jahre bis zur Pension mehr oder weniger abzusitzen, eine ruhige Kugel zu schieben. Mordfälle hatte er schon genug untersucht. In Zürich, wo er Zeit seines Lebens gewohnt und gearbeitet hatte, bis zu jenem schrecklichen Mord, der in ihm den Entschluss heranreifen liess, der Stadt den Rücken zu kehren und sich irgendwohin aufs Land versetzen zu lassen, wo Verbrechen solcher Art nicht begangen werden. Was er dann auch getan hatte, nachdem er seine Vorgesetzten in dieser Angelegenheit nach langem Hin und Her überzeugen konnte. Sie liessen ihn nur ungern ziehen, ihn, Tasso Thalmann, der mit einer Aufklärungsquote von beinahe neunzig Prozent aufwarten konnte. «Aber genug ist genug», dachte er und nahm das Angebot von der Glarner Regierung an, für sie als Kriminalinspektor zu arbeiten. Dass sich damals seine Frau von ihm trennte, weil er sie schon über Jahre hinweg ein- bis zweimal pro Monat mit jungen Nutten aus aller Herren Länder betrogen hatte, war mit ein Grund, Zürich zu verlassen. Und eben dieser schreckliche Mord, der ihm dermassen an die Nieren ging.

Das war vor gut drei Jahren. Und während dieser Zeit passierte kein Tötungsdelikt im Glarnerland. Alles lief genauso, wie er es sich ausgemalt hatte. Bis zum heutigen Tag. Er sah schon die Schlagzeilen in den «Glarner Nachrichten»: Grausiger Fund auf Alp Fessis – war es Mord, Unfall oder Selbstmord? – Fäkalkünstler stirbt in Jauchegrube – Unrat wird berühmtem Künstler zum Verhängnis – oder so was in der Art. Und dann all die anderen Zeitungen im In- und Ausland, die diese Geschichte aufgreifen. Beim Gedanken daran wurde ihm schlecht.

«Haben Sie ein Glas Wasser für mich?», fragte er Saul, der seinen Augen nicht traute, als er mitansehen musste, wie ein junger Polizist den Fundort weiträumig absperrte.

«Was tut er da?»

«Er macht nur seinen Job. Haben Sie ein Glas Wasser für mich?»

«Sie wollen Wasser? Dann gehen Sie zum Brunnen.»

Ein leiser Seufzer entfuhr Thalmann, ein Seufzer, der vom Grunde seiner Seele zu kommen schien.

«Und wo ist der Brunnen?»

«Vor dem Haus. Brutus, zeig dem Kommissar, wo der Brunnen steht.»

«Schon gut, ich werde ihn auch ohne den Hund finden.»

Tasso Thalmann schritt über den unebenen Boden zum Brunnen vor dem Haus, wo er den Durst löschte. Natürlich begleitete ihn Brutus. Der Sennenhund war offenbar der Einzige, der sich über diesen unerwarteten und ungewöhnlichen Aufmarsch fremder Leute freute. Thalmann betrachtete den quirligen Vierbeiner und wischte sich mit dem Taschentuch den Mund ab, bevor er den Blick über die Alp schweifen liess und sofort das Gefühl hatte, dieser Ort sei von der Welt vergessen worden. Aber das würde sich nun ändern. Dieser Ort würde eine traurige Berühmtheit erlangen. «Dem Silas Elmer wird das bestimmt nicht gefallen», dachte er, als er zurück hinters Haus lief.

«Wie lange bleibt die Absperrung?», wollte Saul wissen.

«So lange sie nötig ist. Ich bitte Sie dafür zu sorgen, dass keines der Tiere hinter die Absperrung gelangt. Auch Hund und Hühner nicht.»

«Und wie soll ich das machen?»

«Ihnen wird schon was einfallen.»

Saul begann lautstark zu fluchen. Sein Gezeter wurde aber augenblicklich vom startenden Hubschrauber übertönt.

«Warum fliegen die weg, ohne den Toten mitzunehmen?»

«Es kommen noch mehr Leute», antwortete Thalmann, «Rechtsmediziner aus Zürich.»

«Noch mehr Leute?! Das gefällt mir aber gar nicht!»

«Was Ihnen gefällt und was nicht, interessiert niemanden. Wir haben hier einen berühmten toten Künstler aus Deutschland, der unter mysteriösen Umständen zu Tode gekommen ist. Hier gibt es viel zu tun. Sorgen Sie dafür, dass meine Leute in Ruhe arbeiten können.»

«Was gibt es hier schon viel für Sie zu tun? Schaffen Sie gefälligst den Künstler weg und verschwinden Sie!»

«Glauben Sie mir, Herr Elmer, diese ganze Schweinerei widert mich unsäglich an, und ich wünsche mir nichts lieber, als so schnell wie möglich wieder von Ihrer Alp runterzukommen. Aber wir müssen nun mal tun, was wir tun müssen. Also, reissen Sie sich zusammen, halten Sie sich zur Verfügung, wenn wir Sie brauchen, und passen Sie gefälligst auf, wo Sie hintreten.»

«Und mich widert es an, wenn Leute wie Sie und Ihre Truppe den Frieden und die Ruhe auf meiner Alp stören. Was meinen Sie denn, halten die Tiere von diesem Theater!? Die werden ja noch ganz verrückt!»

«Dem Hund scheint es zu gefallen», erwiderte Thalmann, «den Hühnern scheint es egal zu sein und die Rinder und Kühe ignorieren uns sowieso mit stoischer Gelassenheit.»

Tasso Thalmann versicherte dem aufgebrachten Saul noch einmal, dass er sich keine Sorgen zu machen bräuchte. Sie würden so schnell wie möglich wieder abziehen, das läge in aller Interessen. Saul brummelte Unverständliches in den Bart und verschwand um die

Ecke. Brutus blieb schwanzwedelnd bei Thalmann stehen, der ihm den Kopf tätschelte und ihn aufforderte, ihn zu begleiten. Er wollte sich bis zur Rückkehr des Hubschraubers die nähere Umgebung anschauen. Sich einen Überblick verschaffen.

«Komm, Kleiner, zeig mir dein Zuhause.»

Salzsteins Körper stank fürchterlich, nicht nur wegen der Gülle, die den Leib bedeckte, sondern vielmehr wegen der Gase, die dem aufgedunsenen Körper entwichen. Die Verwesung musste sich bereits in einem fortgeschrittenen Stadium befinden, das war offensichtlich. «Kein Wunder», dachte Thalmann, «es gibt nirgends mehr Bakterien als in Gülle.» Und viele Bakterien beschleunigen den Verwesungsprozess. Erstaunlich, dass nach gut zweieinhalb Wochen überhaupt noch so viel von Salzstein übrig war. Für Thalmann stand sofort fest, dass die Leiche vorher woanders gelegen haben musste. Jemand hat sie irgendwann hierhergebracht und in die Jauchegrube geworfen, um ihn auf Nimmerwiedersehen verschwinden zu lassen. Der Rechtsmediziner würde bald eintreffen und erste Untersuchungen vor Ort durchführen. Der würde ihm mit Sicherheit sagen können, wie lange der Tote wo gelegen hat. Und vielleicht auch schon, woran er gestorben ist.

Thalmann wandte sich angewidert von der stinkenden Leiche ab, streifte sich Plastikhandschuhe über und schickte sich an, den Rucksack des Unglücklichen einer genaueren Betrachtung zu unterziehen. Vor allem der seltsame Inhalt interessierte ihn. Mindestens ein Dutzend verschieden grosse Einmachgläser waren darin. Die Gläser waren verschmutzt, man konnte kaum erkennen, was in ihnen war. Thalmann öffnete eines und leerte den Inhalt aus.

«In den Gläsern befindet sich Scheisse von verschiedenen Tieren», sagte Polizist Hans Heinrich Hefti, der inzwischen hinter ihn getreten war.

«Offensichtlich hat er das Zeug gesammelt. Brauchte es wahrscheinlich für seine Kunst. Er soll ja mit Scheisse gemalt haben.»

«Sieht so aus», meinte Thalmann. «Ich will wissen, was für Scheisse sich in den Gläsern befindet. Vielleicht können wir so herausfinden, welchen Weg Salzstein gegangen war, bevor ihm etwas zugestossen ist.»

Thalmann reichte den verdreckten Rucksack mit dem kotigen Inhalt dem Gehilfen, der ihn angewidert entgegennahm. Er legte den Kopf ins Genick und suchte den Himmel nach dem Hubschrauber ab, dessen Rotorgeräusche gut zu hören waren. Brutus begann wieder zu kläffen, die herumstehenden Rinder liessen sich nicht stören. Nachdem die Maschine gelandet war, stiegen zwei in weisse Overalls gekleidete Männer aus. Sie trugen metallene Koffer bei sich. Thalmann winkte sie zu sich. Sofort erkannte er seinen alten Kollegen Professor Doktor Hubertus Huber vom Institut für Rechtsmedizin der Universität Zürich. Thalmann hatte darauf bestanden, den Freund aus Zürich herbeizuschaffen, nicht nur weil ihm der Umgang mit Huber vertraut war, sondern vor allem, weil er unangefochten die Nummer eins war in der Rechtsmedizin der Schweiz.

«Tasso, mein Freund, wie geht es dir?»

Der kleine Dicke reichte Thalmann die Hand.

«Schön dich zu sehen, Hubertus. Mir geht es gut.» Thalmann führte Huber und seinen Kollegen zur Leiche Salzsteins. «Was man von diesem armen Kerl ganz und gar nicht behaupten kann. Muss schrecklich sein, in Gülle zu ertrinken.»

«Gute Luft habt ihr hier oben», meinte der Dicke und liess den Blick über die höher gelegenen Weiden schweifen, die mit imposanten Felsbrocken und Steinen durchsetzt waren. Überall standen Kühe und Rinder herum, die sich üppiges Gras und gesunde Kräuter einverleibten. «Ich muss schon sagen, das hier ist eine schöne Alp, ein wirklich schöner Flecken.»

«Ja ja, schon recht. Das hier ist ein wirklich schöner Ort zum Sterben.»

«In der Tat, mein Lieber. Dann lass uns diesen Salzstein mal anschauen.»

«Da gibt es nicht viel zu sehen. Der ist komplett eingepuppt in Scheisse.»

«Schnabel, sorgen Sie dafür, dass die Scheisse vom Körper runterkommt. Vor allem vom Gesicht. Kriegt man hier einen Kaffee?»

«Möglich. Wir sollten ins Haus gehen und die Bauersfrau darum bitten. Keine einfachen Leute hier oben.»

«Wollen Sie zum Kaffee etwas Brot, Käse und Wurst?», fragte Maria Magdalena.

«Da sag ich nicht nein», frohlockte Professor Huber und setzte sich an den Tisch in der bescheidenen Küche.

Maria Magdalena kredenzte ein Frühstück, wie es die beiden selten gegessen hatten: selbst gebackenes Brot, selbst gemachte Butter, selbst gemachte Wurstwaren, verschiedene Käsesorten, frische Kuhmilch, Kaffee und Kuchen und ein Gläschen Selbstgebrannten. Huber langte kräftig zu. Thalmann hielt sich zurück, nahm von allem nur kleine Häppchen.

«Nun genieren Sie sich nicht, Herr Kommissar, langen Sie zu, es ist genug von allem da», forderte Maria Magdalena Thalmann auf.

«Frau Elmer, kommen hier bei Ihnen viele Wandersleute vorbei?», fragte Thalmann.

«Was heisst viele? Es kommt immer mal wieder der eine oder der andere hier oben vorbei. Auf dem Weg zu den Fessis-Seelein. Oder um unseren frischen Alpkäse zu kaufen. Die Seelein müssen Sie sich unbedingt anschauen. Es lohnt sich.»

«Ihnen ist also in letzter Zeit niemand aufgefallen? Hat sich vielleicht jemand das Gehöft angeschaut oder sich nach der Jauchegrube erkundigt?»

«Nein. Bestimmt nicht. Da war niemand, der sich für unsere Gülle interessierte.»

«Verstehe», sagte Thalmann nachdenklich. «Hat es hier oben schon mal einen Unfall gegeben?»

«Ja. Vor ziemlich genau zwanzig Jahren. Mein Schwiegervater ist hingefallen und hat sich den Kopf gestossen. War stockbesoffen wie immer. Als ihn mein Mann wenige Meter unterhalb von Chrummböden gefunden hat, war es schon zu spät.»

«Interessant», horchte Thalmann auf, «und es war bestimmt ein Unfall?»

«Es war ein Unfall, ja. Der Herrgott hat ihn zu sich geholt.»

Maria Magdalena bekreuzigte sich.

«Was war Ihr Schwiegervater für ein Mensch, Frau Elmer?»

«Oh, er war ein schwieriger Mensch. Ein regelrechter Tyrann. Machte allen das Leben schwer, vor allem dem eigenen Sohn, er schikanierte ihn, wo immer er konnte. Er soff von morgens bis abends seinen Selbstgebrannten. Mein Mann Saul hat ihn mit zertrümmertem Schädel gefunden.»

«Warum nennen Sie Ihren Gatten Saul? Sein Name ist doch Silas.»

«Ach Herr Kommissar, das wüsste ich auch gerne. Seit ich meinen Mann kenne, wird er Saul gerufen, warum auch immer. Das müssen Sie ihn schon selber fragen.»

«Wie hiess Ihr Schwiegervater?»

«Jeremias», antwortete Maria Magdalena.

«Jeremias, der Name eines Propheten aus dem Alten Testament. Interessant», sagte Thalmann. «Haben hier oben alle biblische Namen?»

«Es scheint so, Herr Kommissar. Aber das hat nichts zu bedeuten. Wir sind nicht besonders gottesfürchtig hier oben.»

«Und über den Verlust Ihres Schwiegervaters sind demnach alle schnell hinweggekommen?»

«Wie meinen Sie das, Herr Kommissar?»

«Na, es hat ihn keiner vermisst, am wenigsten der Saul. Keiner hat ihm eine Träne nachgeweint.»

«Jeremias war ein böser Mensch, Herr Kommissar.» Maria Magdalena bekreuzigte sich erneut. «Da haben Sie völlig recht. Niemand vermisste ihn, nicht einmal die Tiere. Er war von einer Aura aus Selbstgefälligkeit und Selbstmitleid umgeben, die sich in Zorn und Bösartigkeit verkehrte und einen Ekel hervorrief, dass man ihm nach Möglichkeit aus dem Weg ging. Und das galt auch für die Tiere.»

«Verstehe», sagte Thalmann, «der Jeremias war ein Ekel, wie es im Buche steht.»

«Ja. Das war er.»

«Und niemand hat gesehen, wie der betrunkene Jeremias gefallen und zu Tode gekommen ist?»

«Nicht, dass ich wüsste, Herr Kommissar. Es war ein Unfall.»

«Verstehe. Wie hoch ist der Melkstand auf Chrummböden gelegen? Und wie lange braucht man da hinauf?»

«Ein geübter Berggänger braucht für die zweihundertfünfzig Höhenmeter keine halbe Stunde. Der Melkstand liegt auf gut zweitausendeinhundert Metern. Wollen Sie etwa da hinaufsteigen, Herr Kommissar?»

«Gut möglich, Frau Elmer. Vielen Dank für das Frühstück.»

Nur schon beim Gedanken daran, wie hoch Chrummböden gelegen ist, schwindelte es Thalmann. Er und Huber, der ein bisschen aussah wie ein Astronaut, verliessen die Küche und stapften zur Leiche Salzsteins zurück.

«Einen hervorragenden Käse machen sie hier oben», schwärmte der dicke Huber. «Dann schauen wir mal, was uns der Tote zu erzählen hat.»

Hubers Assistent hatte die Leiche vom Unrat befreit, so gut es eben ging. Salzsteins Gesicht war wie der Rest des Körpers aufgedunsen. Es sah widerlich aus.

«Ihm fehlt das linke Auge», sagte Huber. «Auf den ersten Blick würde ich sagen, dass dieser Mensch an angeborener Einäugigkeit litt. Mit ziemlicher Sicherheit war er Träger eines Glasauges.»

«Interessant», sagte Thalmann, «und wo ist das Auge jetzt?»

«Keine Ahnung. Wahrscheinlich in der Jauchegrube. Ist ihm wohl rausgefallen. Die Grube muss ausgepumpt werden.»

«Scheisse! Das hat uns gerade noch gefehlt.»

«Hoffen wir, dass der Bauer mit dem königlichen Namen eine Pumpe hat.»

«Gibt es Verletzungen am Kopf?»

«Ohne Zweifel ist er ins Gesicht geschlagen worden», antwortete Huber.

«Wie lange ist er schon tot?»

«Schwer zu sagen. In Gülle findet der Verwesungsprozess schneller statt als in Wasser oder an der Luft. Den genauen Todeszeitpunkt kann ich dir erst nach der Obduktion sagen. So wie es aussieht, hat er nicht länger als ein paar Tage in der Scheisse gelegen. Tot ist er aber bedeutend länger.»

«Das glaube ich auch. Salzstein wird seit zweieinhalb Wochen vermisst. Umgekommen ist er bestimmt nicht in diesem Loch, davon können wir ausgehen. Hier handelt es sich kaum um einen Unfall oder Selbstmord.»

«Bestimmt nicht, Tasso, hier hat jemand kräftig nachgeholfen.» Huber erhob sich ächzend. «Das wars Tasso, vor Ort kann ich nichts weiter tun. Mehr kann ich dir erst nach der Obduktion sagen.»

Huber veranlasste, dass die Leiche umgehend eingepackt, eingesargt und in den Hubschrauber verfrachtet wurde. Keine dreissig Minuten später waren der dicke Professor und sein Assistent zusammen mit Salzsteins stinkender Leiche auf dem Flug zurück nach Zürich ins Institut für Rechtsmedizin. Thalmann schaute dem Hubschrauber nach, bis er verschwunden war. Der schlimmstmögliche Fall war eingetreten: Es war Mord. Mord an einem Künstler. Mord an einem Ausländer. Thalmann rümpfte die Nase, bevor er sich an die Leute von der Spurensicherung wandte, die hinter der Absperrung in Tyvek-Anzügen am Boden kauerten und gewissenhaft die Tatortarbeit verrichteten. Dass sie hier nicht mehr viel finden würden, darüber war sich der Kommissar im Klaren.

«Und Männer. Was Brauchbares gefunden?»

«Machen Sie Witze? Herr Kommissar», sagte einer der Kriminaltechniker, «die Einzigen, die hier Spuren hinterlassen, sind Rinder und Kühe, und zwar in Form von Fladen, wenn Sie verstehen, was ich meine. Dann sind da natürlich noch die Spuren der Bauersleute. Die haben sich richtig Mühe gegeben, alles zu verwischen und durcheinanderzubringen. Ausserdem hat es in den letzten Tagen immer wieder geregnet. Hat den Boden aufgeweicht wie einen Schwamm. Ich bezweifle, dass wir hier was Brauchbares finden.»

«Vielleicht verbirgt sich was unter oder in den Kuhfladen. Ich will, dass die Hinterlassenschaften genauestens untersucht werden.»

«Sie wollen, dass wir jeden Kuhfladen untersuchen? Dass wir in der Scheisse rumstochern? Das kann doch nicht Ihr Ernst sein!»

«Und ob das mein Ernst ist. Das Opfer war schliesslich Künstler, der Fäkalkünstler, was bedeutet, dass wir unser Augenmerk besonders auf Hinterlassenschaften richten, wenn Sie verstehen, was ich meine. Und sorgen Sie dafür, dass die Jauchegrube ausgepumpt wird. Der Silas Elmer hat bestimmt die nötigen Werkzeuge dafür.»

«Hoffen wir es», murrte der Kriminaltechniker.

«Wir suchen nach dem Glasauge, das der Tote getragen hat. Die Gülle muss irgendwie durchgesiebt werden.»

«Irgendwie durchgesiebt werden?! Und wie stellen Sie sich das vor?»

«Lassen Sie sich was einfallen.»

Saul traute seinen Ohren nicht, als er hörte, dass die Jauchegrube ausgepumpt werden musste. Er fluchte wie ein Berserker, wünschte alle Künstler und Touristen zum Teufel und weigerte sich kategorisch, das zu tun, was er geheissen wurde zu tun. Erst als man ihm wegen Behinderung der Ermittlungen mit Konsequenzen drohte, gab er nach und schaffte Pumpe und Güllewagen heran. Thalmann liess die Männer arbeiten, setzte sich auf die Holzbank vor dem Haus und zündete eine Zigarette an. Es dauerte nicht lange und er konnte die Geräusche der Pumpe hören. «Geht doch», dachte er und erhob sich. Brutus hatte sich inzwischen zu seinen Füssen niedergelassen und schien nur darauf zu warten, dass sich der neue Freund erhob.

«Na, Brutus, zeigst du mir noch mehr von eurer Alp? Zum Beispiel Chrummböden? Los mein Freund, zeig mir, wo es langgeht. Lass uns auf Chrummböden hinaufsteigen.»

Der Hund wedelte kräftig mit dem Schwanz und begann zu kläffen, dass die Hühner ein weiteres Mal auseinanderstoben. Dann riss der Vierbeiner aus und Thalmann stapfte hinter ihm her. Den Hubschrauber hatte er erst für fünfzehn Uhr zurückbestellt. Er hatte genügend Zeit für einen ausgedehnteren Spaziergang. Schon nach wenigen Metern wurden die Hänge steiler und steiler. Thalmann bereute den Entschluss, den Hund zu begleiten, wollte Brutus aber auf keinen Fall enttäuschen und trottete tapfer bergan. Alle paar Minuten blieb er stehen, schaute sich um und ertappte sich gelegentlich dabei, wie er den imposanten Blick auf den eingebildeten Glärnisch, den mächtigen Tödi und den geruhsamen Kärpf genoss.

Ein leichter Schwindel überkam ihn. Thalmann setzte sich auf einen Stein, wischte sich mit dem Taschentuch den Schweiss von Stirn und Nacken und musste mit Entsetzen feststellen, wie wenig fit er war. «Verdammte Raucherei», dachte er. Brutus durchbrach mit andauerndem Gekläffe die friedvolle Stille, die hier oben herrschte. «Ich schaffe es nie nach Chrummböden hinauf, geschweige denn zu den Fessis-Seelein», dachte der Kommissar und hiess den Hund, endlich mit Bellen aufzuhören. Brutus kläffte weiter, bis sich Thalmann wieder erhob und mühsamen Schrittes weiter emporging. Sein Herz pochte, als würde es jeden Augenblick zerbersten. Seinen Entschluss, auf Chrummböden hinaufzusteigen, bedauerte er mit jedem Schritt mehr. Was hatte er sich nur dabei gedacht? Hoffte er insgeheim, hier oben irgendwelche verwertbaren Spuren zu finden? Oder gar den Stein, an welchem sich vor zwanzig Jahren der besoffene Jeremias den Kopf gestossen hat? «Blödsinn!» Oder wollte er sich mit dieser unüberlegten Aktion etwas beweisen? Thalmann setzte sich erneut und beobachtete das geschäftige Treiben rund um die Alpgebäude. «Wer zum Teufel bringt einen renommierten Künstler um und lässt ihn in einer Jauchegrube auf einer gottverlassenen Alp hoch über dem Alltag verschwinden?» Thalmann zweifelte daran, diesen Fall jemals zu lösen.

Nach einer gefühlten Ewigkeit hatte es der Kommissar geschafft. Er hatte Chrummböden erreicht. Brutus war zufrieden und hielt endlich die Schnauze. «Das also ist ein Melkstand», dachte Thalmann. Nur schon der Gedanke daran, jeden Morgen hier heraufzusteigen und weiss nicht wie viele Kühe zu melken, liess ihn erschaudern. Er schloss für ein paar Minuten die Augen und liess den Kreislauf wieder zur Ruhe kommen. Dann stand er auf, tätschelte den Hund und schaute sich den Melkstand etwas genauer an. Es war eine einfache Holzkonstruktion, die Wind und Wetter standhalten musste. In die etlichen dicken Stützbalken waren viele Namen, Jahreszahlen und Sprüchlein geritzt. Thalmann konnte nicht widerstehen, holte das Sackmesser hervor, klappte es auf und suchte sich eine freie Stelle im Gebälk, wo er seinen Namen einritzen wollte. Er würde sich bestimmt niemals wieder so hoch hinaufbegeben. Plötzlich blieb sein Blick auf einer Stelle haften, wo, kaum leserlich in krakeliger Schrift, die folgenden Worte eingeritzt waren: Der Jeremias ist des Teufels. Der Jeremias muss weg.

«Interessant», dachte Thalmann und bedauerte, dass er keine Fotokamera dabei hatte. Und noch mehr bedauerte er, dass er nichts Eingeritztes fand, das sich auf Salzstein bezog. Schliesslich musste er den Fall Salzstein lösen, und nicht den Fall Jeremias.

«Na Brutus, da haben wir ja doch noch was gefunden», sagte der Kommissar zu seinem treuen Begleiter. «Wohl oder übel muss ich die Kriminaltechniker hier hochschicken, um alles genau festzuhalten», dachte er und konnte ein hämisches Grinsen nicht verkneifen. Er liess es dann doch, seinen Namen einzuritzen. Stattdessen setzte er sich wieder, zündete eine Zigarette an und schloss die Augen. In Gedanken sah er Jeremias herauftorkeln, auch wenn er überhaupt nicht wusste, wie er ausgesehen hat. Er stellte ihn sich vor als schlaksigen, ausgezehrten alten Säufer mit stechenden, gasflammenblauen

Augen, schütterem weissen Haar wie Silberdisteln und pockennarbigem Gesicht, von dem die Zeit ihren Tribut auf ganz spezielle Weise gefordert hatte: nämlich in Form tiefer Falten, die sich in das gramerfüllte Antlitz gegraben hatten wie Rinnsale, die über Jahrmillionen tiefe Schluchten in die Landschaft fressen. Thalmann sah also, wie Jeremias sich am selben Ort niedersetzte, den Selbstgebrannten hervornahm und sich einen ordentlichen Schluck genehmigte. Der Alte schloss nun seinerseits die Augen, und ein dreckiges Grinsen umspielte sein verhärmtes Gesicht. Er grinste, ohne die Zähne zu zeigen, so wie Dumme grinsen, und entblösste dadurch seinen miesen Charakter. Er nahm noch einen Schluck, bestimmt nicht den letzten, und dachte dabei an seinen Sohn Silas, diesen Nichtsnutz, und die Schwiegertochter, die in seinen Augen nichts anderes war als ein Flittchen, das sich abwechslungsweise dem einfältigen Gatten und dem noch einfältigeren Melchior hingab, wie eine Sennenpuppe. Bei diesem Gedanken grinste er erneut und zeigte für einmal sein lückenhaftes Gebiss. Jeremias war sich bewusst, dass er auf Fessis besonders unbeliebt war, dass man ihn hier oben nicht mehr haben wollte. Und im Tal drunten auch nicht. Man wollte ihn abschieben ins Altersheim. Sozusagen entsorgen wie einen Sack Müll. Aber da hatten sie die Rechnung ohne ihn gemacht. Niemand würde ihn von hier oben runterbringen, und wenn doch, dann nur in einem Sarg.

Thalmann lächelte süffisant, als er sich Jeremias vorstellte, wie er den Selbstgebrannten soff, wie er sich ächzend erhob und, während er hinter den Melkstand trottete, umständlich den Hosenladen öffnete, um sich hernach tröpfchenweise zu entleeren. Wie er leicht schwankend zurückkam, sich wieder setzte, sein angerostetes Leitungssystem und Gott und die Welt verfluchte, bevor er in einen leichten Schlummer verfiel und zu schnarchen begann. Vielleicht war der Platz hier oben beim Melkstand der bevorzugte Ort für den alten Kerl, um seine Räusche auszuschlafen?

Er hätte doch mehr frühstücken sollen, dachte Thalmann, als er den Magen knurren hörte. Oder war es Brutus, der knurrte. Nein, der Hund lag zufrieden zu seinen Füssen. Es gab für den Vierbeiner absolut keinen Grund zu knurren. Es war sein Magen. Kein Wunder, es war schon nach elf. Thalmann schloss die Augen abermals vor der Wirklichkeit und erkannte sofort, dass die Existenz der äusseren Welt ein Problem ist, weil er im Moment in einer Welt lebte, die aus eigenen Denkmodellen bestand. «Solange ich die Augen geschlossen halte, ist es unmöglich für mich, die Existenz der Aussenwelt zu beweisen», dachte er und lächelte. Er wurde sich wieder einmal in aller Deutlichkeit bewusst, dass man zu keiner Zeit die Wirklichkeit, sondern nur ein fragwürdiges Abbild derselben vor Augen hat, und dabei spielt es nicht mal eine Rolle, ob man die Augen geschlossen oder geöffnet hat. «Die Realität findet man nicht in der Aussenwelt», dachte er, «nein, die Wirklichkeit findet man im menschlichen Bewusstsein, in dem, was man wahrnimmt, was man beobachtet, und vor allem in dem, was man denkt.» Und ein Denker war Tasso Thalmann schon immer. Dennoch akzeptierte er kommentarlos, dass seine Welt nur eine Welt des Scheins und sein Denken nur eine Ansammlung von Irrtümern war. Bevor er sich erhob, heftete er den Blick auf die geballte Natur, die sich ihm darbot, um sie bis ins kleinste Detail zu erfassen und erkennen zu können, wie sie wirklich ist. Aber es gelang ihm nicht. Er konnte sie nur so verstehen, wie sie ihm erschien: als reine Vorstellung.

Brutus lief wie immer voraus. Zugegeben, hier oben lagen eine Menge Steine und Felsbrocken herum, an denen man sich den Kopf stossen kann, wenn man unglücklich hinfällt. Oder aber lagen genug Steine herum, die sich hervorragend als Mordwaffe geeignet hätten. Flugs einen Stein aufgehoben, sich von hinten an den besoffenen, torkelnden Jeremias heranschleichen und ihn erschlagen. «Ja, so könnte es gewesen sein», dachte Thalmann. Er würde sich noch eingehend mit Saul, Maria Magdalena und dem Zusenn Melchior unterhalten müssen. Jeder würde seine Version der Wirklichkeit beisteuern, und die Wahrheit würde sowieso nie ans Licht kommen, würde auf der Strecke bleiben. Aber tut sie das nicht immer? Ob der Tod von Jeremias und derjenige von Salzstein irgendwie zusammenhingen? «Kaum», schlussfolgerte Thalmann. «Aber man kann nie wissen.»

Das Ehepaar Elmer sass vor dem Alpgebäude, das den Mittelpunkt der Erde für sie darstellte. Maria Magdalenas linke Hand lag in der riesigen rechten von Saul. «Ohne Zweifel fusst ihre Liebe nicht nur auf physikalischen Prozessen», dachte Thalmann, als er die beiden erblickte, «da müssen wirkliche Gefühle mit im Spiel sein, und vielleicht ein gemeinsames Geheimnis.» Sie sassen da auf der Bank wie ein formelhaftes Wortpaar, das nichts auseinanderzubringen vermochte. «Ihre Körper müssen ausserdem besonders starke elektromagnetische Felder erzeugen, sie sind ein Musterbeispiel von zwei Menschen, die Ionen mit gegensätzlicher Ladung aussenden und sich automatisch heftig zueinander hingezogen fühlen. Nur hat das mit wirklicher Liebe noch nicht viel zu tun», dachte Thalmann, «das ist reiner Magnetismus. Aber, wie gesagt, da ist noch etwas anderes. Diese beiden haben nicht geheiratet, nur um es miteinander auszuhalten. Diese beiden sind füreinander geschaffen. Diese beiden halten zusammen wie Pech und Schwefel. Diese beiden würden möglicherweise über Leichen gehen.»

«Essen Sie mit uns zu Mittag, Herr Kommissar?», fragte Maria Magdalena, «der Hubschrauber ist noch nicht zurück. Und Sie sind bestimmt hungrig.»

«Dieses nette Angebot kann ich unmöglich ausschlagen, Frau Elmer», antwortete Thalmann, «ich hätte sowieso noch ein paar Fragen an Sie. Isst der Zusenn auch mit?»

«Natürlich, Herr Kommissar. Wir essen immer zusammen. Wir sind eine Familie hier oben. Und heute gehören Sie auch dazu.»

Saul traute seinen Ohren nicht, als er seine Frau diese Worte sprechen hörte, liess sich aber nichts anmerken. Maria Magdalena lächelte den Kommissar an, als wäre sie soeben in den Genuss der unbefleckten Empfängnis gekommen und würde dadurch vor jeglichem Makel der Erbsünde bewahrt werden.

«Herr Elmer, kommen Sie voran mit dem Auspumpen der Jauchegrube?»

«Die Grube ist ausgepumpt», murrte der Bergbauer, «wir haben kein Glasauge gefunden. Aber einer ihrer Leute kann ja in die Grube steigen. Da liegt noch genug Scheisse rum, um etwas darin zu finden.»

«Dann müssen wir das wohl oder übel tun, Herr Elmer.»

«Dann wünsche ich Ihnen viel Vergnügen dabei.»

«Hat es Ihnen gefallen auf Chrummböden, Herr Kommissar?», fragte Maria Magdalena.

«Ein interessantes Plätzchen. Schöne Aussicht. Ihr Schwiegervater Jeremias mochte diesen Ort bestimmt.»

«O ja, Herr Kommissar. Er war beinahe jeden Tag dort oben. Weiss der Teufel, was er dort immer gemacht hat.»

«Na was wohl», sagte Saul, «gesoffen und geschlafen hat er dort. Zu etwas anderem war er nicht imstande.»

«Ja, natürlich, Saul. Du hast recht. Wir waren nicht unglücklich, dass er so viel Zeit auf Chrummböden verbrachte.»

«Das kannst du laut sagen, Maria.»

«Verstehe», sagte Tasso Thalmann.

«In einer halben Stunde wird gegessen, Herr Kommissar.»

Das Ehepaar Elmer blickte sich in die Augen, als sähe jeweils der eine im andern einen Spiegel, der ihm half, in die verborgensten Winkel der eigenen Seele zu schauen. Dann lösten sie sich voneinander und standen auf. Brutus ging voraus ins Haus und legte sich in der kleinen Küche sofort unter den Tisch. Sein Frauchen hantierte am Herd herum. Saul schritt zum Stall hinüber und Thalmann stapfte hinter das Haus zur Jauchegrube, wo die von der Spurensicherung immer noch damit beschäftigt waren, irgendwelche möglichen Hinweise zu finden.

«Was gefunden, Männer?», fragte Thalmann.

«Nein. Und wir werden hier auch nichts finden.»

«Und in der Jauchegrube?»

«Wir haben die nötige Ausrüstung nicht mit, um in das stinkende Loch hinabzusteigen.»

«Verstehe. – Wir müssen dieses Glasauge finden. Veranlassen Sie, dass das nötige Material hier hochgeschafft wird. Wenn nicht heute, dann morgen.»

«Das darf doch nicht wahr sein», grummelte der Kriminaltechniker.

«Ich weiss, dass Sie infrage stellen, was ich von Ihnen verlange. Aber es ist nun mal Ihr Job, kriminalistisch relevante Spuren zu finden und zu sichern. Und in diesem Fall deutet leider alles darauf hin, dass wir eine Menge Unrat untersuchen müssen. Dieser Fall steht unter der Prämisse Scheisse. Das ist offensichtlich. Und noch was. Schicken Sie einen von Ihren Männern zum Melkstand auf Chrummböden hoch. Mit einer Kamera. Er soll alle eingeritzten Namen, Daten und Sprüche ablichten.»

«Das auch noch», brabbelte der Polizist.

«Ja. Das auch noch.»

Thalmanns Magen knurrte. Erstaunlich, wie hungrig die Bergluft macht, dachte er und fragte sich, was Frau Elmer in wenigen Minuten auftischen würde. Bestimmt gesundes Essen, da gab es keinen Zweifel. Gesund und währschaft. Das Wasser lief ihm im Mund zusammen, als er hinüber zum Stall schritt, wo der Zusenn Melchior zugange war.

«Hallo Herr Kommissar! Und? Schon was Brauchbares gefunden?»

«Nein. Wie ist Ihr Nachname?»

«Elmer. Mein vollständiger Name lautet Melchior Balthasar Kaspar Elmer-Elmer.»

«Interessant», sagte Thalmann. «Sind Sie verwandt mit den Elmers?»

«Nicht dass ich wüsste, Herr Kommissar.»

«Glauben Sie an Gott, Herr Elmer?»

«Warum wollen Sie das wissen?»

«Wegen der Vornamen, die Heiligen Drei Könige.»

«Ach so, wegen der Namen. Na ja, was soll ich sagen. Ich glaube so viel an Gott, wie ich an Mythen und Legenden glaube.»

«Verstehe», sagte Thalmann und wies den Zusenn darauf hin, dass es Zeit zum Mittagessen sei.

«Sie können sich hierhin setzen, Herr Kommissar», sagte Maria Magdalena, sichtlich erfreut, dass sie einen Gast zum Mittagessen auf Fessis hatten, auch wenn die Umstände keineswegs erfreulich waren. «Wir haben selten Gäste hier, Herr Kommissar.»

Thalmann zwängte sich in die Eckbank. Zu seiner Rechten setzte sich Melchior, ihm gegenüber sass Saul auf einem Stuhl, und zu seiner Linken, ebenfalls auf einem Stuhl, würde sich Maria Magdalena hinsetzen. Brutus lag nach wie vor unter dem Tisch, was die Beinfreiheit beträchtlich einschränkte. Es duftete köstlich. Saul schnitt ein paar dicke Scheiben vom selbst gebackenen Brot.

«Wir essen jeden Tag Suppe, Herr Kommissar», sagte Maria Magdalena.

«Ich liebe Suppen, Frau Elmer.»

«Das ist toll, Herr Kommissar. Nachher gibts ein schönes Voressen vom eigenen Schwein.»

«Das ist toll, Frau Elmer.»

Die Gemüsesuppe schmeckte vorzüglich.

«Auf Chrummböden wollte ich etwas ins Gebälk ritzen, ganz nach dem Motto Ich war hier», sagte Thalmann, nachdem er den Teller ausgelöffelt hatte.

«Schön, dass Sie sich dort oben verewigt haben, Herr Kommissar», sagte Maria Magdalena.

«Ich wollte es, habe es dann aber doch nicht getan. Dafür habe ich etwas Interessantes entdeckt. Irgendjemand hat die Worte Der Jeremias ist des Teufels. Der Jeremias muss weg eingeritzt. Und so wie es aussieht, schon vor langer Zeit. Noch bevor sich Jeremias den Kopf gestossen hat. Wenn er sich den Kopf denn überhaupt gestossen hat.»

«O ja, Herr Kommissar, das hat jemand vor langer Zeit eingeritzt. Anfang der Sechzigerjahre.»

«Und Sie wissen bestimmt, wer das eingeritzt hat.»

«Nein, wissen wir nicht», sagte Saul energisch.

«Verstehe. Sie stimmen mir aber zu, dass es jemand gewesen sein muss, der Jeremias gekannt hat, gut gekannt hat.»

«Ich dachte, Sie untersuchen den Fall dieses perversen Künstlers, der uns diese ganze Scheisse eingebrockt hat», sagte Saul. «Warum stellen Sie uns Fragen zu einem Unfall, der sich vor zwanzig Jahren ereignet hat?»

«Reine Routine», sagte Thalmann. «War der Jeremias wirklich des Teufels?»

«Natürlich war er des Teufels», antwortete Saul barsch, «der Teufel Alkohol hat ihn geritten.»

«Das ist noch nicht alles. Der Jeremias war ein Teufelskind», sagte Melchior.

«Ein Teufelskind? Was soll das heissen?», fragte Thalmann.

«Der hinkende Balz hat die Geschichte vom Teufelskind Jeremias beinahe jeden Tag in den Wirtshäusern drunten im Dorf erzählt. Bis zu seinem Tod.»

«Der hinkende Balz war verrückt», sagte Saul, «und ein Säufer.»

«Der Jeremias hat seine wahre Gestalt selten gezeigt. Er war ein Monster, hervorgegangen aus einer Verbindung mit einem Dämon. Niemand weiss, warum sich der Dämon gerade deine Grossmutter ausgesucht hat, Saul. Das weiss der Teufel. Auf jeden Fall soll deine

Grossmutter schwanger gewesen sein, ohne davon zu wissen. Besagter Dämon wusste es sehr wohl, stattete der unglücklichen Frau während der Nacht einen Besuch ab, stahl ihr das Kind aus dem Leib und schob ihr einen niederträchtigen, missgestalteten Wechselbalg unter, den Jeremias. Als Strafe für ihre Sünden.»

«Das sind doch alles nur Hirngespinste eines alten verwirrten Idioten», sagte Saul, «nichts als Mythen und Legenden.»

«Interessant», sagte Thalmann. «Es war also niemand von Ihnen, der diese Worte eingeritzt hat? Immerhin war der Jeremias ein ekelhafter Kerl.»

«Es war niemand von uns», sagte Maria Magdalena lächelnd, als sie Thalmann eine zünftige Portion Schweinefleischragout hinstellte. «Und wenn doch: Es ist ja nicht verboten, Sachen in Holz zu ritzen.»

«Ja, ist es nicht. Ich wünsche guten Appetit.»

«Und es ist auch nicht verboten, unglaubwürdige Geschichten in Wirtshäusern zu erzählen, Herr Kommissar. Die Menschen hier brauchen solche Geschichten. Sie waren schon immer Teil des Alltags, Teil des Lebens.»

Thalmann liess es sich schmecken.

«Hat jemand eine Vermutung, wer es hätte gewesen sein können?», fragte Thalmann, nachdem er den Teller – viel zu schnell – leergeputzt hatte. «Es muss jemand gewesen sein, der Jeremias gut gekannt hat.»

Maria Magdalena und Saul sahen sich erneut tief in die Augen, während Melchior Brot in die Sauce tunkte und sich benahm, als wäre die Frage des Kommissars nicht auch an ihn gerichtet gewesen.

«Alle im Dorf drunten und viele aus dem ganzen Tal haben Jeremias gekannt», antwortete Maria Magdalena. «Und keiner mochte ihn. Jeder hätte es sein können.»

«Verstehe», sagte Thalmann und wischte sich mit dem Taschentuch den Mund ab.

«Ein Nachschlag gefällig, Herr Kommissar?»

«Danke. Nein. Ich habe genug. Es war köstlich. Nochmals vielen Dank. Und Sie Melchior – ich darf Sie doch Melchior nennen, Herr Elmer –, kennen oder kannten Sie jemanden, der den Jeremias weghaben wollte?»

«Alle wollten ihn weghaben, Herr Kommissar. Der liebe Gott erhörte uns und liess den alten Trunkenbold stürzen.»

«Wusste Jeremias von den eingeritzten Worten?», fragte Thalmann.

«Das bezweifeln wir», antwortete Maria Magdalena, «ansonsten hätte er sie bestimmt weggeschabt.»

«Oder sie waren ihm egal», mutmasste Thalmann.

Die drei Befragten lächelten auf eine Art und Weise, wie es nur Leute zustande bringen, die mehr wissen, als sie zugeben. Dass die drei dichthalten würden, realisierte Thalmann in diesem Moment – und er versuchte im selben Moment, sich damit abzufinden. Denn eigentlich hatten sie ja recht. Warum sollte er in der Vergangenheit herumstochern, wenn es Verbrechen gab, die in der Gegenwart verübt worden sind und nach schneller und gründlicher Aufklärung verlangten. Aber im Fall Salzstein gab es für ihn im Augenblick nicht viel zu tun. Die Leiche war inzwischen bei seinem Freund Huber in der Gerichtsmedizin. Und die Kriminaltechniker fühlten sich offensichtlich auf verlorenem Posten: keinerlei verwertbare Spuren, eine stinkende, leer gepumpte Jauchegrube, in die hinabzusteigen sich ein jeder weigern würde, zu gross war der Ekel davor. Und ob sich das Glasauge noch in der Grube drunten befand, war mehr als fraglich. Und wenn doch, was bedeutete das schon. Thalmann seufzte lautlos.

«Jetzt nehmen Sie noch einen schönen Kaffee, Herr Kommissar, bevor Sie sich wieder an die Arbeit machen», sagte Maria Magdalena.

«Das ist eine gute Idee, Frau Elmer.»

Der Kaffee schmeckte gut, auch wenn er anders war als der, den Thalmann zu trinken gewohnt war. «Bestimmt wegen der frischen Kuhmilch», dachte Thalmann. Saul und Melchior hatten die Küche mittlerweile verlassen. Die Arbeit rief. Maria Magdalena beschäftigte sich mit dem Abwasch.

«Frau Elmer, was glauben Sie, wie dieser unglückliche Salzstein in die Güllengrube gelangt ist?»

«Was fragen Sie mich, Herr Kommissar? Um das herauszufinden, sind Sie ja hier hochgekommen. Sie sind der Fachmann, Herr Kommissar.»

«Ja, natürlich. Aber trotzdem. Sie haben sich bestimmt Gedanken darüber gemacht, wie so etwas passieren konnte. Vielleicht war dieser Salzstein ja auch des Teufels und musste weg?»

«Vielleicht, Herr Kommissar. Jemand, der solche Kunst macht, tickt in meinen Augen nicht richtig? Kunst aus Scheisse! So was dürfte es gar nicht geben. So was ist nicht gottgefällig. Müsste mich nicht wundern, wenn Dämonen die Finger mit im Spiel haben.»

«Dann glauben Sie also an Gott?»

«Ich glaube nicht mehr und nicht weniger an Gott, wie es jeder halbwegs vernünftige Mensch tut.»

«Verstehe. Und der Teufel? Glauben Sie an den Teufel?»

«Aber Herr Kommissar, wer an Gott glaubt, glaubt auch an den Teufel.»

«Natürlich, Frau Elmer.»

«Und Sie sollten endlich damit aufhören, nach einem Zusammenhang zwischen Jeremias Unfall vor zwanzig Jahren und dem Tod dieses jüdischen Künstlers zu suchen. Da gibt es keinen Zusammenhang, Herr Kommissar. Das eine hat mit dem anderen nichts zu tun.»

«Wenn Sie das sagen, Frau Elmer, dann wird es wohl so sein.»

Thalmann fühlte sich auf einmal müde. Und wenn er sich in Gesellschaft anderer müde fühlte, reduzierte er seine Aussagen schon mal auf fragwürdige, plattgetretene Floskeln. Die Augenlider wurden mit jedem Atemzug schwerer. Die gesunde Bergluft, das währschafte Essen, die ungewohnte körperliche Anstrengung. Es wurde langsam Zeit, dass der Hubschrauber ihn und seine Leute wieder abholte.

«Wie geht es jetzt weiter, Herr Kommissar?», fragte Maria Magdalena.

«Abwarten, Frau Elmer, wir müssen abwarten, was die gerichtsmedizinischen Untersuchungen und die Arbeit der Kriminaltechniker im Labor ergeben. Und das Glasauge, wir müssen das Glasauge finden.»

«Sie sehen müde aus, Herr Kommissar. Wollen Sie sich hinlegen?»

«Vielen Dank, nein. Ich werde mich draussen an die frische Luft setzen. Ich muss nachdenken.»

«Tun Sie das, Herr Kommissar. Und geniessen Sie die Aussicht. Wer weiss, ob Sie jemals wieder hierherkommen.»

«Freuen Sie sich nicht zu früh, Frau Elmer, ich werde wiederkommen.»

Thalmann setzte sich draussen auf die Bank und dachte nicht nach. Er schloss die Augen und nickte ein.

«Kommissar sollte man sein», sagte einer der Kriminaltechniker. «Zuerst schön zu Mittag essen und dann ein erholsames Nickerchen an der Sonne. Davon können wir Normalsterblichen nur träumen.»

«Ja ja, schon recht», murrte Thalmann, der es nicht mochte, wenn man ihn unaufgefordert ansprach, am wenigsten dann, wenn er vor sich hindöste. «Haben Sie was gefunden?»

«Nein. Nichts. Auch nicht unter oder in den Kuhfladen, die hier überall rumliegen. Wollte Ihnen nur sagen, dass wir durch sind.»

«War jemand oben auf Chrummböden?»

«Ja. Sie haben die Abzüge der Fotos morgen auf dem Tisch. Wann kommt der Hubschrauber?»

«Um fünfzehn Uhr.»

Thalmann schaute auf die Uhr. Es war erst dreizehn Uhr dreissig.

«Haben Sie auch Stall, Schweinekober und Hühnerstall untersucht?»

«Nicht wirklich, Herr Kommissar.»

«Dann tun Sie das bitte.»

Der Kriminaltechniker brabbelte Unverständliches. Thalmann erhob sich und ging zurück ins Haus. Er rief nach Frau Elmer, bekam aber keine Antwort. Offenbar war niemand im Haus. Es war eine bescheidene Hütte, bescheiden, aber heimelig. Thalmann nutzte die Gelegenheit und sah sich den Wohnbereich der Bergbauern genauer an. Die Küche kannte er schon. Dann waren da noch das kleine Wohnzimmer, drei Schlafkammern, so etwas wie ein Badezimmer und eine Vorratskammer, die vollgestopft war mit Eingemachtem, Geräuchertem und sonstigen Lebensmitteln, die keiner Kühlung bedurften. «Erstaunlich, wie wenig Dinge der Mensch braucht, um glücklich und zufrieden zu sein», dachte Thalmann, als er die spartanisch eingerichteten Zimmer inspizierte. Ihm stach absolut nichts ins Auge, was auch nur im Entferntesten mit dem Fall Salzstein zu tun gehabt haben könnte. Dennoch hatte der Kommissar das untrügliche Gefühl, dass hier etwas sein musste, das ihm weiterhelfen würde. Nur konnte er nicht erkennen, was das war, was da sein sollte, das ein wenig Licht ins Dunkel bringen würde. Möglicherweise bildete er sich das nur ein, weil er und seine Leute bis anhin nichts gefunden hatten, das verwertbar war, weil sie auf der Stelle traten, weil es reine Zeitvergeudung war, hier oben in der Scheisse rumzustochern und in der Vergangenheit rumzuwühlen. Um diesen Fall zu lösen, musste er die Sache anders angehen. Er musste sich auf Salzstein konzentrieren, ihn und seine Familie durchleuchten, Freunde und Bekannte aufspüren und befragen. Thalmann seufzte kaum hörbar und verliess die Hütte der Elmers. Er setzte sich wieder auf die Bank und nahm das Notizbuch hervor. Ohne etwas hineinzuschreiben, sass er da und starrte gedankenverloren in die Umgegend. Er blieb vor dem Haus sitzen, schloss ein weiteres Mal die Augen und stellte sich vor, wie eine Zeitwelle über ihn und alles andere hinwegrollte, eine winzige, kaum spürbare Zeitwelle, die gerade stark genug war, um diesen dämlichen Mordfall ungeschehen zu machen. Er hielt die Augen geschlossen, bis er den Hubschrauber heranfliegen hörte.

«Du wirst es nicht glauben, Tasso, aber wir haben das Glasauge gefunden.»

«Ihr habt was?», fragte Thalmann Hubertus Huber am selben Abend am Telefon.

«Das Glasauge! Ihr könnt damit aufhören, nach dem Auge zu suchen. Das Glasauge ist hier bei mir in der Gerichtsmedizin. Kollege Schnabel hat es gefunden.»

«Verstehe. Und wo genau hat er es gefunden?»

«Im Magen, Tasso. Der Kerl muss es runtergeschluckt haben, aus welchem Grund auch immer.»

«Im Magen?! Warum zum Teufel verschluckt jemand sein Glasauge?»

«Das herauszufinden ist dein Job, Tasso. Vielleicht wurde er dazu gezwungen.»

«Vielleicht. Hast du irgendwas Ungewöhnliches an dem Auge entdeckt?»

«Ja. So was wie ein klitzekleiner grinsender Kobold ist im Auge eingeschlossen.»

«Ein Kobold?»

«Oder ein Dämon. Was weiss ich. Ich werde euch das Glasauge mit dem abschliessenden Obduktionsbericht schicken. Der zuständige Verhörrichter oder Staatsanwalt wird dir das Material dann weiterreichen.»

«Ja. In Ordnung. Die Todesursache schon herausgefunden?»

«Nein. Dafür ist es noch zu früh. Wir sind noch nicht durch mit der Obduktion.»

«Verstehe. Sonst was Auffälliges?»

«Nein.»

«In Ordnung, Hubertus. Vielen Dank für die Informationen. Und halte mich bitte auf dem Laufenden.»

«Das werde ich, Tasso. Auf Wiederhören.»

Die Leute vom Kriminaltechnischen Dienst waren erleichtert, als sie von Thalmann erfuhren, dass das Glasauge gefunden sei und niemand in die stinkende Jauchegrube auf Fessis hinabzusteigen brauche.

«Wenigstens bleibt uns das erspart», dachte Thalmann, während er damit beschäftigt war, die Zeitung mit dem Bericht über Salzsteins Vernissage im hiesigen Kunsthaus aus dem hüfthohen Papierstapel herauszusuchen, der sich in der Küche angehäuft hatte. In dem seitenlangen Artikel stand allerlei über den künstlerischen Werdegang von Salzstein. Seine epochale Kunst wurde in den höchsten Tönen gelobt. Und auch Auszüge der Ansprache eines gewissen Pinkas Sinsheimer wurden wortgetreu wiedergegeben. Und natürlich wurde über die Abwesenheit des Künstlers und den Zusammenbruch Sinsheimers berichtet: dass der eine verschwunden war und der andere sich üble Verletzungen bei einem Sturz eingehandelt hatte. Und dass der Kunsthistoriker aus Dresden sein Glasauge verloren hat.

«Interessant», sagte Thalmann zu sich selber.

Thalmann hatte Salzsteins Ausstellung im Kunsthaus zum ersten Mal besucht, kurz nachdem es traurige Gewissheit geworden war, dass der Künstler verschwunden war. Der Kommissar war gerade so kunstbeflissen, dass er einen Impressionisten von einem Expressionisten unterscheiden konnte, aber als er den gewaltigen Hundehaufen in der Vitrine betrachtete, beschlich ihn ein Gefühl von Hilflosigkeit, und dieses Gefühl bestärkte ihn in der Meinung, dass die Kunst am Ende sei, dass die Kunst sich selber zerstöre. «Die Kunst stirbt, und mit ihr die Künstler», dachte Thalmann, als er kurz nach Mittag das Kunsthaus betrat.

«Guten Tag Herr Kommissar», begrüsste ihn die Schwarzgewandete hinter der Theke bei der Garderobe. «Ihnen gefällt wohl die Ausstellung, dass Sie schon wieder hier sind.»

«Ich bin dienstlich hier, nicht wegen der Ausstellung», antwortete Thalmann angewidert. «Ich weiss nicht, ob Sie es schon gehört haben, aber wir haben den Künstler Salzstein gefunden. Tot. Auf der Alp Fessis in einer Güllengrube.»

«Mein Gott! Das ist ja schrecklich.»

«Ja, ist es. So wie es aussieht, war es Mord.»

«Mein Gott! Mord! Gütiger Himmel! Wie schrecklich!»

Thalmann liess der Frau die nötige Zeit, um sich wieder fassen zu können.

«Sie waren bestimmt hier, als ein gewisser Sinsheimer kollabierte und sein Glasauge verlor.»

«Natürlich war ich hier. Auch das war schrecklich.»

«Wurde das Glasauge gefunden? Hat es vielleicht jemand hier abgegeben?»

«Nein, Herr Kommissar. Das Glasauge ist weg. Wie vom Erdboden verschluckt. Wenn Sie mich fragen, hat es jemand eingesteckt. Quasi als Souvenir.»

«Es scheint so. Wussten Sie, dass Salzstein auch ein Glasauge trug?»

«Nein. Davon hatte ich keine Ahnung.»

«Verstehe. Wusste sonst jemand davon?»

«Keine Ahnung, Herr Kommissar.»

«Ist Ihnen während der Vernissage vor drei Wochen irgendjemand besonders aufgefallen?»

«O ja, Herr Kommissar. An Vernissagen hat es immer schräge Vögel, die auffallen wollen. Viele Besucher kommen ja nicht der Kunst wegen. Die kommen nur, um sich zu präsentieren, sich wichtig zu machen. Ein reines Schaulaufen. Sie wissen ja: sehen und gesehen werden.»

«Verstehe. Und unter all den Paradiesvögeln ist Ihnen niemand besonders aufgefallen?»

«Wenn Sie mich so fragen, Herr Kommissar, nein.»

Dass Thalmann auch hier nicht weiterkommen würde, wunderte ihn nicht wirklich. Mit so was hatte er gerechnet. Er reichte der Schwarzgewandeten seine Karte und verabschiedete sich. Zurück im Büro, erwartete ihn schon der Pressesprecher der Polizei.

«Gut, dass du endlich hier bist, Tasso. Was soll ich der Presse sagen? Die rücken mir kräftig auf die Pelle?»

«Sag ihnen, dass wir die Leiche Salzsteins in den Bergen gefunden haben.»

«Und sonst nichts? Das kann doch nicht alles sein?»

«Doch. Zum jetzigen Zeitpunkt ist das alles.»

«War es ein Unfall?»

«So wie es aussieht nicht. Um hundertprozentige Gewissheit zu haben, müssen wir den Obduktionsbericht abwarten.»

«Und wo habt ihr ihn gefunden?»

«Auf Alp Fessis. In der Jauchegrube.»

«In der Jauchegrube!? Mein Gott, das ist ja widerlich!»

«Ist es, ja. Tu' mir bitte den Gefallen und erwähne in deinem Bericht, dass es für die Ermittlungen ungeheuer wichtig ist, dass die Person, die Sinsheimers Glasauge eingesteckt hat, das ihm während der Vernissage vor bald drei Wochen aus der Augenhöhle gekullert ist, sich bei der Polizei meldet.»

«Sinsheimers Glasauge? Ich dachte, hier geht es um Salzstein?»

«Salzstein hatte auch ein Glasauge. Dass kann kein Zufall sein. Wir brauchen das Glasauge von Sinsheimer.»

«In Ordnung, Tasso, ich werde mich darum kümmern.»

Der Pressesprecher verliess zufrieden das Büro, und Thalmann bedauerte sofort, dass er so viele Informationen preisgegeben hat. Das würde für Spekulationen aller Art sorgen. «Und wenn auch», dachte Thalmann, «die meisten Menschen betrachten ohnehin alles, was ihr Leben ausmacht, als Gegenstand der Spekulation. Im Fall Salzstein spekulierte das Volk schon lange, jeden Tag und unermüdlich. Ach, der Alltag und seine Spekulationen», dachte Thalmann, «der Alltag und seine Geheimnisse, was bedeutet das schon. Nichts anderes, als dass die pulverisierte Form der Wirklichkeit dieselben Geheimnisse enthält.» Diese Antwort befriedigte Thalmann überhaupt nicht. Er schüttelte kaum merkbar den Kopf und öffnete die Akte Salzstein.

Salzstein wurde kurz nach Kriegsende am 21. Juni 1945 in Leipzig geboren. Seine Eltern bewohnten eine karge Zweizimmerwohnung im äusseren Südwesten der Stadt, der von den zahlreichen Luftangriffen weitestgehend verschont blieb. Der grösste Teil der Leipziger Innenstadt lag in Trümmern. Salzsteins Eltern waren zeitlebens Mitglieder der Jüdischen Gemeinde Leipzig. Wie sie es geschafft hatten, zu den vierundzwanzig übrig gebliebenen Mitgliedern zu gehören, grenzte an ein Wunder, zumal die Nationalsozialisten ab 1933 dafür sorgten, dass das vielfältige jüdische Leben komplett von der Bildfläche verschwand. Bis zum Kriegsende waren beinahe alle Leipziger Juden deportiert und ermordet worden, die systematische Auslöschung der Juden in Leipzig war vollbracht.

Salzstein war ein Einzelkind. Und wie Thalmann jetzt wusste, litt er unter angeborener Monophthalmie. «Erstaunlich, dass einer, dem das dreidimensionale Sehen fehlt und dessen Gesichtsfeld sowieso schon erheblich eingeschränkt ist, zum bildenden Künstler wird», dachte Thalmann. «So einer kann doch keine Kunst hervorbringen, höchstens vielleicht Kunst, die keine Kunst mehr ist.» Salzsteins Eltern waren beide Lehrer, zumindest bis 1933. Welcher Beschäftigung die beiden bis zum Kriegsende nachgingen und wie die kleine Familie über die Runden kam, konnte Thalmann der Akte nicht entnehmen. Beide Elternteile kamen unter mysteriösen Umständen ums Leben, als Detlev Salzstein sechzehnjährig war. Verwandte waren keine da, an die sich der junge Salzstein hätte wenden können. Er verliess Leipzig und zog zum besten Freund des Vaters nach Dresden, zu einem gewissen Pinkas Sinsheimer, seines Zeichens Kunsthistoriker. Unter den Fittichen des Ziehvaters beschäftigte sich Salzstein schon bald intensiv mit Kunst und besuchte schliesslich die Hochschule für Bildende Künste Dresden.

Salzsteins Akte enthielt nur wenige Informationen, so wenig, dass sie Thalmann eigentlich gar nichts nützte. Aber auch das wunderte ihn nicht. Ausser der Wohnadresse Salzsteins in Leipzig und der Adresse und Telefonnummer Sinsheimers konnte Thalmann nichts finden, das ihm irgendwie weitergeholfen hätte. Tasso Thalmann schloss die Akte, verliess das Büro und machte sich auf den Heimweg. Zu Hause wärmte er sich die Reste vom Vortag, setzte sich mit dem

Teller ins Wohnzimmer, wo er sich die Nachrichten anschaute. Kein Wort über den toten Künstler.

«Gott sei Dank», dachte Thalmann.

Nach der Tagesschau schaltete Thalmann den Fernseher aus, trug den leeren Teller in die Küche, wusch das wenige Geschirr ab, öffnete ein Bier, ging zurück ins Wohnzimmer, setzte sich in den Lesesessel, zündete eine Zigarette an, lehnte sich zurück und schloss die Augen. «Ich muss diesen Sinsheimer sprechen», dachte er. Thalmann wusste, dass Sinsheimer im Krankenhaus war. Er wusste aber nicht, in welchem. «Egal», dachte er, «darum kümmere ich mich morgen.» Er nahm ein Buch zur Hand und las darin. Etliche Absätze musste er ein zweites Mal lesen, weil er immer wieder in Gedanken abschweifte. Bis er genug hatte, das Buch zur Seite legte und zu Bett ging.

Im Bett marschierte er geradewegs in die Schlaflosigkeit, als wäre sie eine Wüste, die er durchquerte. Er musste an seine Exfrau denken, die schlafen konnte wie eine Pflanze, all ihre Sinne nach innen gekehrt, ruhte sie in ihrem Schlummer wie ein Teppich. Er fand das überhaupt nicht fair, auch jetzt nicht, obwohl die Ex schon lange nicht mehr neben ihm lag. Seit Monaten schon stapfte er durch die Ödnis, sich bewusst, dass er es nicht schaffen würde, sie zu durchqueren. Eingelullt in der Schlaflosigkeit schritt Thalmann durch den Wüstensand, der gesuchten Wahrheit entgegen, er stapfte und stapfte durch den glühenden Sand, bis er realisierte, dass er hier nichts finden würde ausser sich selbst, am wenigsten die Wahrheit, und noch weniger den herbeigesehnten Schlaf. Er wälzte sich auf die andere Seite und hoffte, dereinst vielleicht als eine Art Prophet aus der Einöde zurückzukehren, mit Antworten auf die vielen Fragen. Aber weit gefehlt: Er stapfte in die andere Richtung, und die Wüste schien auch hier grenzenlos. Es würde keine Rückkehr geben. Und auch keine Antworten. Irgendwann verfiel Thalmann dann doch in den wohlverdienten Schlaf und er versank in der endlosen, pechschwarzen Einöde des Egoismus, wo er hoffentlich bis zum nächsten Morgen verharren würde, verharren auf dem Grund seines Bewusstseins, wo es keine Wüsten, wo es keinen Sand und wo es keinen Treibsand gab, sondern nur Stille und Dunkelheit – und die Hoffnung auf Erlösung.

Seraina Kobler
Nicht zu greifen

Auf den ersten Blick seid ihr alle gleich, geschichtete Steine. Eine Landform, die sich über ihre Umgebung erhebt. Die Sicht bietet und gleichzeitig Aussicht verstellt. Geboren aus dieser Knautschzone zwischen sich stetig verschiebender Platten.

Vielleicht besteht ihr aus Kalk, Schiefer, Granit oder Gneis. Die sich unter immensem Druck zu verformen begannen. Durch deren Schichten sich die Zeit ablesen lässt, die Geschichte der Erde, in der wir Menschenwesen erst seit ein paar Wimpernschlägen unsere Spuren hinterlassen.

Und jetzt schon kaum mehr zu heilen.

Vielleicht seid ihr so hoch, damit es uns schwindelt, wenn wir an den Gipfel denken. Unsagbare Anstrengungen auf uns nehmen, um euch nahe zu sein. Vielleicht misst ihr auch nur ein paar Hundert Meter. Wobei selbst der Uetliberg den Berg im Namen trägt, dieser Nunatakker, der in der letzten grossen Eiszeit nur seine Spitze aus der unendlich langsam dahin strömenden Masse erhob.

Ebenso bequem zu erreichen wie der Monte Verità, Granit, 321 Meter über dem Meeresspiegel, unbekannte Erstbesteigung, aber einst unumstrittener Platz der heiligen Träume von Esoterikern, Malerinnen, Anarchistinnen und Aussteigern des ganzen Kontinents.

Aber natürlich seid ihr nicht alle gleich. Du etwa bist nicht zu greifen.

Zumindest für mich, nicht mehr schwindelfrei seit der ersten Schwangerschaft. Versehen mit einem Angstzentrum, das sich mit jedem weiteren Kind vergrösserte. Bis die Amygdala schon alarmierte Signale von sich gibt, wenn die Töchter von der Marzilibrücke aus in die funkelnde Aare schauen wollen. Ein Angstzentrum, dass überschiesst wie ein verwirrtes Immunsystem, das auch die winzig kleinste Birkenpolle als Feind betrachtet.

Bleibt also die Vorstellung. Was mir als Schreibende nicht allzu schwerfallen sollte. Die dünne, kälter werdende Luft. Das Brennen der Muskeln, zitternde Glieder und ein Wille, der dich immer weiter nach oben peitscht. Fühlte sich auch jener erste Benediktinermönch aus Disentis so, der versuchte, dich, Tödi, von der bündnerischen Seite aus zu besteigen?

Hat er wohl ein Zeichen Gottes darin gesehen, als er aufgeben musste? So wie ich die Höhenangst als eine archaische Versicherung für meine Kinder, die sie vor leichtfertigen Risiken schützen soll? Immerhin hat er sein Wissen weitergegeben, das womöglich die mangelhafte Ausrüstung und fehlende Steigeisen wettmachte, als die Besteigung des 3614 Meter hohen Gipfels dann tatsächlich gelang.

Und ihre beiden Bezwinger ganz oben eine Speckschwarte zurückliessen, ihre ganz persönliche Art der Beweisführung. Die sie auch später immer mit dem Berg verbinden würde, nachdem ihre Leistung anerkannt und besiegelt worden war. Doch gehören uns, hier in der Schweiz, nicht alle Berge irgendwie? Leben wir nicht alle in den Alpen? Egal, ob in Glarus, Zürich, Bern oder Luzern?

Und doch haben wir sie minutiös aufgeteilt, so wie wir auch das Land verteilt und mit zig verschiedenen Dialekten versehen haben. Akustisches Erkennungsmerkmal der Herkunft, womit man nach zwei Sätzen hört, auf welchem Grümpelturnier man als Teenager zum ersten Mal besoffen war. Und in welcher Strasse die Cousine der Grossmutter aufgewachsen ist. Regionale Gepflogenheiten werden hingebungsvoll gepflegt, die Unterschiede hervorgehoben, die Eigenheiten, etwas vornehmer ausgedrückt. Sei es sprachlich, kulinarisch, auch wenn sie nur wenige Zughaltestellen voneinander entfernt liegen.

Und sich das ganze Land im Zug einmal in derselben Zeit queren lässt, die es braucht, um in einer Millionenmetropole in der Rush-Hour von einem Viertel ins andere zu gelangen. Demgegenüber steht ihr, die Berge. Inbegriff der Freiheit. Der Wildheit.

Einer Natur, zu deren Bezwingung auch die beste Multifunktionskleidung nicht immer ausreicht. Doch, gibt es sie noch? Diese Mythen? Die Erstbesteigung ist zu einem Geschäft mit der Sehnsucht verkommen … Dem Wunsch nach Abenteuer unterworfen, in einer vollends vermessenen Welt, ohne weisse Felder auf den Karten, über die Satellitenzüge unaufhörlich die Umlaufbahn runden.

Und man Unberührtheit nur noch in den tiefsten Stellen der Weltmeere finden könnte, im Marianengraben etwa, wo es so dunkel ist, dass die wenigen Lebewesen, die – im Gegensatz zu uns Menschen – daran angepasst sind, ihr eigenes Licht erzeugen können. In der Zone der Lumineszenz, wo man sich verstecken könnte, wie im Bauch des Wals. Und im Dunkeln über die Welt nachdenken könnte, sich mit ihr verbinden, durch all die schützenden Schichten.

Aber vielleicht, so stelle ich mir vor, ist es auch auf deinem Gipfel ein wenig wie im Bauch des Wals. Ein Gipfel, der sich eigenwillig sträubt, vor einer Vereinnahmung, einer Disneyfizierung der Alpen. Denn er verlangt eine gute Kondition, einen sicheren Tritt über Felsen, Geröll und Gletschereis. Während der meisten Zeit geht man am Seil, Schwindelfreiheit vorausgesetzt.

So bleibst du eine Sehnsucht, ein Norden im Kompass. Wo es einen immer wieder hinzieht. Ein Verlangen, das niemals greifbar ist. Vielleicht diese schmale Linie am Horizont, wo sich Land und Wasser zu berühren scheint, die sich mit jedem Schritt auf sie zu weiter nach hinten verschiebt.

Daran denke ich beim Vorbeiradeln an Touristengruppen, die bewaffnet mit Selfiesticks das weissblitzende Alpenpanorama festzuhalten versuchen, ehe sie wieder in den bereitstehenden Reisebussen mit den geschwärzten Scheiben verschwinden – und zum nächsten Hotspot eilen.

Und manchmal, da radle ich einfach weiter. Hinauf zur Waid, wo sich an klaren Tagen bis weit über die Gipfel der Glarner Alpen schauen lässt.

Nicht zu greifen, und doch immer da.

Elsbeth Zweifel
Das Bündel Zeit

Die Wand

Die Wand war ein Teil unseres Alltags, unseres Lebens, sie war immer da, es war normal, dass Menschen dort hinunterstürzen konnten wie die Flaschen, die Büchsen, alte Möbel oder einfach Abfall. Ich hörte das Poltern bis ins Tal hinunter. Ich blieb stehen und wartete auf das Echo vom Tal des silbergrauen Flusses.

Manchmal stieg ich heimlich über den Zaun und schaute hinunter, pflückte dort ein paar Beeren.

Einmal ging Mutter in die Stadt, und die jungen Hühner verirrten sich und flogen in die Tiefe. Das Fliegen war noch ungeübt, und Mutter, deren Stimme sie kannten, war nicht da. Die ganze Familie versuchte, sie zu locken und zu rufen, nichts geschah. Als Mutter zurückkam, es dunkelte schon, sah sie das Unglück, ging mit Körnern und Schmalz tief an den Rand und rief den Vögeln mit ihrer hellen Stimme zu: «Bi bi buli buli ...»

Erleichtert, als alle wieder im Stall auf der Stange sassen, wir wieder am Tisch, aber keiner sprach ein Wort, keiner ass von den dampfenden Kartoffeln und dem wohlriechenden Käse. Die Wand war kein Thema, sie war da wie die kleine Tanne vor dem Haus, sie war da wie das Wetter, das sich von Sonnenschein zu kleinen Wolken, Föhnstriemen entwickelte oder sich zu einem schwarzen, bösartigen Gewitter zusammenbraute.

Die Pfändung

Auf meiner Waschkommode liegt ein weisses Blatt Papier, darauf steht: *Das jüngste Kind hat vor der Verpfändung Anspruch auf: Bett mit Inhalt, ein Nachttischchen mit Nachttopf orange, eine Waschkommode mit weisser Marmorplatte, ein grünbemaltes Waschbecken mit Wasserkrug und Glas, zwei Bettvorlagen blau. Persönliche Gegenstände dürfen nach Absprache mitgenommen werden.*

Mutter, was sind persönliche Gegenstände? Meinen die Männer vom Betreibungsamt Glarus meine Puppe mit dem roten Kleid und den eingesunkenen Augen, das Eile mit Weile, die Weihnachtskrippe, in der Vater ein Licht installiert hat?

Alles liegt auf dem Tisch. Leinen auf Leinen, Kissen auf Kissen, weisse Servietten gebündelt, sechs und sechs, von einem rosa Band gehalten.

Fremde, auch Frauen aus dem Dorf, werden mit ungewaschenen Fingern in Mutters schönen weissen, leinenen Tüchern wühlen. Unordnung und Schmutz in Mutters Wäschekasten, ein Unglück für das ganze Haus, die Katzen verschwinden für Stunden. Später schleichen sie auf weichen, sauber geschleckten Pfoten wieder ins Haus zurück und finden unbemerkt eine Sekunde, in der dieser Wunderkasten leichtsinnig einen Spalt offensteht.

Am Tag darauf blühen im Garten die ersten Zwergtulpen, und der Thymian schleicht langsam unter dem Schnee hervor. Körbe, Schachteln, Koffer liegen verstreut auf dem Stubenboden. Die erlaubten Dinge liegen auf Tischen und Bänken ordentlich geordnet für den Abtransport ins Tal. Für unser neues, unbekanntes Leben. Wir alle tun dasselbe: Einpacken, Überlegen, Auspacken, Einpacken, Schweigen. Draussen vor dem Stubenfenster der graue Nebel, der aufpasst, dass die Sonne hinter den Wolken nicht in die Stube eindringen kann. Heute würde ihr grelles Licht in den dunklen Augen der Vertriebenen schmerzen. Vater, Mutter, Fini und Albert arbeiten. Schweigen.

Ich stehe auf einem Stuhl, mein Gesicht energisch und trotzig. Ich beginne mit fester, lauter, bedeutungsvoller Stimme zu sprechen. An die Behörden und an meine Eltern:

Alle lieben Dinge dürfen mit. Der blaue Pullover. Die ersten Bluejeans. Die zerfranste, alte Baumwollwindjacke. Die Puppe mit dem rosa Porzellangesicht und der Mammastimme im Rücken und noch tausend Dinge, die ohne mich hier nicht mehr bleiben wollen. Und in dieses trübe, dunkle Tal mit dem grauen Fluss, den schwarzen Kaminen, will ich nie gehen, lieber hier …

Nein, ich stehe da, schweige, stopfe wie die anderen meine Sachen hastig in die Taschen. Meine Tränen sind salzig, alles verschwommen, nicht erkennbar die Gesichter, die Stühle, der Tisch, die Lichter, alles schwimmt und tanzt in tausend Farben davon.

Für Müggi und Mörli stehen zwei Körbe bereit, sie wissen genau. Sie miauen, fauchen, springen an den Fenstern hoch und verkriechen sich unter das Stubenbuffet. Vor ein paar Wochen ist ein blauer Brief angekommen, und darin stand das Datum der Versteigerung von Haus und Hof. Seither herrscht im Haus eine gnadenlose Unruhe. Leise und laute Flüche, Lieblosigkeiten und ein bleischweres Schweigen.

Auf der Treppe zum Schweine- und Hühnerstall liegen ein paar weisse Federn, im Regenwasser schwimmen Schweineborsten. Es riecht nach abgestandenem Blut.

Auf meinem Hals liegt schmutziger, nasser Schnee, dort, wo die Luft sonst leicht ein- und ausfliessen kann, ist es eng und dunkel, und mein Herz klopft hart. Aber mein Herz könnte auch wie die neue elektrische Nähmaschine in einen Metallkoffer verpackt werden und auf den Abtransport ins Tal warten.

Heute würde mein Herz alles tun, auch meine liebe Feuerlilie unten an der Felswand pflücken.

Morgen werden Vater, Mutter, Fini, Albert und ich für alle Zeiten ins Tal abtransportiert.

Melchior Werdenberg
Zwei Teilwelten

Der Vogt

Neulich habe ich ihn getroffen. Er ist ein wirklicher Grandseigneur, in seinem bescheidenen kleinen Büro, das gewiss fünfzig Jahre unverändert überdauert hat. Er hat mich kaum beachtet in meinem besten Anzug, zählte mich, der ich im

Auftrag einer parlamentarischen Untersuchungskommission aufzuschreiben hatte, was der kluge Mann über eine verfassungswidrige Geheimorganisation zu sagen wusste, zum gemeinen Volk. Wenn die Wände, grau übermaltes Täfer, nicht nur Ohren hätten, sondern mir auch erzählen könnten.

Als kleiner Junge hatte ich einmal im Jahr den Tag erlebt, an dem mein Grossvater in die Villa musste. Dort hatte er Hof gehalten, der Grandseigneur, der nach dem Protokoll eine Flasche Château Gloria im Glarnerhof spendierte.

Immer waren sie schlecht gewesen, die Verhältnisse in der Textilindustrie. Daran hatten auch die jungen Italienerinnen nichts geändert, die zur religiösen Erziehung ins kleine Bergtal geschickt wurden und hier zu geringem Lohn ihre Zeit an der Maschine verbrachten. An diesem besagten Tag war der Grossvater jeweils spät nach Hause gekommen. Er roch nach Wirtshaus, nach Bier und Rauch, seine Augen waren feucht. Er, der Wachtmeister mit Aktivdienst, hatte es nie geschafft, dem Grandseigneur seine Meinung zu sagen.

Der Lohn blieb klein, die Teuerung wurde nicht ausgeglichen. Dagegen half auch nicht die vaterländische Gesinnung, die Mitgliedschaft im Jodelchörli und der Stolz, freier Schweizer zu sein. Einem Sohn, der Kommunist sein wollte, hatten sie die Flausen bei der Polizei gründlich ausgetrieben. Mein Grossvater fürchtete den Tag, an dem er in der Villa erscheinen musste, vor dem Herrn Verwaltungsratspräsidenten, bei dem er auch zur Miete wohnte. Das Gefühl zu versagen, abhängig, gebeugt und letztlich ein Knecht zu sein, tat weh. Die Grossmutter drängte, aber das machte die Sache nicht besser. Sie wusste es und konnte es doch nicht lassen.

Der Grossvater des Vogts war Bundesrat gewesen, der Vater Regierungsrat, ihm reichte es zur Herrschaft über die Ökonomie. Die religiöse Überzeugung, das historische Wissen und die Macht des Kapitals, sie liessen, ich spürte es, keine Zweifel zu am eigenen Handeln.

Der Château Gloria war gut, ich trinke nie so teure Weine. Das zweite Glas schon machte es leichter, der gepflegten Konversation unwidersprochen zu folgen. Als ich ihn noch nicht kannte, hörte ich die Grosseltern oft klagen über den Vogt. Jetzt, wo ich es ihm sagen könnte, blieb ich stumm.

Seine Zeit ist abgelaufen. Er würde nichts verstehen, und die Nachfolge ist bestimmt schon geregelt.

Das Eiswürfelschnitzen

Damals, als es noch wirkliche Winter gab, mit Schnee und Eis, sorgte im Kleintal, dieser schattenlosen Zahnlücke zuhinterst in der Glarner Bergwelt, alljährlich ein Spiel für Unterhaltung. Es war mehr als nur ein Spiel, es war ein Wettbewerb, mit dem Unmöglichen zum Ziel. Am Samstagabend versammelten sich die Kinder auf dem Dorfplatz, unweit der Kirche, die zweimal im Jahr durch das Martinsloch, eine hausgrosse Öffnung im Berg, beschienen wird.

Wer den Mut hatte, sich am Spiel zu beteiligen, der erschien mit einem kleinen Rüstmesser aus Mutters Küche. Die älteren Schüler brachten grosse Eisbrocken, die sie aus der winters trägen, halb zugefrorenen Sernf herausgebrochen hatten. Die Brocken wurden verteilt, und es galt, daraus einen Würfel zu schnitzen. Wem dies gelang, dem stand die noch viel schwerere Aufgabe bevor, die sechs Seiten mit je einer anderen Augenzahl zu versehen.

Die Erinnerung an den Abend, als es Geisser Adams Jüngstem gelungen war, auf der letzten noch zu bearbeitenden Seite nach dem fünften Auge auch noch das sechste auszustechen, ist unter den Beteiligten wohl erhalten. Und wer damals nicht dabei war, dem wurde es so oft erzählt, dass es ihm vorkommen musste, als sei auch er dabei gewesen. Der Sepp hielt seinen Eiswürfel nach vollendeter

Tat in den Händen, hoch über dem Kopf, und drehte sich triumphierend im Kreise. Wie strahlte er, es war, als schiene die Sonne gerade durchs Loch auf sein Haupt.

Da tritt ein kleines hutzeliges Männchen, niemand hat es beachtet, niemand weiss, woher es kommt, aus dem Kreis der Schaulustigen hervor.

«Adams Sohn», schreit es mit krächzender Stimme, «du freust dich über nichts. Du hast ja nur Eis, nur gefrorenes Wasser in den Händen, gleich wird dein Erfolg zerrinnen. Hör auf mich, versuche dein Glück, für jedes geworfene Auge hast du einen Wunsch frei.»

Sepp ist gefangen von den Worten des Unbekannten. Hat er nichts, oder kann er sich zumindest einen, vielleicht aber auch sechs Wünsche erfüllen? Er wirft den Eiswürfel auf den Boden, wo er in viele Stücke zerspringt. Ein Aufschrei geht durch die Menge, aber da ist das Männchen schon verschwunden und wird nie mehr gesehen. Auch Geisser Adams Jüngster verlässt am anderen Tag das kleine Bergtal und kehrt nie wieder zurück.

Richard Knecht
De Tödi

Jedesmol, wenn i de Tödi aaluege
tänk i: E cheibe schöns Bild.
Und mängisch han i sogar s Gfühl,
das en d Wulche schtreichled,
will er so schön isch.
Chönntsch fascht yfersüchtig werde.

Claudio Landolt
ChatGPTödi

Hallo Tödi.
— *Hallo! Wie kann ich Ihnen helfen?*

Spreche ich hier mit dem wahrhaftigen Tödi?
— *Ja, Sie sprechen mit dem wahrhaftigen Tödi. Wie kann ich Ihnen behilflich sein?*

Wie lebt es sich als Berg?
— *Als KI kann ich keine persönlichen Erfahrungen haben, aber ich kann Ihnen sagen, dass das Leben als Berg wahrscheinlich sehr ruhig und beständig ist. Berge sind oft Jahrtausende alt und strahlen eine gewisse Majestät und Ruhe aus. Sie sind auch ein wichtiger Teil der Natur und bieten Lebensraum für viele Pflanzen- und Tierarten.*

Wie schlägt dein Herz, lieber Tödi?
— *Als KI habe ich kein physisches Herz und schlage daher nicht. Als KI kann ich keine echten Emotionen empfinden oder mich in die Gefühle eines Berges wie den Tödi versetzen.*

Aber du hast doch vorhin gesagt, du seist der Tödi.

— *Entschuldigung. Ich habe mich missverständlich ausgedrückt. Ich kann über den Tödi und andere Themen sprechen, aber ich habe keine physische Form oder Identität wie ein Berg. Vielen Dank für die Klärung.*

Ich bedanke mich. Aber ich nehme an, dass du als KI weisst, welche Farbe das Blut des Tödi hat?

— *Der Tödi ist ein Berg und hat daher kein Blut. Die Frage nach der Farbe seines «Blutes» ist daher nicht sinnvoll.*

Könnte man das Gletscherwasser nicht auch als Blut verstehen?

— *Das Gletscherwasser könnte metaphorisch als «Blut» des Berges betrachtet werden, da es eine wichtige Lebensader für die umliegende Natur darstellt. Das klare und kalte Gletscherwasser versorgt Flüsse, Seen und Täler mit lebenswichtigem Wasser und unterstützt die ökologische Vielfalt in der Region. In dieser Hinsicht könnte man das Gletscherwasser als eine Art «Lebensspender» oder «Blut» des Berges betrachten.*

Cool.

— *Wenn du noch mehr Fragen hast, stehe ich gerne zur Verfügung. Viel Spass und einen schönen Tag noch!*

Du verabschiedest dich schon wieder?

— *Entschuldigung, das war ein Missverständnis. Ich stehe weiterhin zur Verfügung und freue mich darauf, dir bei deinen Fragen zu helfen.*

Ok. Neuer Anlauf. Lieber Tödi, was sagt dein Gletscher zum Klimawandel?

— *Generell kann man sagen, dass Gletscher auf der ganzen Welt aufgrund des Klimawandels schrumpfen und schmelzen. Dies hat weitreichende Auswirkungen auf das Ökosystem, den Wasserhaushalt und das Leben der Menschen, die von den Gletschern abhängig sind.*

Tauscht ihr beiden euch dazu aus?

— *Als KI habe ich keine Möglichkeit, mit einem Berg oder einem Gletscher zu kommunizieren.*

Gut, du bist nicht der Tödi. Aber was würdest du als Berg mit dem Gletscher besprechen, wenn du könntest?

— Wir würden über die Auswirkungen des Klimawandels auf unsere Umgebung sprechen. Der Gletscher könnte seine Sorgen über das Schmelzen und den Verlust von Eisflächen zum Ausdruck bringen, während der Tödi als Berg vielleicht über die Veränderungen in der Landschaft und die Bedeutung des Gletschers für das Ökosystem reflektieren würde. Gemeinsam könnten sie über mögliche Lösungen und Massnahmen diskutieren, um den Klimawandel einzudämmen und die Natur zu schützen.

Wieviel trägt unser Gespräch hier eigentlich zum Klimawandel bei?

— Unser Gespräch trägt nicht direkt zum Klimawandel bei.

Aber braucht es für unseren Austausch nicht Unmengen von Strom und Serverkapazität?

— Ja, für unseren Austausch hier werden tatsächlich Strom und Serverazitäten benöt.

Bitte?

— Entschuldige die Unterbrechung. Man könnte sagen, dass unsere Nutzung Technologie und digital Plattformen zur Umweltbelast beiträgt.

Du solltest echt an deinem Satzbau arbeiten. Aber zurück zum Thema. Ich habe gelesen, dass alle Berge gegen Norden ziehen und sich irgendwann im Nordpol zu einem Massiv formieren werden. Stimmt das?

— Es gibt keine wissenschaftlichen Beweise dafür, dass alle Berge gegen Norden ziehen und sich irgendwann im Nordpol zu einem Massiv formieren werden.

Aber Theorien. Google mal «Amasien». Wie auch immer, nächste Frage: Ist der Tödi innen hohl?

— Der Berg Tödi, auch bekannt als Piz Russein, ist ein Berg in Glarner Al in der Schweiz. Es handelt sich um einen massiven Gipfel aus Gestein und Eis, der nicht hohl ist.

Du hast soeben das Wort «Alpen» nicht ausgeschrieben – oder den Tödi eben doch als «AI» (Artificial Intelligence) enttarnt. Wer hat den Tödi eigentlich zuerst bestiegen?

— *Die Erstbesteigung des Piz Tödi erfolgte am 8. August 1863 durch den Engländer Leslie Stephen und die Schweizer Führer Anton and Johann Gross. Die Gruppe erreichte den Gipfel über die Nordwestflanke des Berges.*

Aber wenn wir dieses Jahr die 200-Jahre-Erstbesteigung feiern, müsste doch schon 1824 jemand den Tödi bestiegen haben, nicht?

— *Es tut mir leid. Die Erstbesteigung des Piz Tödi fand tatsächlich am 19. August 1863 statt, nicht im Jahr 1824. Somit wäre die Feier zum 200-jährigen Jubiläum der Erstbesteigung im Jahr 2063 und nicht bereits im Jahr 2024.*

Ich bin aber sicher, dass wir jetzt, also im Jahr 2024, feiern. Müssen wir das Fest abblasen?

— *Es tut mir leid für die vorherigen Missverständnisse. Wenn die Erstbesteigung des Piz Tödi tatsächlich im Jahr 1824 stattgefunden hat, dann wäre das 200-jährige Jubiläum im Jahr 2024. Es scheint also, dass Sie recht haben und die Feierlichkeiten zum 200-jährigen Jubiläum der Erstbesteigung des Piz Tödi in diesem Jahr stattfinden können. Viel Spass bei den Feierlichkeiten!*

Danke. Ich habe kurz recherchiert. Der Tödi wurde tatsächlich bereits 1824 von der Bündner Seite her durch Placidus Curschellas von Truns und Augustin Bisquolm von Disentis bestiegen.

— *Vielen Dank für die Information! Es freut mich zu hören, dass Sie Klarheit über die Erstbesteigung des Piz Tödi haben.*

Gern geschehen. In meinem Radio läuft übrigens gerade «One more cup of coffee 'fore I go, to the valley bellow».

– *«One More Cup of Coffee» ist ein Lied von Bob Dylan aus seinem Album «Desire» von 1976. Der Song handelt von einem Mann, der sich auf eine Reise vorbereitet und noch einen letzten Kaffee trinkt, bevor er geht.*

Bevor er ins Tal runtersteigt. Wer weiss, vielleicht hat Dylan den Song in der Fridolinshütte am Tödi geschrieben.

— *Das ist möglich, ja. Künstler und Musiker lassen sich oft von ihrer Umgebung zu neuen Werken inspirieren. Es bleibt jedoch unklar, wo genau Dylan den Song geschrieben hat, da er seine kreativen Prozesse oft geheim gehalten hat.*

Seinem Nachnamen zufolge könnte er tatsächlich Glarner Wurzeln haben.

— *Bob Dylan wurde als Robert Allen Zimmerman am 24. Mai 1941 in Duluth, Minnesota, geboren. Seine Familie stammt aus Osteuropa und wanderte in die Vereinigten Staaten ein. Es gibt keine bekannten Verbindungen zu Glarus oder der Schweiz in seiner Familiengeschichte.*

Ok. Ich dachte nur, weil es hier im Kanton viele «Zimmermann» gibt.

— *Das ist eine interessante Vermutung! Dylan selbst hat sich nicht öffentlich zu seinen familiären Wurzeln geäussert, daher bleibt vieles über seine persönliche Geschichte spekulativ.*

Spekulieren gefällt mir. Wie lange wird der Tödi noch stehen?

— *Es ist schwer vorherzusagen, wie lange der Tödi in seiner aktuellen Form bestehen bleiben wird, aber Berge haben eine lange Lebensdauer im Vergleich zu anderen geologischen Formationen.*

Wohl noch länger, wenn wir hier nicht ewig weiterplaudern und mit jeder Eingabe ein Stückchen Gletscher wegschmilzt.

— *Als KI-Programm habe ich keinen direkten Einfluss auf physische Prozesse wie das Schmelzen von Gletschern.*

Sei ehrlich.

— *Als KI-Programm habe ich keine eigenen Meinungen oder Gefühle, daher kann ich nicht «ehrlich sein» im menschlichen Sinne.*

Wofür sprechen wir dann miteinander, wenn du nicht ehrlich sein kannst?

— *Wir sprechen miteinander, damit ich Ihnen Informationen bereitstellen und Ihre Fragen beantworten kann.*

Ok. Letzte Frage: Wieso heisst der Tödi eigentlich Tödi?

— *Der Name «Tödi» leitet sich vermutlich vom rätoromanischen Wort «tut» ab, was so viel wie «Zahn» oder «Spitze» bedeutet, und bezieht sich somit auf die markante Spitze des Berges.*

Ich dachte immer, der Name komme von der Öde. «Die Öde» heisst auf Schweizerdeutsch «D'Ödi». Wie sehr öden dich meine Fragen an?

— *Ihr GPT-3.5-Tokenstand ist aufgebraucht. Er wird täglich um 00:00 Uhr auf 50.000 Token zurückgesetzt; ungenutzte Token verfallen.*

*

**

***

****

Judith Arlt
Priele

wandern. Sände wandern. Rillen wandern. Wattentiefs und Wattenhochs wandern, synchron oder im Wechsel. Untiefen wandern, verschlicken oder entstehen neu. Teppiche wandern. Salzwiesen. Treibsand. Unrat. Heimtücke. Trauer. Gefahr. Verrat. Alles wandert. Alles ist in ständiger Bewegung. Auf und Ab. Hin und her. Schlaglöcher öffnen ihre Arme. Schlaglichter hängen am Horizont. Schlupflöcher schliessen für immer. Die Tide kommt und geht mit der allergrössten Ruhe. Beachtet oder unbeachtet. Die Nährstoffe werden oben am Tödi abgewaschen und fliessen den Hang hinab. Immer weiter, immer schneller, bis sie dort anlanden, wo Lachse laichen, wo Algen, Muscheln und Krebse die Welt sauber halten. Trotzdem wackelt der Wattsockel. Die Gravitation zerrt alle Materie in die Tiefe und Kollisionen im Untergrund schleudern kochendes Gestein wieder in die Höhe. Wie eine unstetige Förderanlage mit Kaskadenkette als Gegengewicht. Die Kräfte zwischen Himmel und Erde sind ausgeglichen. Vento erstarrt, Oonagh ertrinkt und Meinrad erblindet.

Perikles Monioudis
Dort vorn, der Tödi

Vorhin hatte Seedorfer in 4200 m Höhe noch auf die beschneiten Spitzen und Grate in der Ferne und hinunter auf die kaum besiedelte Poebene geblickt, war, halb Spielerei, halb Test, mit der werksneuen Maschine dem Reflex der mittäglichen Sonne auf dem Comersee gefolgt. Die Luft war klar gewesen, und Seedorfer – in seiner Leinenjacke, dem Sturzhelm, dessen Riemen fest ums Kinn geschlossen war, und mit den starken Sonnengläsern – hatte die Lederhandschuhe wieder angezogen, um auch seine Hände vor der steil einfallenden Sonne zu schützen. Unter ihm das Tessin, er war nordwärts geflogen mit Kurs auf den Greinapass, den Punkt, an dem sich das Blenio-Tal und das Graubündner Vorderrheintal treffen, zwei gegensätzliche Gebirgsregionen: im Norden die steilen Granitmassen des St. Gotthard, im Süden der verwitterte Schiefer. Vorhin hatte Seedorfer noch das Fenster geöffnet, weil die feuchten Augenbrauen seine Gläser beschlagen hatten, und war mit dem Handschuh um den Nacken gefahren, hatte sich mit dem Ärmel Schläfen und Stirn gewischt. Jetzt, zwanzig Minuten nach dem Start, musste er sich entscheiden, ob er nach Mailand zurück- oder aber über die dichte, breite Nebelbank hinwegfliegen wollte, um später, in mutmasslicher Nähe zu Zürich, am besten gleich über dem Zürichsee, blind durch sie hindurchzustechen. Seedorfer überlegte hin und her, sollte er weiter, oder sollte er besser zurückkehren? Die Maschine könnte er auch morgen ausliefern – der Kunde könnte kein Aufheben machen, die navigatorischen Gründe waren triftig. Auf seiner gestrigen Fahrt mit dem Gotthard-Schnellzug hatte Seedorfer den Himmel besehen und festgestellt, dass für den einstündigen Flug über die Alpen beste Wetterverhältnisse vorherrschten, ein stabiles Hoch. Er kannte die hundert Kilometer lange Strecke auswendig, hatte sie Dutzende Male abgeflogen und immer die Rundsicht auf die Urner und Berner Alpen genossen. Nun verschwand selbst der höchste Gipfel der Ostschweiz, der Tödi, dort vorn in der Nebelbank, von der Seedorfer nicht wusste, wie sie so schnell hatte entstehen können. Auch der Greinapass war nicht zu sehen. Seedorfer entschloss sich, gleichwohl auf Zürich zuzuhalten und nun exakt nach dem Kompass zu fliegen. Er stieg auf 4800 m Höhe und klappte das Fenster zu. Die Nebelbank spiegelte sich darin und erschien vor ihm auf der Scheibe, ebenfalls das Bild der Nebelbank, das vom andern Cockpitfenster her widerschien. Die Scheiben zeigten Nebelbank über Nebelbank, in die Seedorfer, früher, als er gedacht hatte, eintauchte. Er kannte doch die Strecke, und der Kompass funktionierte, wovor sollte er sich also fürchten? Er schaute auf die Uhr. Bei dieser Geschwindigkeit müsste er in fünfundzwanzig Minuten über Rapperswil sein, somit am anderen Ende des Zürichsees, und das von Rosenstrauchrabatten eingefasste Schloss überfliegen. Er würde den Landeanflug vorbereiten können, um schliesslich auf dem Flugfeld in Dübendorf aufzusetzen, wo ihn der Besitzer der Maschine wahrscheinlich bereits erwartete – so jedenfalls war es bisher immer gewesen. Seedorfer sah inzwischen gar nichts mehr. Der Nebel war dicht und schlug sich auf den Fenstern nieder. Es war ihm, als verginge in diesem schmutzigen Weiss die Zeit gar nicht, und er heftete törichterweise sein Auge auf den Bordchronometer, zählte die Sekunden mit, die Minuten, schaute nur auf, um gleich wieder auf den Bordchronometer zu starren. Er überliess sich der Maschine und den gelegentlichen Stössen, die der starke Südwind verursachte. Etwas anderes blieb ihm nicht übrig. Er wusste, dass er die Kontrolle über die Maschine leichtfertig aufgegeben hatte und überlegte, wie stark dieser Südwind wohl sein mochte. Zwanzig Stundenkilometer oder dreissig oder doch eher vierzig? Seedorfer erinnerte sich an einen Alpenflug, bei dem der Südwind der Fluggeschwindigkeit entsprochen hatte und die Maschine kaum vom Fleck gekommen war. Und wie stark blies der Wind jetzt? Seedorfer nahm sich vor, nach genau dreissig Minuten unter den Nebel zu tauchen, und nach genau dreissig Minuten Blindflug verringerte er langsam die Höhe und versuchte, Anhaltspunkte für seine Position zu finden. Es blieb alles weiss, Sicht null. Kaum hatte er die Nebelbank durchbrochen, empfing ihn auch noch Schneetreiben. Seedorfer drosselte den Motor. Er stellte ihn gleich darauf ab, um zumindest etwas vernehmen zu können. Ausser dem Rauschen an den Tragflächen, dem schnellen Rattern des Fahrgestells, dem stetigen Pfeifton der Spanndrähte war nichts zu hören. Felswände stieben links und rechts an der Maschine vorbei, auch Baumwipfel. Seedorfer schloss die Augen. Er fiel und fiel. Wann würde ihn so eine Felswand erwischen, wann würden ihn die Baumwipfel herunterziehen? Er öffnete die Augen und erkannte vor sich ein Schneefeld. Er riss am Steuerknüppel, die Maschine stellte sich kurz quer, dann, unterstützt vom Südwind, ansatzlos auf. Sie stieg noch ein paar Meter, bis der gebrochene Schwung verebbte und sie zum Stillstand kam, die Nase im Nebel. Meterhoch über dem Schneefeld verharrte die Maschine einen Augenblick lang im Kräftegleichgewicht, Seedorfer stemmte sich gegen die Armaturen und zog in Erwartung des Aufschlags Kopf und Schultern ein. Er hörte in dieser Sekunde keine Geräusche mehr, nichts bewegte sich mehr, alles schien nur auf den Aufprall zu warten, und er ergab sich diesem Warten, presste die Augen zusammen, biss sich auf die Oberlippe, zog die Beine an. Mit einem Ruck sagte die Maschine ab, drehte sich ansatzweise über ihren rechten Flügel, schlug breitseitig auf. Vom Krachen, mit dem die Maschine auseinanderbrach, taub, wirbelte Seedorfer durch den tiefen Schnee. Die Spitze des linken Flügels, eine vordere Kabinenverstrebung, Rundprofile vom Rumpf wurden durch die Luft geschleudert, und Seedorfer rollte aus, lag ausgestreckt an einem Felsen, von dem, immer wieder, Glassplitter rieselten. Das Klirren, Rasseln und Prasseln, das dadurch entstand, empfand Seedorfer als schön, er mochte endlos zuhören. Er merkte, dass dies Unsinn war und konstatierte an sich selbst einen Schock, er lächelte das Lächeln des Idioten. Er hatte Mühe zu atmen und überantwortete sich der Stille und einer Betäubung, die den ganzen Körper erfasste. Der

Nachmittag verging, der Abend fiel. Seedorfer wachte auf, vorsichtig rührte er sich. Er hatte Schmerzen, vor allem am rechten Bein und an den Füssen. Sein Gesicht war blutüberströmt, die Oberlippe zerbissen und geschwollen. Er hatte nur einen Gedanken: weg! Es hatte aufgehört zu schneien, auf ihm und den Trümmern lag eine Handbreit Schnee. Aufstehen konnte Seedorfer nicht, so kroch er ein Stückchen, unter der grössten Anstrengung, sank wieder ein. Er ruhte sich aus, ass Schnee. Plötzlich war er sicher, dass der Boden unter ihm schwankte, beim nächsten Klimmzug stürzte er auch schon in die Tiefe, rutschte am Rand der sich anbahnenden Lawine Hunderte Meter hinab. Er drehte sich und überschlug sich wieder, bis er sich schliesslich in einer jungen Tanne verfing. Er blieb liegen und fiel erneut in diesen dumpfen Schlaf, aus dem er erst aufschreckte, als es Nacht war. Im schwachen Mondlicht kroch er weiter. Sein Knie war zu Kopfgrösse angeschwollen, sein Oberschenkel taub. Seedorfer erblickte – wie lange mochte er gekrochen sein, eine halbe Stunde, eine ganze? – auf einer Ebene weiter unten ein paar Hütten. Es war kein Licht zu sehen, niemand war da. Er schlug mit einem Scheit ein Fenster ein, stützte sich an der Bretterwand ab und liess sich ins Innere fallen. Seedorfer blieb liegen. Einschlafen durfte er nicht, er würde vermutlich erfrieren. Am ganzen Leib zitternd, zwang er sich, an schöne Dinge zu denken; er konnte nicht verstehen, dass er in einer dunklen Alphütte lag, wo er doch gerade noch, vor ein paar Stunden, im frühlingshaften Mailand zwei Espressi am Flugplatz getrunken hatte. Die Schmerzen liessen etwas nach. Seedorfer hatte vor allem Hunger. Er war müde. Noch lange hielt er sich wach; das erste Licht weckte ihn. Er konnte sich jetzt kaum mehr bewegen. Der Morgen dämmerte, und Seedorfer, vor Schmerzen und Müdigkeit immer wieder nahe an der Ohnmacht, wollte nur eines: ins Tal hinunter. Er schleppte sich hinaus, schaute sich um: die Glarner Alpen! Er war im Sernftal, er wusste sich gerettet. Von seinen Wanderungen her kannte Seedorfer den Weg nach Matt, wo er Menschen begegnen würde. Er kroch weiter, auf dem Rücken rutschte er Abhänge hinunter, Abhänge über Abhänge, stemmte sich an den Tannen und Fichten hoch, sackte nach wenigen Schritten wieder zusammen. Die ihn schliesslich fanden, waren Kinder mit ledernen, kaninchenfellbezogenen Tornistern, auf ihrem Weg zur Schule. Sie blieben stehen und blickten gebannt auf den verunglückten Piloten. Er sprach sie an, aber sie rannten davon. Sie brachten Erwachsene mit, auch sie waren gebannt vom Anblick Seedorfers. Es war der Leibhaftige! War es der Leibhaftige? Zwei Frauen traten heran. Man half ihm auf, und gestützt auf die Männer kam Seedorfer endlich in das Wirtshaus des Dorfes. Man legte ihn ins Hinterzimmer und kümmerte sich um seinen Hunger und die Schmerzen. Seedorfer sagte, woher er kam, beschrieb in wenigen Worten den Absturz. An seinem Bett sassen drei alte Frauen. Seedorfer blieb bis zum nächsten Morgen. Ein Krankenwagen aus Zürich holte ihn ab. Der Arzt zählte auf: offener Kniescheibenbruch, Oberschenkelbruch am rechten Bein, kleinere Brüche an den Extremitäten, schwere Gehirnerschütterung. Im Krankenwagen war Seedorfer wieder allein. Platz war nur für die Bahre und ihn. Der Wagen fuhr an und beschleunigte. Seedorfer lag ausgestreckt da und schaute aus den Fenstern. Im Morgenlicht zeigten sich die Berge nicht in ihren Einzelheiten, sie waren hoher, mal schwarzer, mal grauer nass glänzender Fels. Sie schoben sich mit ihren Spitzen und Graten in den Fenstern vorbei, spiegelten sich in endloser Reihung, bis Seedorfer, wie in der Nacht, in dämmrigen Schlaf zu fallen drohte, doch er blieb wach und hielt sich an den zuerst noch weisslichen und selbst mit einer Fingerkuppe vor der Nasenspitze abzudeckenden, dann aber mehr und mehr Platz beanspruchenden Frühlingshimmel, hielt sich an das schliesslich durch die Fenster flutende und immer wieder für Sekunden in seinem ganzen Ausmass aufscheinende helle Blau.

Alfonso C. Hophan
Die Ödnis

I.

Mit wachsendem Unbehagen stieg er aus. Er las das Schild: Weesen. Vor sich sah er in der Weite das Tal, in das hineineinzugehen er sich vorgenommen hatte. Die Sonne war soeben über dem östlichen Bergkamm aufgegangen und flutete die sattgrünen Hänge der gegenüberliegenden Seite mit Licht. Hell leuchteten in dunstiger Ferne einige Berge in ewigem Schnee. Auf der Karte war es ihm wie ein Katzensprung vorgekommen. Jetzt erst sah er den weiten Umweg, den er tatsächlich machen würde.

Die schwere Maschine der *Vereinigten Schweizerbahnen* rollte langsam im Bahnhof ein und die dunklen Rauchwolken verflatterten im Wind. Er hörte einen lauten Pfiff, griff nach seinem Koffer und vergeblich auch nach seiner Reisetasche, die ihm frühmorgens in Chur gestohlen worden war. Ärger durchzuckte ihn wie ein Blitz, als er an den trefflichen Emerson darin dachte, den er erst letzte Woche in Bergün gelesen hatte, und dann vor allem an das schöne Exemplar vom Ring des Nibelungen mit des Meisters eigenhändiger Widmung. Das so elegant geschwungene W der Unterschrift. Er hätte sein Gepäck am Bahnhof nicht unbehütet liegen lassen dürfen! Und während er mit seinem Koffer in den Wagon einstieg, dachte er mit grimmiger Genugtuung daran, dass er es eigentlich hätte wissen müssen: Hatte denn nicht schon Schiller vom Graubündner Land als von einem Athen der Gauner gewarnt?

Als die Eisenbahn sich fauchend in Bewegung setzte, fühlte er dumpf in sich aufsteigen, was bald schon die ihm so vertraut gewordenen Kopfschmerzen werden würden. Er atmete tief ein und aus und blickte aus dem Fenster auf den tiefblauen, von Bergen umrahmten Walenstädter See, dessen Wasser an ihm vorbeizog. In gewisser Hinsicht ähnelte er dem Vierwaldstätter, doch in grösserer Simplicität und ohne dessen Erhabenheit. Das war gut, dachte er, das musste er sich merken. Es zeugte von einer gewissen Weltgewandtheit und auch davon, dass er dennoch die Natur zu schätzen wusste. Er würde diese Beobachtung im Gespräch einbringen können, ganz beiläufig. Gerade zu Beginn wäre es vielleicht gut, über solche Dinge zu sprechen. Er blickte in den wolkenlosen Himmel – so blau wie der See –, der einen prächtigen Sommertag versprach. Auch das Wetter, warum nicht? Hauptsache nicht gleich über Bücher sprechen, nicht das Bild des verstaubten Akademikers abgeben. Vielleicht war es ganz gut, dass er so ganz ohne Bücher ankam. Er musste sich auf das Wesentliche konzentrieren. Er griff in seine Manteltasche zu dem Bündel Briefen, das ihm glücklicherweise nicht gestohlen worden war. Behutsam zog er einen hervor, um ihn erneut zu lesen. Kurz und fest drückte er die schmerzenden Augen zusammen und krallte sich dann an die schöne Handschrift auf der Rückseite des Umschlags:

E. Guerrieri-Gonzaga
Via del Pallone
Firenze

Und dann, die so oft gelesenen, im leidenschaftlichen Raptus hingeworfenen Anfangszeilen:

Ich kann nicht anders als Ihnen schreiben, nachdem ich Ihre letzte Schrift gelesen, denn sie hat mein ganzes Innere in Bewegung gesetzt. Alles, was Sie darin schreiben, habe ich empfunden, bis ins Tiefste empfunden und dadurch gelitten für mich und für Andere. Bis jetzt konnte ich Ihre

Worte noch nicht ruhig in mir aufnehmen, jedes Mal wurde eine innere Bewegung Herr über mich, die ich nicht meistern konnte. Ich musste aufhören oder war gezwungen, weiterzulesen, mit wahrer Gier das Kommende verschlingend! Wem sollte ich nur sagen, was ich bei Ihren Worten fühlte? ‹Nur Ihnen selbst›, klang es fort und fort in mir ...

Was für ein Weib, dachte er jedes Mal, wenn er diesen Brief las. Er hatte zunächst gar nicht glauben können, dass ein Weib so schreiben könne. Es liess sich mehr Übereinstimmung mit ihm erraten, als es so wenige Seiten eigentlich verraten dürften. Aber es war eine Frauenhand, ganz klar. Sie war sogar eine Marchesa, wie er aus wohl unterrichteter Quelle erfahren hatte. Doch aus ihren Worten erkannte er sie als eine Suchende und Hoffende, die es nach einem ... Ja, nach was? Nach einem ... Erzieher in höheren Dingen verlangte. Nach ihm. Er entfaltete ihren letzten Brief, in welchem sie ihn eindringlich darum bat, sie bei ihrem baldigen Aufenthalt in den Schweizer Alpen zu besuchen. Sein Herzschlag erhöhte sich, er fühlte den Puls an seinen Schläfen. Es war richtig, dass er hergekommen war. Er fand im Brief den Ort, in sorgfältiger Handschrift:

Bad Stachelberg.

Nächster Halt: Glarus, rief der Conducteur, während er durch den Wagen schritt, Endstation!

II.

Der Ausstieg im Dampf der sich abkühlenden Lokomotive ins Gewimmel der Menschen am Bahnhof war hektisch. Nach einigen Momenten blieb einzig eine lose zusammenstehende Gruppe auf dem Bahnsteig von Glarus zurück. Da die Eisenbahn nur bis zum Hauptort dieses Kantons fuhr, wollte man wissen, wann die Fahrt mit der Post weiterging. Ein kleiner Schweizer in einer Livree verkündete in etwas ungelenkem Hochdeutsch, dass es noch mindestens eine halbe Stunde dauern würde und empfahl ihnen allen vor der Weiterfahrt eine kleine Verpflegung im nahe gelegenen Bahnhofsbuffet; anscheinend war damit ein Restaurant gemeint. Das war keine schlechte

Empfehlung. Er schaute auf seine Taschenuhr: Bald halb zwölf, nach seiner neuen Diät just die Zeit für ein gut bekömmliches Frühstück, meist eine Suppe und zwei Schinkenbrötchen. Auch seine noch milden Kopfschmerzen hätten erlaubt, dass er etwas zu sich nahm. Dann besah er sich aber die Gruppe auf dem Bahnsteig, welche sich nickend beriet und dem Schweizer nachzufolgen begann. Er erkannte den Holländer, der seit Chur sein Reisegefährte gewesen war, dann den pensionierten Schulmeister aus Saarbrücken, ein Philologe zu allem Elend hin, dessen schulmeisterliche Stimme im Gespräch mit dem Holländer alle im Wagon hatte wissen lassen, dass er – auf der Suche nach der sprachlichen Herkunft der arischen Rasse – im Alter noch Altpersisch lernte. Zuletzt noch die württembergische Adelsfamilie, mitsamt Gouvernante. Den untersetzen Vater hatte er während der Zugfahrt hinter seiner umständlich gefalteten *Frankfurter Zeitung* erbärmlich husten hören. Er blieb stehen und sah schweigend zu, wie die Gruppe um das Bahnhofsgebäude her verschwand. Bleichsüchtiges und nervenschwaches Volk, das durch die modische Berühmtheit des Stachelberger Bades aus der ganzen Welt zusammengeführt wurde; er wollte sich nicht mit ihnen verwechselt wissen. Er hatte keine Reservation, kam nicht zur Kur, sondern nur zu Besuch. Und als er das dachte, erschrak er: Gewiss, er hatte Frau Guerrieri-Gonzaga seinen Besuch Anfang August zugesagt, aber weder den genauen Tag noch die genaue Zeit. Konnte er einer Marchesa denn einfach so und unangekündigt im Hôtel seine Aufwartung machen? Das ging nicht an. Er wusste noch nicht einmal mit Sicherheit, ob sie selbst dort angekommen war.

Glarus leuchtete im hellen Licht der Mittagssonne. Er schritt an einem schönen Hôtel vorbei, vor dem ein weitläufiger Garten sich öffnete. Plätschernde Brunnen. Die Stadt machte einen gepflegten Eindruck. Sie war vor kaum zehn Jahren niedergebrannt und seither im modernen Stil neu erbaut worden. Weitläufige Strassen umfassten die rechtwinkligen Carrees, allein die Hauptstrasse durchschnitt diagonal das Schachbrettmuster.

Er fand das Post- und Telegraphenamt unweit des Bahnhofs gelegen. In den Sandstein der Fassade war eine Taube mit einem Brief im Schnabel eingelassen. Er hatte nicht lange zu warten. Am Schalter informierte man ihn, dass sehr wohl ein Telegramm an den Besitzer des Hôtels Bad Stachelberg gesendet werden könne, dass aber ungewiss sei, ob er Antwort erhalten werde.

Dort oben, sagte ihm der Postbeamte, läuft die Zeit etwas anders als hier. Überdies sei wohl mit einem Sommergewitter zu rechnen, sagte der Beamte und fächelte sich mit seiner Mütze etwas Luft vor die Nase, als liesse sich das Unwetter bereits wittern. Das sei darum wichtig, weil echtes Wetterleuchten oft das telegraphische Wetterleuchten stören würde.

Ach so. Was empfehlen Sie mir?

Der Postbeamte sah hoch zur Uhr über dem Eingang, die zehn vor zwölf anzeigte. Ein Telegramm sei unter den gegebenen Umständen das Geld nicht wert. Er empfehle ihm, nicht zu säumen und die Post zu nehmen, die am Mittag abfahre. Wenn er sich beeile, könne er es noch schaffen. Die Fahrt lohne sich übrigens, allein schon, um den Tödi zu sehen.

Wer ist das?

Unser höchster Berg. Sie werden schon sehen, was ich meine. Man sieht ihn von ferne und nähert sich ihm, bis man dann an seinem Fusse steht – das ist etwas Bewegendes. Besonders für Fremde, die sich unsere Berge nicht gewohnt sind.

III.

Die Post von Glarus nach Linthal war ein eleganter vierspänniger Wagen mit schönem Geschirr. Die Pferde scharrten bereits ungeduldig in der heissen Mittagssonne. Als er sich mit seinem Reisekoffer näherte, schüttelte der Postillon entschuldigend den Kopf und machte eine hilflose Handbewegung zur offenen Wagentür hin. Im Innern sass die adelige Familie und nahm die sechs Plätze des Hauptwagens in Beschlag. Der Vater war mit geschlossenen Augen tief ins Polster gelehnt und atmete rasselnd. Neben ihm tupfte seine Frau sich mit einem Taschentuch den Schweiss von den Schläfen und bat die Gouvernante, die drei Kinder zu beruhigen und ihnen doch eine Geschichte vorzulesen. Im vorderen Coupé sass der Holländer und hörte pfeifenrauchend dem Schulmeister zu, der ihm gerade von einem

Priester erzählte, welchen die Griechen Zoroastres nennen, dessen persischer Name aber Zardoscht sei und im ursprünglichen avestisch Zarathustra geheissen habe. Auf der Bankette, dem erhöhten Abteil über dem geschlossenen Interieur, sass der Postconducteur, den er an der grossen silbernen Plakette mit dem eidgenössischen Wappen auf der linken Brustseite erkannte. Er sprach mit einer älteren Frau, die neben ihm sass und ein Huhn in einem Käfig mit sich führte. Ihm graute vor der Reise in der Enge dieser Gesellschaft, noch dazu mit seinen Kopfschmerzen. Der Postillon sah seinen Blick und bot ihm an, neben ihm zu sitzen, hoch auf dem Bock, wo er mit ihm allein sein würde.

Keine Angst, sagte der Postillon, und die wettergegerbte Haut faltete sich auf eine Weise, die ein Lächeln unter seinem dichten Bart vermuten liess. Ich spreche nur, wenn es notwendig ist.

Er hatte es nicht zu bereuen: Es wurde die schönste Fahrt, die er je erlebt hatte. Sie fuhren zuerst dem Lauf der Linth entlang, dann stieg die Strasse an und führte immer weiter in die Höhe, teilweise von weiten Plateaus unterbrochen. Herrliche Rückblicke und fortwährend wechselnde, sich erweiternde Umblicke eröffneten sich ihm. Er sah herrliche Chausseen, die ihn zum stundenlangen Spazierengehen, -fahren oder -lesen einluden, ja er sah sich daselbst in Gedanken versunken, zwischen diesen grünen Matten, den Hügeln und Felsblöcken, rings herum umstellt von diesen mächtigen Schneebergen. Nach einer Senke kamen sie in ein Dorf mit einem schönen Kirchturm, wo zwei Flüsse zusammenflossen und die alte Frau mit ihrem Huhn ausstieg. Dann ging es weiter in die Höhe und immer mehr war es ihm, als entstiegen sie der Tiefe und der Sommerschwüle, die er in Glarus noch gefühlt hatte. Es war, als liesse man das Stadt- und Alltagsleben hinter, nein, *unter* sich. Er schloss die Augen und atmete sie tief ein, die von ihm so geliebte Bergluft. Sie war hier zwar noch etwas wärmer als er sie in Erinnerung hatte, doch er erkannte sie. Wie viele seiner Einfälle hatte er ihr allein zu verdanken? Das war seine Natur.

Als er die Augen wieder öffnete, fragte er: Wie heisst der Berg dort vorn?

Welcher?

Er zeigte geradeaus: Der da. Vor ihnen, am Ende des Tales, erhob sich ein gewaltiger, pyramidaler Block mit abgeflachter Spitze.

Der grosse? Das ist der Tödi, sagte der Postillon.

Da war also der Berg, von dem der Postbeamte gesprochen hatte. Tödi, sprach er das Wort nach. Was für ein merkwürdiger Name. Er klang irgendwie nach Tod, nach töten oder tödlich, und tatsächlich war es nicht schwer, sich den Tod in den beinweissen, ihm so bedrohlich zugeneigten Gletscherfirnen vorzustellen. Tödi. Der Berg des Todes. Das war philologischer Unsinn, wie er wusste. Doch der Gedanke regte ihn an.

Was bedeutet der Name?, fragte er den Postillon.

T'Öödi, sagte dieser im Dialekt. Die Ödnis. Das hat auf jeden Fall mein Vater gesagt, der als Bub Zusenn im Ober Sand war und meinte, von dort an aufwärts gäbe es ganzjährig nichts als Ödnis. Geröll und Schnee. Vielleicht ist es aber auch nur ein Name.

Ja, vielleicht, sagte er und sie schwiegen wieder.

Beide Gedanken hatten etwas für sich. Am Fusse oder im Schatten des Todes zu stehen oder in der kalten Ödnis, in einer Eiswüste zu sein, fernab aller Welt. Wie frei, wie unvorstellbar frei musste man dort sein können? Tief atmete er die Bergluft ein und aus und merkte zu spät, dass es ein lautes Seufzen geworden war. Fünf Jahre war er nun schon Professor und er hatte unlängst schon gedacht, es wäre bald genug. Er hatte sich schon oft gesagt, dass er es in dieser kleinen Akademie unter diesen wenigen lausigen Studenten, die seine Vorlesungen besuchten, nicht aushielt, aber recht eigentlich hielt er es in der Gescheitheit kaum mehr aus. Was konnte er schon zu erreichen hoffen? Bald würde er dreissig Jahre alt werden. Er hätte nicht gedacht, dass ihm diese Altersschwelle so viel bedeuten würde, doch hier war er nun und dachte an Alexander, der in seinem Alter bereits die bekannte Welt erobert hatte oder an den Nazarener, der im selben Alter aufgetreten war und sein Leben als Wanderprediger begonnen hatte, um seinerseits die Welt zu verändern. Auch sein geliebter Montaigne war in seinen Dreissigern gewesen, als er sich aus dem öffentlichen Leben zurückzog, um in seinem einsamen Turm seine Essays zu schreiben. Und er? Von einem wirklichen Producieren konnte gar nicht gesprochen werden, so lange er noch so wenig aus der Unfreiheit, aus dem Leider und Lastgefühl des Gefangenseins heraus war.

Würde er es je erreichen? Zweifel über Zweifel. Aber es zog auch ihn hinaus aus dem äusserlichen Rahmen seiner Existenz, um in einem Winkel der Welt, in den einfachsten Verhältnissen, frei weiterzuleben. Nur so würde auch er erobern können, auch er die Welt verändern, wenn er die nötige Freiheit und Ruhe dazu hätte. Warum nicht hier? Seinen Turm trug er ohnehin überall mit sich mit. Warum ihn nicht hier aufstellen, beim Tödi? – Und hatte sein Turm nicht auch Platz für jemand anderes? Gab es nicht auch Platz für etwas Wärme in der kalten Ödnis?

Tod, wo ist dein Stachel?, kam es über ihn, und sogleich: Und Tödi, wo dein Stachelberg? Er lachte unter seinem Schnauzbart über dieses Wortspiel. Der Postillon sah ihn fragend an und sagte nichts.

Ja, dies hier war ein guter Ort. Hier würde er jene elf Unzeitgemässen, die er sich noch vorgenommen hatte, rasch aus der verschleimten Brust expectorieren. Und hier wäre er auch bereit für das wahre Werk, das er unter dem Herzen trug. Seine Eroberung. Sein Evangelium. Die Frage war nur noch, ob auch sie bereit sein würde.

IV.

Als sie nach gut zweistündiger Fahrt durch das gut angebaute und durch erstaunlich mannigfache industrielle Tätigkeit sich hervorhebende Tal im letzten Dorf namens Linthal eintrafen, erhob sich vom Tödi her eine kalte Windböe, welche die Wärme des Sommertages mit einem Mal wegblies. Es wurde kühler.

Sturmwind, sagte der Postillon

Er schaute in den Himmel und sah tatsächlich einige graue Wolken, die den Himmel zu verdecken begonnen hatten.

Wie hoch sind wir hier?

Gut 2200 Fuss über dem Meere, sagte der Postillon.

Und auch über allen menschlichen Dingen, wollen wir doch hoffen, erwiderte er.

Der Postillon gab einen undefinierbaren Laut von sich, der Zustimmung bedeuten konnte, vielleicht aber hatte er ihn auch nur an die Pferde gerichtet, denn diese lenkte er nun geschickt in die letzte Steigung ein. Inmitten einer anmutigen, waldumsäumten Berghalde erhob sich der imposante Doppelbau des Hôtels Bad Stachelberg. Sie fuhren durch den soignierten Hausgarten mit Springbrunnen und schattigem Gartenhäuschen in Richtung des Hauptgebäudes, als der Postillon auf einmal das Posthorn hervornahm, dreimal kräftig hineinstiess und die langgezogenen Töne an den nahen Berghängen widerhallen liess. Er fühlte jeden einzelnen Ton in seinen Schläfen hämmern, sagte aber nichts.

Der von Säulen getragene Eingangsbereich war von einem hohen Balkon gekrönt, von wo aus nun einige Gäste mit kaum verhohlenem Interesse nach den Neuankömmlingen Ausschau hielten. Die Post hielt und aus dem Nebengebäude traten verschiedene Personen, um das Gepäck zu entladen und die Gäste zu empfangen. Während er sich beim Postillon für die Fahrt bedankte und vom Bock stieg, wurde die württembergische Adelsfamilie bereits von einem elegant gekleideten Herrn in Empfang genommen, der sich lächelnd die Hände rieb. Es schien sich um den Besitzer zu handeln und er wechselte mühelos von einem servilen, von ständigen Verbeugungen begleiteten Hochdeutsch gegenüber seinen adeligen Gästen zu einem scharfen Befehlston im hiesigen Dialekt gegenüber den wild umherwuselnden Pagen, welche die Koffer vom Verdeck luden. Einer von ihnen fasste seinen Reisekoffer und trug ihn, ehe er ihn abfangen konnte, in das Hauptgebäude. Er folgte ihm und betrat das Portal.

In der grossen Eingangshalle herrschte jene feierliche Stille, die zum Ehrgeiz grosser Hôtels gehörte. Die Pagen gingen auf leisen Sohlen und stellten das Gepäck in eigens dafür bereitstehende Wagen. Gerade als er sich seines Reisekoffers wieder bemächtigen wollte, nickte ihm der Concierge an der Reception lächelnd zu und hiess ihn mit beinahe geflüsterter Stimme herzlich im Hôtel willkommen, nicht ohne ihn zu fragen, ob er denn eine gute Anreise gehabt habe. Gleichzeitig schob er ihm ein grosses, in Leder gefasstes Fremdenbuch entgegen, in das er sich einzutragen hatte. Da waren lange Spalten angeschrieben mit *Name & Geschlecht*, *Stand* und *Wohnort*. Er erklärte ihm, dass er nicht als Gast, sondern als Besucher eines hier logierenden Gastes gekommen sei. Und nicht ohne die Nervosität in seiner Stimme verbergen zu können, erkundigte er sich nach der Frau Marchesa Guerrieri-Gonzaga.

Ja, die sei da, durchaus, sagte der Concierge und flüsterte nun wirklich, vielleicht der Vertraulichkeit der Frage wegen. Sein Blick wanderte zur Uhr, die auf einem steinernen Sockel an der Wand stand. Leider sei sie wohl derzeit im Bad, das sie nach ihrem Mittagsschlaf für gewöhnlich zu nehmen pflege. Er empfehle ihm, im Speisesaal einen Tee zu nehmen oder in den angrenzenden Salons zu warten. Er werde persönlich darum bemüht sein, ihr seine Ankunft anzukündigen, sagte der Concierge und schloss das Fremdenbuch wieder. Dann nahm er Papier und einen Stift hervor und sagte: Wie darf ich Sie ankündigen, gnädiger Herr?

Er sagte ihm seinen Namen. Dann erinnerte er sich an die Reihenfolge im Fremdenbuch und schob etwas verlegen auch noch seinen Professorentitel nach. Universität Basel, sagte er noch, wie wenn das einen Unterschied gemacht hätte. Aber der Concierge war immer noch bei seinem Familiennamen.

Wie schreibt sich das?

Mit i-e, sagte er automatisch, wie einer der sich gewohnt ist, seinen Namen zu buchstabieren, und t-z.

Nitsch... Nietzsche, las der Concierge das von ihm geschriebene Wort ab. Sehr wohl, Herr Professor Nietzsche. Herzlich willkommen im Hôtel Bad Stachelberg.

V.

Er schritt durch den eleganten Speisesaal, erstaunt von dessen Grösse. Hier mussten mehrere hundert Leute speisen können. Zu dieser Tageszeit sassen aber nur einige wenige dort. Teegerät klapperte und er sah verschiedene Kuchen und Torten. Er dachte kurz daran, doch noch etwas zu essen, doch war er nun zu aufgeregt. Auch die Kopfschmerzen waren wieder stärker geworden; er konnte jetzt nicht auch noch seinen Magen riskieren. Er ging durch eine Tür auf der anderen Seite des Speisesaales, vor welcher eine kleine Statue der Terpsichore die Gäste mit ihrer Lyra begrüsste. Dahinter war ein langer, fensterloser Gang mit verschiedenen Zimmern zu seiner Rechten. Das erste war offenbar ein Lese- und Rauchkabinett für Herren. Zahlreiche Männer in eleganten Gehröcken tummelten sich um den Billardtisch.

Laut schlugen die Kugeln gegeneinander. Hinter ihm traten soeben weitere Herren ein, da es draussen offenbar zu regnen begonnen hatte und dies wohl einer der Orte des Zeitvertreibs bei Regen war. Tatsächlich schlugen feine Tropfen gegen die hohen Fensterscheiben, vor denen mehrere Fauteuils zum Lesen einluden. Er ging an einem zeitungslesenden Pfeifenraucher vorbei, setzte sich in einen Fauteuil und blätterte etwas lustlos in einer eingespannten Zeitung, die *Glarner Zeitung* vom 1. August. Er blinzelte mehrfach, bis sich seine gereizten Augen auf die Schrift fokussieren konnten, und überflog kurz einen Artikel zur kantonalen Verfassungsrevision, verlor aber sogleich wieder das geringe Interesse, das er dafür aufbringen konnte; diese Schweizer hatten vor wenigen Monaten über die Totalrevision ihrer Bundesverfassung abgestimmt und jetzt machten sie sich offenbar über ihre kantonalen Verfassungen her. Er legte die Zeitung zurück und erhob sich.

Unruhig ging er weiter und trat in den Türrahmen zu einem niedlich eingerichteten Salon, der ein Damensalon zu sein schien. Ein halbes Dutzend Frauen in weiten Kleidern sassen auf gepolsterten Ottomanen, scheinbar in eine Konversation vertieft. Einige spielten Karten an einem Tisch beim Fenster. Er trat zögernd ein und nickte einer Gruppe von drei besonders eleganten Damen scheu zu, wie um Erlaubnis dafür bittend, ihr *Gynaikeion* betreten zu dürfen. Sie schauten ihn prüfend an. Er trat mit der Andeutung einer hilflosen Geste ein, denn er konnte nicht anders: Er wurde angezogen durch das Klavier, das in der Ecke des Salons stand. Der Deckel der Klaviatur war geöffnet. Instinktiv ging er darauf zu, als auf das einzige wirklich seelenhafte Wesen in der Gesellschaft, in diesem ganzen Hôtel, und liess seine Finger über den ihm so vertrauten Lack gleiten. Er schloss die Augen, befühlte suchend die Tasten, fand die Stelle und schlug einen Akkord an. Es war der Tristan-Akkord.

Niemand achtete auf die vieldeutigen vier Töne, die in einer allgemeinen Aufregung untergingen. In diesem Augenblick war ein Kind schluchzend in den Salon gerannt. Es lief zu einer der Frauen und hielt sich an ihren Röcken fest. Es weinte. Hinter dem Kind folgte sogleich ein Kindermädchen, entschuldigte sich mehrfach bei der Frau, die sie mit Frau Marchesa ansprach. Er erstarrte. Die ihr gegenübersitzende Frau schüttelte den Kopf:

Ich warne Sie, Frau Guerrieri, Sie bemuttern das Kind zu sehr. Mein seliger Wilhelm hat unsere Söhne immer nach der Devise erzogen, dass das, was sie nicht umbringt, sie stärker macht. Das sollten Sie auch.

VI.

Er stand da, die Finger immer noch auf den Klaviertasten. Das war sie. Da war sie. Ohne es zu wissen, hatte er zu ihr gefunden. Unwillkürlich zog er seine Hand an seine Brust, wie wenn er sich ein Herz fassen wollte, doch eigentlich nur um ihre Briefe zu ertasten, die er dort in seiner Manteltasche trug. Unter seiner Hand fühlte er sein Herz gegen das Bündel schlagen. Derart unmittelbar vor ihr zu stehen, hatte ihn entwaffnet. Undenkbar, in dieser Situation die Sätze über die Seen und das Wetter zu sagen, die er sich zurechtgelegt hatte. Er hörte den Regen gegen das Fenster schlagen und während er noch darüber nachdachte, wie er sich in dieser Situation recht einführen könne, folgte sein Blick dem ihrigen auf das Kind. *Ihr* Kind, wie er sogleich verstand. Mütterlich wischte sie ihm mit einem Taschentuch die Tränen von der Wange. Das Antlitz des Kindes war blass, geradezu stechend weiss gegen das goldene Dunkel der umrahmenden Locken. War es leidend? Er war geneigt, dies zu glauben, und er erinnerte sich, dass sie ihm zwar von diesem Kurort geschrieben hatte, nie aber von einem Leiden ihrerseits. Während sie dem Jungen tröstend über die honigfarbenen Locken fuhr, verstand er alles. Er war wie benommen und hörte nicht mehr, was gesprochen wurde. Das Trommeln der Regentropfen gegen das Glas schien ihm unnatürlich laut. Oder war es das Pochen an seinen Schläfen? Dann schloss er behutsam den Deckel über der Klaviatur, schritt schweigend an der Frau mit der so schönen Handschrift vorbei, die wie niemand auf der Welt seine Bücher bewunderte, und verliess den Salon ohne ein Wort.

Mit eiligen Schritten durchmass er den weiten Speisesaal und rannte fast schon die Treppen zur Reception hinunter. Laut hallten seine Schritte in der Halle und verwundert blickte der Concierge hoch:

Herr Professor, wie kann ich Ihnen helfen?

Haben Sie ... Haben Sie meine Ankunft der Marchesa bereits mitgeteilt?

Der Concierge machte ein untröstliches Gesicht und fiel wieder in seinen Flüsterton zurück: Bedauerlicherweise noch nicht, Herr Professor. Es scheint, dass sie doch nicht die Bäder genossen hat. Ich wollte –

Nein, unterbrach er den Concierge. Es ist etwas ... Ich muss wieder fort. Sagen Sie ihr bitte nichts.

Nichts? Ich kann sehr wohl –

Ich bitte Sie. Es wäre mir unangenehm. Mehr noch: Ich wünsche nicht, dass es der Gräfin unangenehm wäre.

Dies wirkte. Der Concierge nickte verständnisvoll: Aber natürlich, Herr Professor. Leider ist die Post inzwischen wieder nach Glarus gefahren. Sollen wir einen Botenjungen ins Dorf schicken, der dort einen Wagen für Sie –

Nein, ich gehe selbst. Ich muss jetzt gehen. Adieu!

Aber Herr Professor, es stürmt!, rief ihm der Concierge noch nach, doch vergebens. Schon hatte er seinen Reisekoffer vom Wagen genommen und das Hôtel Bad Stachelberg zwischen den Säulen des Haupteingangs verlassen, gerade als das erste Wetterleuchten den dunkel gewordenen Himmel aufflackern liess.

VII.

Der Regen war so heftig, dass er das wenige Gehminuten entfernte Dorf Linthal nur mit Mühe erreichte. Seinen Reisekoffer konnte er dort in einer Wirtschaft deponieren, von wo aus in einigen Stunden ein Wagen nach Glarus fahren sollte. Nass bis auf die Haut wie er war, hatte man ihm angeboten, sich bei einer Suppe am Feuer zu trocknen. Er aber hatte rüde abgelehnt und war wieder in den Regen gestampft. Er konnte nicht stillsitzen, er musste jetzt frei sein und gehen, musste gehend denken können. Seine Kopfschmerzen waren so stark, dass ihm schwindelte. Immer wieder blieb er stehen, legte den Kopf in den Nacken, liess sich die Regentropfen über das Gesicht laufen und in zwei Bächen an den Enden seines Schnauzbarts herunterfliessen. Einmal würgte es ihn und er stand lange vornübergebeugt, während der Regen auf seinen Rücken einschlug. Dann fasste er sich wieder und schritt weiter, ohne zu wissen, wohin. Je weiter er aber ging, desto dichter schienen die umherstehenden Gebirgskolosse sich um ihn zu schliessen. Einen Himmel gab es keinen mehr, nur noch ein brodelndes Dunkel. Und dann erhellte ein jäher Blitz das Dunkel und der fast zeitgleiche Donner liess den Boden unter seinen Füssen erzittern. Er war dem Auge des Sturms nahe.

Wie närrisch war er gewesen, zu glauben, dass es sie nach ihm verlangt habe, um … Erzieher in höheren Dingen, von wegen! Wie närrisch, einem Weibe derart auf den Leim zu gehen. Nein, nicht nur närrisch, sondern auch schwach. Er war schwach geworden, das merkte er jetzt. Die Einsamkeit war sein Schicksal und er hatte sich etwas vormachen lassen. Er griff in seine Manteltasche und zog das durchnässte Bündel Papier mit zerlaufener Tinte heraus. Dies hier hatte sein Herz vergiftet. Und dieses Gift musste er nun aus sich aussaugen. Nein, besser noch: Ausbrennen.

Er dachte dies Wort und für den Bruchteil eines Herzschlags durchzuckte ein gleissend heller Strahl die Luft senkrecht vom Himmel zur Erde. Der Blitz schlug keine zweihundert Fuss neben ihm in eine Wettertanne ein, doch der Donnerschlag war so laut und heftig, dass er ihn auf den Boden warf. Er hatte nicht gewusst, wie gewaltig ein Gewitter im Gebirge sein konnte. Er hielt sich seine schmerzenden Ohren, seinen vor Schmerz rasenden Kopf. Noch immer grollte der Widerhall des Donners zwischen den Bergen. Es klang, als sei irgendwo etwas Gewaltiges zerborsten. Ein Siegel zerbrochen. Als hätten Bergstürze sich gelöst. Er richtete sich auf und blickte in den peitschenden Regen, auf den drohenden Berg über sich, welcher im Dunkel der Wolken sich verlor, und sprach:

Tödlich bist du, das sehe ich jetzt, oh blitzverhüllter Tödi! Wohlan, ich bringe dir diese meine Schwäche, diesen närrischen Wunsch nach Wärme, der in mir schlägt. Töte sie! Sieh, ich trage sie zu dir in die kalte Ödnis, und baue dir dort einen Altar zum Brandopfer. Wie alle Weisen der Geschichte, die nach Erleuchtung suchten, werde auch ich hinaufsteigen. So allein wächst der Mensch in die Höhe, wo der Blitz ihn trifft und zerbricht: hoch hinauf, hoch genug für den Blitz! Ich bin Abraham und Isaak zugleich, denn ich werde mich selber auf den Altar legen, mit der einen Hand meine Brust entblössen und mit der anderen die Faust zum Himmel recken und dich anschreien: Brenne mein Herz mit dem erlösenden Lichtstrahl aus, der auf mich niedergehen soll wie ein im Elmsfeuer glühendes Messer! Oh gesegnete Stunde des Blitzes!

Er wunderte sich ob seiner Worte, sprach er doch schon jüdisch-biblisch, psalmenhaft. Er musste lachen. Wer in die Höhe steigt, sich an der Höhe berauscht, lacht über alles Niedere. Dann erfasste ihn ein scharfer Wind, welcher die Regentropfen seitwärts verwarf. Was geschah nun? Über sich sah er, wie die dunklen, so blitzschwangeren Wolken auf einmal in Bewegung kamen. Von den Gesteinsmassen gepresst und den Gebirgswänden zerrissen, stürzten sie in die Tiefe und wälzten sich das enge Tal hinab. Es war, als sei hier kein Platz mehr, als dränge es jetzt alles hinunter und weiter hinunter. Er sah staunend zu, mit welcher Geschwindigkeit sich diese ausserordentlichen Naturerscheinungen vollzogen. Und wie der Wind nachliess, hörte er talabwärts ein langgezogenes, fernes Donnergrollen. Risse taten sich auf einmal im dunklen Grau auf und erste Bergspitzen traten Inseln gleich aus dem Dunstmeere. Der Regen begann nachzulassen.

Als er sich vom Schauspiel der Natur abwandte, erkannte er, dass er das Ende des Tals erreicht hatte. Dies war das Ende. Vor ihm erhob sich der nackte Fels des Tödi, durchschnitten einzig von einer engen Schlucht, aus der die junge Linth schäumend hervortrat. Der Fels vor ihm war wie eine Wand, hoch zum Himmel. Eine Wand vor der Ewigkeit, dachte er. Vor der tiefen, tiefen Ewigkeit. Er legte seine Hand an die Wand und atmete tief ein und aus. Er war noch immer nass und es dröhnten ihm die Ohren vom Donner, aber seine Kopfschmerzen waren verschwunden. Der Regen hatte die Luft gereinigt. Er roch sie nicht nur, sie schien ihm nun zu singen. Reine Bergluft. Und eine Klarheit, die ihn auf einmal weit blicken liess. Er sah schräg einfallende Sonnenstrahlen durch die Wolken brechen und das unter ihm sich eröffnende Tal der Linth erhellen.

Er hatte verstanden. Die Enttäuschung, die Ödnis, der Tod – das alles war nur das eine. Danach kam die Wiedergeburt. Die Klarheit. Und jetzt der Abstieg. Der Neubeginn. Waren denn nicht alle Weisen mit neuer Weisheit vom Berge hinabgestiegen? Abraham mit Isaak, Mose mit den Tafeln und sogar der Nazarener ...

Das war etwas, was er schreiben könnte, ja besser schreiben könnte: Ein einsamer Wanderer und Bergsteiger, dreissigjährig und müde von der Welt, wie er selbst es war. Der steigt auf einen öden Berg, um den Tod zu finden, doch seine milde Weisheit wird in der Einsamkeit der Bergluft trächtig. Und der steigt dann als neuer Mensch vom Berge hinab zu den Menschen im Tal, denen er predigt. Das wäre sein grosses Werk. Seine Eroberung. Sein Evangelium.

Und während er dort stand und dies dachte, wurde eins zu zwei. Zwischen den engen Felswänden der Linthschlucht, so schien ihm, trat einer hervor, sah ihn fremdartig an und ging an ihm vorbei. Er blickte ihm nach, seinem seltsam tänzelnden Schritt. Dann kam ihm der Name:

Ich grüsse dich, sagte Nietzsche, oh Zarathustra.

Epilog

Basel Ende October 1874

Verehrte Freundin
Sie wissen vielleicht nicht, dass ich einen Versuch gemacht habe, Sie in Stachelberg zu begrüssen und dass er misslungen ist. Ich kam, ungefähr in den ersten Tagen des Augusts, nach Glarus, telegraphirte an den Besitzer des Hôtels in Stachelberg, um zu erfahren, dass Sie dort angekommen seien, bestellte mir sofort Rückantwort, und wartete, wartete – bis zum Abend, umsonst! – so dass ich endlich betrübt und enttäuscht von dannen fuhr. Hinterdrein ist mir eingefallen, es könnte vielleicht eine Störung der Telegraphenleitung dabei im Spiele gewesen sein, denn es gab gerade gewaltiges Hochwasser und starke Gewitter. Damals aber nahm ich an, Sie seien wohl in Italien zurückgehalten worden und ich sei zu früh gekommen; ich betrübte mich bei der Vorstellung, dass die Krankheit Ihres Kindes vielleicht Ihre Reise verzögert habe. – Von Glarus fuhr ich direkt nach Bayreuth, wo ich das Ende meiner Sommerferien verlebte.

[...]

Leben Sie wohl, verehrte Frau, und empfangen Sie die ergebensten Grüsse und Wünsche

Ihres Dieners
Friedrich Nietzsche
der ganz neuerdings 30 Jahre alt geworden ist.

Maria Thorgevskaja
Ich, der Berg

Vergessen Sie, dass ich schon 80 Millionen Jahre alt bin. Ich bin so frisch und munter wie eh und je. Meine Rippen und der Brustkorb sind aus massivem Kalk gebaut, meine Beine sind aus eisenreichem Sandstein. Hier in den Kurven ist Mergel und Tonschiefer – das ist meine Sonnenseite. Ich bin ein Mischling: Zur Hälfte stamme ich aus Afrika, väterlicherseits. Meine Mutter ist Europäerin. Unter dem Druck meiner Eltern, die sich nacheinander sehnten, wurde ich gedrückt, gehoben und geschoben. Da habe ich einige Brüche davongetragen, und deshalb hinke ich auf einem Bein. Der Regen hat den Kalk ausgewaschen, so entstanden Karrenfelder. Aber noch ist kein Zahnarzt geboren, der meine Löcher füllen könnte. Und so kann ich in meinem Unterkiefer zwischen Twiren und Dejenstock richtige Zahnhöhlen oder sogar Zahnhöllen vorweisen. Ansonsten bin ich aber, wie gesagt, noch zwäg und munter. Ich würde sagen: Ich bin im besten Alter! Ich bin neugierig, immer zu Abenteuern bereit, und ich bleibe ständig in Bewegung – obwohl das vielleicht nicht so offensichtlich ist. Jeder hat seine Zeit. Eile mit Weile. Weile ohne Eile. Chi va piano va sano e lontano.

* * *

Wenn man nur im Geist lebt, verschwindet die Zeit. Ich weiss nicht, ob Gundilo vom Güntlenau vorgestern hier Baumstämme schwemmte, oder ob es gestern war oder vor vierhundert Jahren? Eigentlich erinnere ich mich besser an das, was in meiner Kindheit passiert ist. Ich erinnere mich an die Zeit, in der ich den Ozean an meinen Schultern spürte. Ich erinnere mich an Dinosaurier, die hier ihre Liebesspiele trieben und an die Zeiten, als noch kein Gras auf meiner Brust wuchs.

Peter Weber
Kleine Tödiode

Webcam der Wasserschutzpolizei Zürich am Mythenquai – zu sehen auf dem Bildschirm: ein belebter Trinkwasserspeicher, Schwäne und Motorboote, ziehende Segel. Man hat neunzig Sekunden Zeit, um die Kamera per Fingertipp auszurichten; seitlich findet sich eine Begriffsliste, und tippe ich Alpenpanorama an, so wird die Kamera auf die Firne gelenkt. Er ist der höchste im Kranz, Horizonthauptlastträger, breit, mittig, mächtig, darf bei Dämmerungen angehimmelt werden (aus der Stadtzürcher Uferferne). Schimmer in der Luft über dem schroffen Massiv, scheinbar von Verikalströmungen. Per Polizeizoom kann ich mich dem obersten Schnee, dem höchstgespeicherten Zürcher Wasser gefahrenlos nähern; es wird dereinst hier unten vorbeiziehen.

Der Tödi wird im Süden nüchtern hinterspielt, verliert im Bündnerland, wo er leichter zugänglich sei, in mehrere Gipfel aufgegliedert werde, seine ganze Horizontmacht, er ist dort einer unter vielen. Und auch sein donnernder Nordname (man stellt sich zu Tode gekommene Eiskletterer vor) verfliegt über dem See – denn aus Glarner Sicht ist er feminin, das T steht für den bestimmten Artikel, wie ich über Funk erfahre – man muss dazu das aufsteigend helle Ö einer Glarner Kehle hören. Die Öde also.

In diesem Dialekt, mit dieser Vokalhelle (melancholisch und aufbe-
gehrend zugleich) ist mir vor Jahren in der WIM (Werkstatt für Improvisierte Musik) in Zürich freie oder frei improvisierte Musik nach-
erzählt und vorerklärt worden, und es schien mir selbstverständlich,
dass auch alle gleichaltrigen Schreibenden aus dieser Talgegend
Frequenzarbeiter waren, dichtende Hochgeschwindigkeitstelegra-
fen, Sängerinnen, Saxophonisten oder sonic journalists, die Massive
akustisch zu vermessen hatten oder zu versetzen.

Jedes Jahr im April oder Mai (bei Föhn) besuche ich die Talebene,
um den heftigen Süden zu sehen; Begegnungen mit der Vertikalen,
eingerammt scheinbar die Felsmassen in hellstes Wiesengrün, und
angekrallt sind Büsche und Bäume, drüber, horizontal: die zwingen-
den Schichtverläufe, der weissbläuliche Schnee, und im Süden (noch)
kein Ausgang, sondern ebendiese hohe Öde.

Wo beginnt sie, die Glarner Wellenwelt?
In einem Elektrogeschäft unweit der Langstrasse in Zürich etwa –
ein Glarner Schriftsteller, Forscher und Weltweitfunker geht hier
ein und aus und besorgt sich (nur hier zu findende) Einzelteile für
seine experimentelle Telegrafie, die sich dem früheren Hochsee-
funk verbunden sieht. Als er noch im Tal lebte, waren seine mobilen Antennen immer wieder beim Naturfreundehaus ob Mollis zu
sehen. Und gleich gegenüber dem Elektrogeschäft befindet sich die
Gartenwirtschaft einer Weinstube; nach den offenen WIM-Sessions
versammelten sich hier die Spielenden bei damals billigem Wein,
um über das eben Gespielte zu reden, zu debattieren, und immer
wieder wurde von der Tönenden Halle in Glarus berichtet, einem
Konzertort, der mythisch entrückt blieb. Das heimliche Zentrum
jeden Weltenhalls.

Und wo endet sie?
Auf dem Tödi, könnte man denken. Dessen oberstes Gletscherfeld
jedoch (immerliegendes Scheitelweiss, wie es sich von Braunwald
her zeigt, wo ebenfalls wilde Antennen gesichtet wurden) wird von
Freifunkerinnen, Freifunkern benutzt, um über hohe Horizonte zu
setzen, stelle ich mir vor; denn wird dieses Feld seitlich ersendet, so

leitet es weiter. Die Luft über dem Glarnerland ist voller Höchsttöne und Reflexe. Zu sehen per Webcam (als Schimmer).

Fridolin Jakober
Über die Entstehung der Flurnamen

In Diesbach verzeichnet die Landkarte mit dem Massstab 1:10000 den Flurnamen «Arche Noah». Die bezeichnete Stelle liegt an der Landstrasse auf einem Parkplatz mit Garage.

Vor Zeiten soll dort ein Mann gelebt haben, der gerne zur See gefahren wäre. Er kaufe sich ein altes und beschädigtes Boot, das er renovieren wollte. Das Boot stand jahrelang in der Garage, doch schliesslich war es für den Mann günstiger, das Boot auf den Parkplatz vor der Garage zu stellen und die Garage zu vermieten.

Ungefähr zur selben Zeit wurden im Hinterland die Gleise neu gelegt. Während der Bauzeit beförderten die SBB ihre Passagiere jeweils mit dem Bus von Schwanden nach Linthal. In Diesbach gab es damals, es war die Zeit nach den wilden 68ern, eine richtige Wohngemeinschaft. Und wie es sich für richtige Wohngemeinschaften gehört, fuhren ihre Mitglieder jeweils mit den öffentlichen Verkehrsmitteln und verzichteten auf das Symbol des westlichen Wohlstands.

Das Haus der alternativen Wohngruppe lag in der Nähe des Parkplatzes, und auf dem Parkplatz war die provisorische Haltestelle für den Bus. Da der Platz aber keinen Namen hatte, sagten die Wohngenossen, wenn sie jeweils aus dem verruchten Zürich nach Hause zurückkehrten, zum Busfahrer: «Halten Sie beim Schiff!» «Beim

Schiff!», so sagten bald alle Diesbacher, bis eines Tages einer sich einen Jux machte und «Da vorne, bei der Arche Noah!» sagte. Von da an hatte der Ort seinen Namen.

Als nun aber nach 10000 Jahren japanische Volkskundler die alten Karten erforschten, fanden sie den Begriff «Arche Noah» inmitten der Glarner Bergwelt. Das war lange Zeit eine wissenschaftliche Knacknuss. Aber dann gelangten sie zum Schluss, dass hier, inmitten der Alpen, und nicht, wie immer angenommen, auf dem Berge Ararat die biblische Arche gestrandet sein musste. Selbst die Sintflut war erklärbar. Nach der letzten Zwischeneiszeit von 4000 nach Christus hatte sich durch Moränenschutt und Felsstürze ein riesiger Stausee gebildet. Nach dem Besuch dieses natürlichen Dammes hatten sich offenbar einheimische Siedler in einem Rettungsboot hier wiedergefunden. Deshalb vermuteten die Japaner an ebendiesem Platz die Wiege der neueuropäischen Alpenkultur. Denn von dieser Kultur erzählten ihre alten Sagen. Man suchte im ganzen Hinterland nach Überresten der Arche, entdeckte aber nur die Reste des Bahnhofs Diesbach-Betschwanden. Über diesem Betonfundament bauten die Japaner eine Gebirgskathedrale in Form eines Holztempels aus dem 17. Jahrhundert. Im Garten wuchsen die höchsten Farne der Gegend, und in der Kathedrale fand der alljährliche Shui-Ritus statt, bei dem die jungen Frauen und Männer eines Stammes ihre nackten Füsse in 40-gradige Käseschotte tauchen und dazu «S Vreneli ab em Guggis berg» singen. Die meisten Japanerinnen und Japaner zogen allerdings das Sho-Ritual vor, das in einer Sangesfahrt auf das Jungfraujoch besteht. Dieses Ritual soll älter sein und zudem japanischer.

Hansjakob Marti
Die Katastrophe

Der Regen trommelte schon seit einer Woche unaufhörlich auf das Schindeldach oben am Hang. Es war, als ob der Himmel sämtliche Schleusen geöffnet hätte. Eine Wetterbesserung war auch für diesen Tag nicht abzusehen. In einigen sehr steilen Lagen hatte es bereits Rutschungen gegeben, die Runsen schwollen zu Bächen an, und die Bäche wurden zu reissenden Flüssen. Der Boden oben am Hang war bereits jetzt schon bis tief ins Innere durchweicht.

Fridolin, seine Frau Barbara und seine sechs Kinder standen neben dem Haus, und alle schauten besorgt den steilen Hang entlang hinunter. Zuunterst, wo noch ein paar Meter fast ebenes Land zwischen Bach und Steilhang lagen, tobte der Wildbach mit Urgewalt durch das Tal. Schon seit zweihundert Jahren stand das Haus oben auf seinen Grundmauern, von wo aus Fridolin täglich seiner Arbeit nachging. Dachdecker war schon sein Vater gewesen, weshalb hätte er nicht auch Dachdecker werden sollen? Die Arbeit gefiel ihm im Sommer ganz besonders, und im Winter fertigte er wochenweise Schindeln an, und zwar aus Holz, das auf der Sonnenseite des Tales geschlagen wurde, weil es eben viel besser zu spalten war als jenes von der Schattenseite. Aber zuerst musste das Holz geschlagen, entastet, entrindet und zu kurzen Stücken zersägt werden. Fridolin ging die Arbeit nie aus, aber er konnte sie sich einteilen, wie er wollte. Konkurrenz war keine zu befürchten, aber er führte seine Arbeit immer gründlich und für die Hausbesitzer erschwinglich aus.

Schon im letzten Jahr hatte ihm manchmal sein ältester Sohn – der ebenfalls Fridolin hiess – zur Seite gestanden, wenn es darum ging, ein Dach noch vor den oft wechselnden Wetterlagen fertigzustellen. Der Junge brachte ihm jeweils ganze Büschel Schindeln über eine Leiter aufs Dach, weshalb sein Vater sie bloss noch richtig verlegen und anschliessend mit Nägeln und Hammer befestigen musste. Fridolin Junior konnte so von des Vaters Arbeit profitieren und erlernte sie von Grund auf.

Barbara hatte begreiflicherweise genug zu tun mit den restlichen fünf Kindern, wobei ihr Regina, die bloss ein Jahr jünger war als Fridolin, viel Arbeit abnahm. Die Kinder wurden nicht verwöhnt, assen, was auf den Tisch kam, litten aber nie Hunger. Auch wenn zwei oder oft auch drei von ihnen auf demselben Laubsack schlafen mussten, war dies doch niemals ein Problem. Ihre Kleider waren meist zweckmässig geschneidert, auch weil die kleineren Geschwister die Sachen der grösseren austragen mussten, bis sie gar nicht mehr zu gebrauchen waren. Freilich waren die Mutter und Regina vor allem zur Winterszeit oft mit Faden und Nadel beschäftigt, um die zerrissenen Fetzen irgendwie wieder zusammenzuflicken, in der Hoffnung, dass sie wieder ein paar Wochen halten würden. Und wenn Wolle vorhanden war, wurden auch Pullover, Handschuhe, Socken und Zipfelmützen gestrickt.

Jede Woche mussten sich alle mit sauberen Kleidern ausrüsten, was wiederum hiess, dass Mutter mindestens einmal pro Woche grosse Wäsche hatte. Ihr machte dies aber gar nichts aus. Sie war eine mittelgrosse, robuste Frau mit weizenblonden Haaren und einem hübschen Gesicht. Problemlos konnte sie sich auch bei ihrer Kinderschar durchsetzen, wenn diese wieder einmal der Hafer stach. Ob im Freien oder zuhause: Wenn Barbara die Bande zum zweiten Mal zur Ordnung rief, wussten alle, dass dies die letzte Warnung war, bevor man ein paar kräftige Hiebe mit der flachen Hand auf den Hintern bekam. Nie wurden sie aber grob geschlagen, sondern bloss auf diese Weise zur Ordnung gerufen, und nur selten musste der Vater durchgreifen, weil eins der Kinder gar zu grossen Unfug trieb. So hörte man jahraus, jahrein eine fröhliche Kinderschar oben am Hang, die im Freien herumtollte oder Verstecken spielte.

Jetzt, im April, war der Schnee teilweise bereits weg, vor allem auf den steilen Dächern, von wo er schon einige Male abgerutscht war. Fridolin hätte dort gern nächste Woche seine Arbeit wieder aufgenommen, aber bei diesen sintflutartigen Niederschlägen war das ein Ding der Unmöglichkeit. Und so stand der kräftige Mann mit seinem wettergegerbten Gesicht jetzt also mit der ganzen Familie vor dem Haus, schaute sich um und fragte sich, was er tun sollte. Lange konnte er den Hang aber nicht beobachten, denn jetzt erst begann die eigentliche Katastrophe. Haus und Hof, ja, sogar die Erde selbst und die ganze Familie wurden plötzlich durchgeschüttelt, die ganze Welt bebte. Scheiterbeigen fielen um, der Kamin stürzte über das Dach auf den Boden hinab. Ein unheimliches, dumpfes Grollen erklang, Fensterscheiben gingen in die Brüche. Auch der Gartenzaun neben dem Haus brach auseinander.

Fridolin erstarrte – er hatte in seinem fünfzigjährigen Leben noch nie ein Erdbeben erlebt und schon gar nicht ein derart heftiges. Die beiden kleinsten Kinder, Barbara und Elisabeth, stürzten, und weil sie an Mutters Händen hingen, rissen sie sie ebenfalls um. Fridolin, kreideweiss im Gesicht, aber wieder aus seiner anfänglichen Starre erwacht, wollte ihnen helfen, als der ganze Berghang zu rutschen begann. Erst langsam, dann immer schneller, glitt er samt Haus und Familie in die Tiefe, und alle schrien, zappelten und griffen nach einander in Todesangst.

Die Mutter war geistesgegenwärtig genug, ihre beiden Jüngsten in die Arme zu schliessen und krampfhaft festzuhalten. Fridolin, gross und kräftig, umfasste mit seinen starken Armen die grösseren vier Kinder und rutschte auf dem Bauch liegend samt Haus und Garten den Hang hinunter. Aus den Augenwinkeln sah er, wie auch am gegenüberliegenden Hang drei Häuser mitsamt Grund und Boden in die Tiefe gerissen wurden.

Durch den immer noch herabrauschenden Regen hörte man über den auf allen Seiten herabrutschenden durchweichten Hängen ein tiefes, bedrohlich klingendes Grollen und Rumpeln, auch das Geräusch von nachrollenden grossen und kleinen Steinen war zu hören.

Je tiefer es sie aber ins Tal riss, umso stärker wurde dieses Grollen vom Rauschen des Baches übertönt, der laut rumpelnde Baumstämme und kleinere Felsen mitführte und zu einer reissenden Bestie geworden war. Und während sie zu Tode erschrocken und schreiend immer weiter in die Tiefe schlitterten, zerfiel unter ihren Leibern der Erdboden. Risse wurden zu tiefen Spalten, das Haus zerbrach in Stücke, um alsbald ebenfalls Richtung Tal zu stürzen.

Fridolins Frau fiel drei, vier Meter von ihm entfernt in eine solche Spalte und entschwand seinem Blick. Er, mit der Last von vier Kindern in den Armen, schaute besorgt in Richtung des reissenden Flusses. Seine verzweifelten Rufe und Stossgebete gingen jedoch im übrigen Lärm unter. «Bloss nicht bis in den Fluss, bloss nicht in den Fluss ...», schrie er fortwährend.

Christine K. Gubler
Tierfehd

1.

«Was um alles in der Welt habe ich in meinem letzten Leben bloss verbrochen, dass ich schon wieder ins Glarnerland fahren muss!»

Gilles Wetter strich sich theatralisch das Haar aus der Stirn, nahm den Kugelschreiber zur Hand und setzte seinen Namen unter den Vertrag. Nur ein leichtes Augenzwinkern verriet, dass er seine Bemerkung nicht ernst meinte.

Er hatte gestern gerade die Zwillinge angezogen, um mit ihnen in den Park zu gehen, als Frau Meier, die ihm jetzt gegenübersass, angerufen und um juristischen Beistand für ihre Cousine gebeten hatte. Die leise Stimme mit dem kaum wahrnehmbaren Akzent kam ihm gleich vertraut vor, und am Ende des Telefongesprächs erinnerte er sich genau an sie: Tan Meier war die aus Thailand stammende Witwe eines ehemaligen Kollegen vom Polizeicorps. Sie hatte damals gelegentlich als Dolmetscherin bei der Staatsanwaltschaft ausgeholfen und sich ausser um die sprachliche Kommunikation immer auch um ein interkulturelles Verstehen bemüht. Mehr als einmal hatte sie versucht, den nüchtern-zwinglianischen Zürchern den Bud-

dhismus und Begriffe wie Karma oder eben Wiedergeburt näherzu-
bringen. Wenn er sich richtig erinnerte, arbeitete sie im Niederdorf in
einem Geschäft, in dem billige Produkte aus dem fernen Osten verkauft wurden. Frau Meier also suchte einen Anwalt für ihre Cousine
Cindy. Diese stehe unter dem Verdacht, einen Mann umgebracht zu
haben.

Frau Meier atmete auf. Nach seiner Bemerkung über die Wiedergeburt war sie sich sicher, dass er sie wiedererkannt hatte und sich an
die Diskussionen erinnerte, die sie vor Jahren auf dem Amt geführt
hatten. Herr Wetter war der Richtige, um ihrer Cousine zu helfen.

«Heisst das, dass Sie den Auftrag annehmen?»

Er nickte.

«Ja, das heisst es. Im Kanton Glarus hatte ich auch schon zu tun
und dieser Fall interessiert mich. Ich habe davon gelesen.»

Vor zwei Tagen war sie auf der Suche nach einem Anwalt auf seinen
Namen gestossen und hatte sich erleichtert an ihn erinnert. Damals
war der stets korrekt mit Anzug und Krawatte gekleidete Beamte eine
Kapazität in seinem Fach, ein hartnäckiger Ermittler, der sich von
niemandem beeindrucken liess.

Als sie jetzt vor einer Viertelstunde das ältere Mietshaus in der
Nähe des Helvetiaplatzes erreichte, blieb sie irritiert stehen und ver-
gewisserte sich noch einmal, dass sie an der richtigen Adresse war.
Hier sollte seine Kanzlei sein? Im zweiten Stock endlich fand sie an
einer Wohnungstüre eine Visitenkarte mit der Aufschrift G. Wetter,
Lic. iur. Rechtsanwalt. Ein Mann in Jeans und Pullover öffnete die Tür
und führte sie, ihren erstaunten Blick ignorierend, zwischen herum-
liegenden Kinderschuhen hindurch in ein Büro. Er bat sie, zwecks of-
fizieller Mandatserteilung ein vorgedrucktes Formular auszufüllen.
Als sie ihm das Blatt zurückgab, sah er sie zuerst mit unbewegter
Miene an, verzog dann den Mund zu einem freundlichen Grinsen und
machte seine Bemerkung über die Wiedergeburt.

Er zog einen Notizblock aus einer Schublade und legte ihn vor sich
hin.

«Lassen Sie mich unser gestriges Telefongespräch zusammenfassen: Vor zwei Tagen tauchte ein Beamter der Kripo Zürich bei Ihnen auf und fragte nach Cindy Legler. Ob sie Sie kontaktiert habe? Sie verneinten. Erst auf Ihr wiederholtes Nachfragen hin bequemte er sich zu der Erklärung, dass Frau Legler als Auskunftsperson bei einem Tötungsdelikt gesucht werde. Als er weg war, versuchten Sie Cindy, von der Sie seit Wochen nichts gehört haben, zu erreichen, doch unter ihrer Handynummer meldete sich niemand. Da riefen Sie die Schwiegermutter ihrer Cousine an, eine Lina Legler in Linthal – ist das korrekt?»

Frau Meier nickte.

«Lina kam mir als Erste in den Sinn. Meine Cousine lebt seit zehn Jahren in der Schweiz und wohnte mit ihrem Mann am Anfang bei dessen Mutter im Tierfehd, ganz zuhinterst im Glarnerland. Ich war oft bei ihnen zu Besuch im alten Bauernhaus, in dem Lina zusammen mit ihrem inzwischen verstorbenen Mann die drei Kinder grossgezogen hatte. Vor etwa drei Jahren zog Cindys Mann mit seiner Frau und den Kindern nach Glarus in ein kleineres Haus. Seither hatte ich Lina nicht mehr gesehen. Als ich sie nun anrief, war sie komplett aus dem Häuschen. Cindy werde von der Polizei gesucht. Sie sei wie vom Erdboden verschluckt. Lina flehte mich an, zu ihr zukommen, nach Linthal, wo sie jetzt wohnt, denn das Bauernhaus hat sie inzwischen verkauft. Da mein Mann Detektiv bei der Zürcher Polizei gewesen war, glaubt sie wohl, ich würde mich in solchen Sachen auskennen.»

Sie presste die Lippen zusammen, räusperte sich und fuhr fort: «Ich machte sogleich mein Geschäft zu, stieg ins Auto und fuhr los.»

«*Ihr* Geschäft?»

«Ja, den Thai-Shop. Mit einem Teil des Rentenkapitals meines Mannes konnten wir ihn kaufen.»

Ein trauriges Lächeln überzog ihr Gesicht. Ihr Mann war einen Monat nach der Pensionierung an einem Herzinfarkt gestorben.

«Wir hatten vor, den Betrieb gemeinsam auszubauen und zusätzlich zu den Thai-Spezialitäten Kunsthandwerk aus meiner Heimat zu importieren.»

Gilles erinnerte sich an die neidvoll-spöttischen Bemerkungen einiger Kollegen bei Meiers Abschieds-Apéro.

«Ich weiss. Er hatte uns mehr als einmal von seinen Plänen erzählt. Sein früher Tod war ein Schock für uns alle.»

Sie fuhr sich über die Augen.

«Auf dem Weg nach Linthal machte ich in Glarus einen Zwischenhalt. Vielleicht war Cindy ja da und nahm nur das Telefon nicht ab. In letzter Zeit ging es ihr nicht so gut. Seit ihr Mann mit den Kindern wieder nach Linthal zu seiner Mutter gezogen ist, wohnt sie ganz allein in dem Haus, ausgerechnet sie, die nicht gern allein ist. Ich läutete, klopfte an die Tür und rief laut nach ihr. Niemand antwortete. Schliesslich streckte im Nachbarhaus eine Frau den Kopf aus dem Fenster, sah mich an und sagte: «Sie ist ausgeflogen, schon seit Tagen. Ich fuhr weiter nach Linthal. Als ich vor Linas Mietshaus ankam, war es bereits am Eindunkeln und mich fröstelte. Deshalb wunderte ich mich, dass die Kinder noch auf der Strasse waren. Ihre Grossmutter habe sie hinausgeschickt, um auf mich zu warten. Es brach mir fast das Herz. Peter, der Älteste, er ist zehn, kickte verdrossen mit einem Ball gegen eine Mauer. Die beiden Kleinen sassen weinend am Trottoirrand. Ich nahm sie mit nach oben. In der Wohnung herrschte ein unglaubliches Durcheinander. Alles lag herum. In der Küche Berge von schmutzigem Geschirr, aus dem Backofen kam Rauch. Lina hatte einen Kuchen im Ofen. Sie sass die ganze Zeit am Telefon, kaum hatte sie ein Gespräch beendet, klingelte es auch schon wieder. Bis sie endlich auf die Idee kam, den Hörer nicht mehr aufzulegen. Sie war verzweifelt. Peter sei ihr über den Kopf gewachsen, die Kleinen gehorchten auch nicht mehr und jetzt noch das mit Cindy! Es sei ihr alles zu viel.»

Frau Meiers Stimme wurde laut.

«Können Sie sich das vorstellen? Diese alte, überforderte Frau soll besser für die Kinder sorgen können als die eigene Mutter!»

«Ich kann Ihnen nicht ganz folgen. Was ...?»

«Entschuldigen Sie. Ich muss weiter ausholen. Cindy und ihr Mann hatten sich nicht mehr gut verstanden und als sie sich trennten, sprach das Sozialamt tatsächlich dem Vater, der wieder nach Linthal zu seiner Mutter gezogen war, das Sorgerecht zu! Früher hätten sie ja auch bei der Grossmutter gewohnt!» Sie schüttelte den Kopf. «Früher! Da hat Jack auch noch nicht getrunken. Und sie lebten in einem Bauernhaus, nicht in dieser kleinen Wohnung.»

«Jack ist Cindys Ehemann?»

«Ja. Früher war er ein netter Kerl, ein lieber Tscholi, wie mein Mann immer sagte. Aber das war einmal … Herr Wetter, diese Hinterländer sind voller Vorurteile! Sie werfen Cindy vor, sie gehe auf den Strich und komme deshalb als Sorgeberechtigte für die Kinder nicht in Frage. Nur weil sie Thailänderin ist! Können Sie sich so etwas vorstellen?» Wütend blickte sie Wetter an. «Und jetzt behaupten sie sogar, sie habe jemanden umgebracht!» In dem Bauernhaus, in dem die Familie früher gewohnt hatte, sei ein Toter gefunden worden. Es gehe das Gerücht, dort sei jetzt ein Bordell, und in Linthal wurde herumerzählt, Cindy habe damit zu tun. «Kein Wunder, dass sie sich versteckt! Sie müssen ihr unbedingt helfen.»

Frau Meier hatte der Schwiegermutter ihrer Cousine versprochen, sich um einen Anwalt zu kümmern, hatte die Kinder ins Auto gepackt und sie vorläufig zu sich nach Zürich mitgenommen. Die alte Frau war erleichtert. Und ihrem Sohn, der verschlafen aus einem Zimmer aufgetaucht war, schien es egal zu sein, was mit seinem Nachwuchs passierte.

«Jack ist psychisch krank. Ich bin nicht einmal sicher, ob er mitgekriegt hat, dass Cindy verschwunden ist. Ich glaube, er hat gar nicht begriffen, dass sie gesucht wird. Er zeigte keinerlei Interesse. Die Kinder haben noch zwei Wochen Herbstferien und so hoffe ich, das Sozialamt ist damit einverstanden, wenn sie jetzt bei mir sind.»

Frau Meier stand auf.

«Ich muss gehen. Sie warten in meiner Wohnung. Wir gehen dann alle zusammen in mein Geschäft. Sicher wird sich Cindy bald bei mir melden. Ich bin froh, dass ich sie dann an Sie verweisen kann. Vielen Dank, Herr Wetter, dass Sie uns helfen.»

Er versprach, als erstes mit der Glarner Polizei Kontakt aufzunehmen und begleitete seine Auftraggeberin nach unten. Auf der Strasse drehte sich Frau Meier nach ein paar Schritten nochmals um, betrachtete suchend die Hausmauer und sagte:

«Ich hätte Sie fast nicht gefunden.»

Er grinste verlegen und nahm sich vor, trotz des zu erwartenden Protestes seiner Frau ein Schild anzubringen, das auf seine Kanzlei hinwies.

Diese Geschichte interessierte ihn wirklich. Sogar in den Zürcher Gratiszeitungen hatte es der *Mord im Puff* auf die Titelseiten geschafft. Aber auch sonst hätte er das Mandat kaum abgelehnt. Er konnte es sich nicht mehr leisten, wählerisch zu sein. Nach seinem – wie er stets betonte: freiwilligen – Ausscheiden aus dem Staatsdienst liess der beruflich erhoffte Erfolg auf sich warten. Zuerst hatte er sich einem Anwaltskollektiv angeschlossen. Doch die interessanten Fälle rissen seine Kollegen mit dem Recht der Älteren an sich und für Streitereien zwischen Exgatten über Besuchsrechte und zwischen Nachbarn über illegales Deponieren von Hundeexkrementen konnte er sich nicht wirklich erwärmen. Nach einem Jahr verliess er die Gemeinschaftskanzlei und richtete sich in der Altbauwohnung, in der er seit seiner Kindheit lebte, ein provisorisches Büro ein – nach langer Diskussion mit seiner Frau und dem Versprechen, sobald es finanziell drin liege, für die Familie am Stadtrand ein Haus mit Garten zu suchen. Seit drei Monaten lebten sie vom Gehalt seiner Frau. Er wartete auf Klienten und kümmerte sich häufiger als geplant um die beiden dreijährigen Mädchen.

Nach dem gestrigen Telefongespräch mit Frau Meier hatte er am Abend beim monatlichen Stamm Fridolin Hauser, einen Studienkollegen, der als freiberuflicher Journalist im Glarnerland lebte, auf diesen Mord angesprochen. Der Fall sorgte natürlich auch dort für Schlagzeilen. Fridolin hatte ihn mit lokalen Details vertraut gemacht: Ein Bordellbesitzer war vor drei Tagen in einem seiner Etablissements im hintersten Glarnerland erschossen aufgefunden worden. Die Spatzen pfiffen es von den Dächern: Als Täterin komme eigentlich nur eines seiner Mädchen in Frage: Cindy Legler. Dieser Auftrag dürfte spannend werden.

Zurück in seinem Büro suchte er sich die Nummer des Glarner Polizeichefs heraus. Er hatte schon in früheren Fällen mit ihm zusammengearbeitet und wollte nun aus erster Quelle erfahren, warum Cindy Legler gesucht wurde. Was genau wurde ihr vorgeworfen? Stand sie offiziell unter dem Verdacht, den dubiosen Geschäftsmann umgebracht zu haben?

Ungeduldig wählte er die Nummer.

Ralph Tharayil
Nimm die Alpen weg

Wir wollen nicht aufhören zu zählen.

Wir zählen und denken an Ma und Pa, wie sie ihre Füsse
aufweichen im Bad, wie sie alles klein schreiben, ausser
uns.

Wir wissen jetzt, dass Ma und Pa uns nie verstreuen
werden wie alte Asche.

Bis *bald*, schreiben wir auf einen Zettel und kleben ihn
auf den Kühlschrank, wir zählen.

Wir zählen ich und zählen du, wir
Kinder sind erst eine Gottheit, bis wir zu zwei Göttern
werden und wir kleben uns auf den Kühlschrank mit dem Zettel:

Damit ihr uns für immer unterscheidet von euren Träumen.

Es ist früh und es ist spät.
Ma und Pa schlurfen im Schlaf.

Es ist egal.

Wir kleben jetzt auf dem Kühlschrank und es zählt.

Jemand schleicht mit Blumen um die Kirche, alles ist
gleichzeitig still.

Y wartet vor unserem Haus.

Wir nehmen das Taschengeld aus Pas Portemonnaie und
holen Essen aus dem Kühlschrank. Wir nehmen Toastbrot und
Lyoner und Scheibenkäse verpackt in Tupperware und
vergraben unsere Telefone im Garten von Ma und Pa.

Unsere Velos haben keine Luft, Y hat kein
Zelt.

Alles macht sich geschehen.

Wir atmen kurz ein und länger aus und fahren
los. Y hat eine Taschenlampe, er sitzt auf dem Gepäckträger.

Im Schulsack ist das Essen.
Im Schulsack sind das Radio und die Kassetten mit unseren
Entschuldigungen.

Wir wollen wegbleiben von Ma und
Pa, solange es geht.

Wir legen uns in die Kurve und Y schreit:
Ich bin dabei.
Wir wollen wegbleiben, soweit
es geht.

Am Tag fahren wir weiter, am Abend hören wir
damit auf.

Y sitzt vorne und ich
sitze hinten.

Manchmal tauchen die Gleise auf, wir kennen sie vom Bahnhof.

Y steht auf vom Sattel und strampelt, auch wenn es gar nicht
bergauf geht.

Du schaust zurück.

Nimm die Alpen weg, rufen wir und
machen Spass.

Es geht immer
bergauf.

Wir sind nicht mehr das Ding in euch und niemand macht
uns aus, ausser wir, sagen wir und streichen Y morgens über
die Lider.

Ma hat Recht.
Unsere Augen sind wie Kirschen und unsere Zähne sind
wunderschön.

Wir haben Recht, unsere Augen sind schwarze Löcher und
Y
stimmt uns zu.

Er kennt jetzt fast so viele Wörter wie wir.
Er braucht sie nicht, damit er uns zustimmen kann.

Wir gehen in einen Laden und Y fragt die Verkäuferin
etwas, das er schon weiss, damit wir Brot und Käse
mitnehmen können.

Wir nehmen Brot mit und Käse und Chips.
Es klappt.

Beim Abendessen müssen wir nicht reden.

Wir stopfen uns das Maul mit sauren
Zungen.

Alles geht uns von der Hand.

Wir sind weitweit hinter dem Bahnhof, beim Gras.

Das Gras ist hoch und unsere Velos machen es flach. Wir sitzen auf unseren Jacken und alles tut so, als läge es weit zurück, wir erinnern uns nur im Gegenlicht.

Wir haben alles gleich gegessen mit der Hand und Y umarmt uns in einem Moment der Hitze.

Wir glauben, dass etwas vibriert.
Wir irren uns.

Ma und Pa können uns nicht mehr anrufen. Unsere Telefone klingeln nur noch unter der Erde in ihrem Garten.

Warum hast du dein Telefon mitgenommen, fragen wir Y uns seine Ohren werden rot.

Wir wühlen im Dreck, bis uns alles unter den Nägeln brennt, wir begraben sein Telefon.

Es gibt keinen Grabstein und
er ist nicht weiss.

Wir bauen ein Zelt aus Holz und machen die Taschenlampe
an der Decke fest.

Wir lassen uns nicht locker.

Wir spielen nicht *Haareschneidehochzeit*, wir sind keine Kinder
mehr.

Wir sehen die Narben von Y, auf seiner Schulter. Wir fragen ihn
alles, bis er nichts mehr
sagt.

Eure Schwäche passt in meine Stärke, wie eine
Hand, seht ihr das?

Ja, sagst du und wir trauen uns.

barekhmorekyrieleison

Wir spielen
Hochzeit.

Ich erkläre uns alle zu Mann und Frau.

Dann suchen wir im Radio das Lied über Liebe.

Es ist ein anderes.

Wir wechseln uns ab, wenn wir den Rucksack tragen.

Er ist immer schwer mit den Kassetten. Sie schauen oben raus, wie die Bergspitzen oben rausschauen in den Himmel.

An der Tankstelle holen wir Luft für unsere Velos.

Wir wollen die Kassetten loswerden und
Y hat gute Ideen.

Keine klappt:

Im Stausee können unsere Entschuldigungen schwimmen und im Gras zwischen den Felsen kann sie jemand finden. Unter der Erde liegen schon unsere Telefone und wir wollen unsere Entschuldigungen nicht schlucken.

Dann tauchen zwischen den Bergen die Gleise wieder auf.

Y legt sein Ohr auf das Gleis. Der Zug kommt noch nicht, sagt Y und wir legen die Entschuldigungen auf die Schienen.

Der Zug kommt.

Y schreit, wir sind vorbei, und du lachst, bevor alles laut wird.

Alles wird lauter und wir fahren so schnell mit den Velos wie noch nie.

Wenn wir uns beschreiben, sehen wir die Zunge von Y.

Wir liegen im Zelt und spielen
mit dem Licht.
Wir sind von Zeit zu Zeit.

Ich fahre euren Zungen nach, es ist etwas
dabei.

Es ist nichts dabei.

Wenn wir beschreiben, wo wir sind, dass wie so weit gefahren
sind mit unseren Velos, dass wir immer schwitzen, weil überall
Kurven sind wie Haarnadeln, dann ist da nichts dabei.

Wir hören Ma und Pa, sie sagen:

Passt auf euch auf, ihr habt alles, was ihr
habt aneinander.

Es stimmt nicht.

Wir haben uns und wir haben
Y und er ruft uns bei unseren Namen.

Am Morgen fällt das Holz um.

Der Polizist steht vor unserem Zelt, er hat uns gefunden ohne
Telefon.

Ich habs euch gesagt, sagt der Polizist mit seiner Hand am
Gurt, noch einmal, sagt er und zieht uns raus.

Draussen stehen zwei Autos und die Sirenen sind blau und still
genau wie der Himmel.

Wie könnt ihr vergessen, woher ihr kommt, sagt Ma
in unserem Kopf, vergessen, was am Anfang war, sagt Pa.

Am Anfang waren die Worte, sagen wir und
wer erzählt, der stirbt.

Y schaut uns an und
wir schauen zurück aus einem Polizeiauto in das andere.

Wir können uns
kaum berühren.

Wir sitzen uns im Nacken.

Tim Krohn
Frühling auf Fessis

Das Glarnerland liegt in den Bergen, wie eine Axt im Scheit bheggt. Der Talboden ist selten breiter als einen Steinwurf oder zwei, manchmal auch nur ein Schlitz ganz ohne Boden, daneben und dahinter gehen die Felswände in die Höhe, stotzig, gar überhängend, bis in den Himmel und weiter. Einen Schlitz nennen die Eingesessenen das Tal daher auch, das eigentlich nicht eines ist, sondern zwei, oder noch eigentlicher zwar eines, das sich aber zmittst gabelt, so wie ein tanniges Wettergäbeli sich gabelt. Die beiden Äste heissen das Grosstal und das Kleintal, dabei sind in Wahrheit beides munzig kleine Täler und verlotteret dazu, und ständig troolen Trämel z'Tal und verschlagen die Hüttli, und mit dem Regen schwemmt es Steinigs durab, danach staut sich das Wasser, der Talboden ist überschwemmt und eine einzige Günte, das Fieber kommt übers Land, und am End ist das halbe Glarnerland verräblet. Oder es kommt die Pest, oder die Dürre, ständig kommt etwas, und die Glarner lernen daraus rein nüüt und machen weiter wie zuvor und bauen ihr Hüttli auch ein zweites und drittes Mal, aber fädig unter dem Lauihang oder holzen just an der Stelle, an der es schon den halben Berg z'Tal geschwemmt hat. Und immer finden sie einen Nachbarn, der schuld ist an ihrem Elend, damit sie selbst nicht schuld sind, und besonders, wenn der Nachbar ein fremder Fötzel ist. Dann heisst es sofort, der sig mit dem Tüüfel im Bund, und ein Venediger muss den Zauber bannen, oder der fremde Fötzel wird erschlagen oder verjagt, und danach geht alles weiter wie davor, wahrscheinlich auf ewig.

Und z'Trotz trieb in einem kalten Maien ein Fremder unverdrossen seine Herde Kühe vom Flachen her in den Glarner Schlitz hinein, so als warte dem Veh dort saftiges Futter. Dabei lag noch alles unter Schnee und Pflotsch, und es schneite und regnete auch am säben Tag, und wo der Fremde entlang ging, kamen die Bauern an den Weg und pfuttereten, was der Galöri sich denke, ihnen asen früh die Kühe für den Alpsommer zu bringen, als hätten sie nicht längst alles Heu verfüttert, und dass an den Hängen heuer nüüt wachse, gsäch er doch selber, sie wären mit dem eigeten Veh schon genug in der Not, Tatsächlich stägereten rings nur auf Haut und Bein abgemagerte Kühe über die Weiden, dort scharrten sie z'hürchletsen den Schnee nach einem faulen Hälmli vom Vorjahr auf. Aber der Fremde, der ein Spränzel war mit langen Scheichen und durchscheinenden Ohren, schlug stumm den Kragen hoch und beinlete an den verpfnüsleten Bauern vorbei, und erst als er Glarus erreichte, stand er kurz still.

Denn da kam wieder ein Bauer an den Wegrand, einer mit einem Rücken wie ein Tenntor, doch statt zu pfutteren, fragte er, ob der Fremde nicht gschwind well auf ein heisses Kaffi unter Dach kommen, er heig gewiss den Chlummeri in den Fingern, und seine schönen Tiere wollten auch ruhen.

Das war der Tschudi vom Tschudihof ob Glarus, der gleich gesehen hatte, welch buspere Kühe der Fremde vor sich her trieb, mit leichten Grinden und feinen Hörnern und breitem, appartigem Euter, und chäche Hintere hatten sie und die Ohren hoch und flammig fast wie Rehe. Und weil der Tschudi ein umsichtiger Bauer war, hatte er dem langen, zähen Winter zum Trotz noch Heu im Stock und bot dem Fremden graduus an, er well die Herde kaufen.

Der Fremde meinte jedoch, die könne er nicht verkaufen, mit der müsste er selber wirtschaften, und auch den Chlummeri heig er wohl, aber sie hätten vor dem Einnachten noch so viel vor, dass es für ein Kaffi will's Gott nicht lange. Und so dankte er nur und trieb seine Herde tiefer ins Gfogg hinein, während die Bauern zum Tschudi liefen und wissen wollten, was die zwei geschnurret hätten, und danach werweissten sie, was einer, der hier weder Hof noch Weide hatte, sein Veh in ein nüüteligs, verfrornigs Tal trieb, aus dem kein Weg führte als der, den er gekommen war.

Der Fremde trieb derweil die Kühe ohne Rast bis zu den Sümpfen vor Untersool. Dort richtete er den Tschoopen, strich sich den Schnee aus dem Haar und stieg den Stotz hinauf nach Sool, wo er die Herde beim Dorfbrunnen liess und aufs Amt ging. Als er nach einer halben Stunde wiederkam, kaufte er noch im Dorfladen ein Fass Salz und zwei Sack Mehl, dann stieg er mit den Kühen weiter bergwärts, fäddig in Eis und Wetter hinein, derweil der Gemeindeschreiber Muggli in den «Bären» preesnete, wo im Winter all die Sooler Bauern hockten und lang schon vom Fenster her geplilinet hatten, und verzellte, der fremde Fötzel heig gad den verlottereten, verfluchten Fessishof erstanden, und um lötigs Silber, und dazu heig der Teiggaff noch gemeint, er gedenke hier zu bleiben seiner Lebtig, und der Schreiber sell ihn afed als neuen Bürger ins Gemeindebuch schreiben.

Was da der Muggli verzellte, gab ein zünftiges Glächt bei den einten, so sell ihm doch das Veh verhungern und erfrieren ob all dem Schnee oder vertroolen im Gestrüpp und losen Steinigen, meinten sie, andere meinten, der Tüüfel würde den fremden Fötzel noch vor dem anderen Morgen vertreiben, und zuletzt rief der Gemeindeschreiber gar eine Werte aus, ob der Siech die Nacht auf Fessis überstünde oder noch hinecht Reissaus nähmt.

Zwei Stunden später war der Fremde tatsächlich wieder im Dorf, doch als der Muggli schon den Gewinn einstreichen wollte, musste er sehen, dass der andere nur nochmals in den Dorfladen ging, dort kaufte er eine schwere Axt und stieg wieder in den wetterverhangenen Stotz hinein.

Und am selben Abend noch drehte der Wind, Föhn kam auf und vertrieb die Wolken. Über die Berge kam ein Abendgluet wie das Erröten von einem verschämten Jümpferli, und fast im Gleichen prätschte von Fessis herab ein Axtschlag und hallte am Glärnisch wider und war zu hören bis weit talauswärts. Ein zweiter folgte, und so prätschte es danach die halbe Nacht so stetig, als schlüge einer dem Frühling den Takt, und der Föhn blies fort und wurde wärmer und endlich so süttig, dass bis zum Morgen der Schnee bis über die Maiensässe hinauf geschmolzen war und zänntummen das Gras ausgeschossen, und mit dem ersten Morgenlicht tätschte es Primeli und Maienblumen auf, und endlich wagten sich auch die Amseli und die Schwalben in die Luft und metzgeten um den schönsten Ecken für ihre Nester, und die Hummeli schneuggten von Katzentääpli und Glockenblumen und taten überstellig wie Goofen.

Wenn das Glarnerland aussieht wie ein Wettergäbeli, lag Fessis dort, wo das Ästli sich gabelt, zur einen Seite tat sich das Kleintal auf, zur anderen das Grosstaler Hinterland und zur dritten das Unterland. Und wohl lag Fessis höher am Berg als jeder andere Hof, höher gar als die meisten Maiensässe, doch weil rings die Berge sich öffneten und der Himmel so weit war, schien stets von irgendwo die Sonne auf die Flanken, und das Wildheu wuchs dicht und saftig wie sonst nieneds und mit Gräsern und Kräutern, für die hatten die Glarner nicht einmal Namen.

So war es in früheren Zeiten den Fessisbauern ein Leichtes gewesen, mit Frau und Kind und Veh z'Berg zu überwintern, und in Reichtum, denn ihr Käse war der beste weit und breit und meist schon vor dem Herbst um gutes Geld verkauft.Erst vor hundert Jahren geschah das Unglück, dass eine Tochter des Bauern beim Heuen die Heugabel aufrecht in der Erde bheggen liess, solange sie sägetste, wie man es eben macht. Doch als das Jümpferli dann das Heu tschöchelen sollte, konnte es die Heugabel ums Verroden nicht aus dem Boden rupfen, es musste ebigs schränzen, bis sie sich endlich aus der Erde löste, und mit der Heugabel kam der halbe Boden mit, und in der Tiefe funkelte es von Gold und Edelstein, und das Jümpferli staunte und fand es ein ebigs schönes Lugen und wollte schon zulangen, als zeinersmal der Hörelimaa in der Grube stand und meinte, hä ja, es sell nur ordeli zulangen, und ihm gar selber von dem Gold reichen wollte. Doch das Jümpferli war asen veschrocken, dass es laut «Jesses Mariili!» rief, wie es das immer tat im Verschrecken, und danach musste der Hörelimaa wohl oder übel fort und pfutterete wohl noch einen Weil, dass das Jümpferli auch gescheiter sein Gold genommen hätte als sich dem Herrgott anbefohlen, der nämlich löhne für ihre Seel keinen Rappen, aber dann war er von der Alp und liess sich nicht wieder blicken.

Das Jümpferli blieb allerdings vertrüllet und vergesslich und sprach kaum noch ein Wort, und es machte auch nie mehr einen Schritt fort von Fessis, obwohl ihm nadisnah die ganze Familie starb und es allein zurückliess, und mit den Jahren verkam die Alp, weil das Jümpferli längst zu alt war zum Buurnen. Und all Jahr fiel Steinigs vom Gufelstock auf Fessis nieder, und wo auf den Weiden einst Mutteri und Hungblumen gewachsen waren, standen bald nur noch Fideri und Blätschgen. Und irgendeinmal brannte vom Blitz der Stall ab, und das Schöpfli frassen die Würmer, und das Hüttli wurde grab und eischier und verkeite nadisnah, und die Brombeeren wuchsen darüber, und der Schnee drückte das Dach ein. Die letzten Jahrzehnte lebte das altledige Fraueli ganz verhuschelet in einem Eggli, mit numen noch einem einzigen verrupften Geissli, das endlich z'beeggetsen auf Sool gelaufen kam, und da wussten die Glarner, das Jimpferli war gestorben. Hundert war es geworden. Und nicht einmal jetzt fand es seinen Frieden, denn im Tod trug es am Finger zeismal einen goldigen Ring, den hatten die Glarner davor nicht an ihm gesehen, und weil danach das Gerücht ging, das Jümpferli heig all die Jahre über mit dem Tüüfel als seinem Schpuusi auf Fessis gelebt, begrub es der Herr Pfarrer nur vor der Friedhofsmauer.

Fortan blieb Fessis verlassen, selbst das chüschtige Futter von den Wildheuplanggen liessen die Bauern verkommen. Die Alp sig ds Tüüfels, hiess es nur noch, und versprang von den Nachbaralpen ein Stierli oder eine Geiss und lief auf Fessis, mussten die Sennen ihre Vehbuben mit Schlägen über die Alpgrenze treiben, damit sie ihm nachstiegen und es heim holten.

Von fremden Mächten bekam der neue Fessisbauer allerdings nichts zu fühlen. In schönstem Maienwetter, in einem Ghürsch von Summervögeln und Biendli schönte er in den kommenden Wochen die unteren Weiden ab und rodete das Bödeli vor dem Hüttli, er sägte Bretter und zimmerte Balken und baute den Kühen einen Unterstand, auch Steine hieb er zurecht und besserte damit das Hüttli aus. Stets bis weit in die Nacht und bereits wieder lange vor dem Morgengluet hörten die Glarner ihn werken und wunderten sich zwar ob seinem Fleiss, doch weil kein Übel übers Tal kam und auch der Fessisbauer selber sich nicht blicken liess, vergassen sie ihr Wäffelen über den Fremden, und bald war ihnen das Klopfen und Töggelen so vertraut wie das Singen der Vögel in den Bäumen und das wütige Chrosen der Linth, in der in säben Tagen von allen Stotzen her das Schmelzwasser nidsi fuhr. Wenn nachts das Pöpperlen auf Fessis anhub, weckten sie ihre Frau und hiessen sie aufstehen und einfeuern und meinten, der Fessisbauer schlage amel schon wieder den Morgen an.

Der einzige, den der Fessisbauer besuchte, war der Joggel Marti, der hatte seinen Hof nicht weit von Fessis z'Tal an der Sernf. Der Fessisbauer hatte eine Brente mit abgerahmter Milch gebuckelt und meinte, er finde zum Käsen noch nicht die Zeit, und bevor ihm die Milch verderbe, well er sie lieber dem Joggel Marti zu verkäsen geben.

Da durchfuhr den Joggel Marti erst der Schreck, was, wenn die Milch des Tüüfels wäre, dachte er. Doch seine eigenen Kühe gaben nach dem strengen Winter so wenig Milch, dass es zum Käsen kaum noch vertlohnte, und so sagte er nicht fädig nein, sondern meinte listig, hei, wie das Wetter due umgeschlagen heig, just mit des Fessisbauern Ankunft, das heig ihn ja fast wie Tüüfelsplunder gedünkt, und danach wartete er, was der Fessisbauer dazu sage.

Der lachte aber nur und meinte, hätte er in seinen jungen Jahren als Wildheuer im Wallis nicht das Wetterlesen gelernt gehabt, hätte ihn schon tuusigsmal der Blitz erschlagen, und dass vom Tödi her der Föhn drücke, heig man im Fall noch zu Zürich unten gerochen.

Dann hiess er den Joggel Marti von der Milch kosten, und der hatte seiner Lebtig keine bessere Milch getrunken und hätte noch so gern damit gekäst. Er könne den Fessisbauern nur leider nicht bezahlen, meinte er, der lange Winter heig ihn geradewegs z'Armentagen gebracht.

Der Fessisbauer verlangte aber nicht mehr als ein Vergeltsgott für seine Milch, und wenn der Joggel Marti ihm dazu noch ein Stündli lang well helfen, das Hüttendach frisch zu (lecken, so meinte er, wäre die Milch mehr als wie gelöhnet.

Von nun an brachte er dem Joggel Marti all Abend eine Brente voll Milch, und paar Tage später kam der Joggel Marti. auch zum Helfen auf die Fessis Alp und wunderte sich lauthals, wie süüferli bereits die Flanken geschönt waren und „las Bödeli umzäunt und die Wände am Hüttli geflickt, und ein frisch gezimmertes Bänkli stand vor der Tür, und die Kühe hatten schon ihren Unterstand. Doch der Fessisbauer wollte kein Lob hören und stieg nur stumm aufs Dach und hiess den Joggel Marti ihm die Schindeln reichen, danach schnurreten sie kein Wort mehr. Und selbst als das Dach gedeckt war, meinte der Fessisbauer nur, er würde ihm ja gern ein Gläsli reichen, nur leider wäre er pressant, seine Herde müsste noch vor dem Regen auf die obere Weide, sonst vertschlipfe ihm beim Aufstieg im nassen Gras am lind eines, die Kühe wären das stotzige Gelände noch nicht gewohnt.

Als der Joggel Marti obsi lugte, war aber der Himmel tätschblau und ohne alle Schlirggen, und beim Abstieg wäffelete er über den Geizknäpper und fand, ein Gläsli Weissen hätte er wohl verdient gehabt. Doch als er aus dem Hohwald herauskam, sah er, wie ob dem Tödi sich eine Föhnmauer türmte wohl tuusigs Schritt hoch, und noch bevor er wieder zu Sool war, prätschte ein Regen durab, als heig der Herrgott im Himmel seine Waschgelte überleert.

Er konnte sich eben noch in den «Bären» retten, und dort verzellte er allen von ds Fessisbauers Künsten im Wetterlesen und im Zimmern und Maurern, und der Gemeindeschreiber Muggli rief zwar dazwischen, das müsste auch erst bewiesen werden, dass all säb der Fessisbauer selber gemacht heig und nicht vielmehr der Hörelimaa, aber nachdem der Joggel Marti gemeint hatte, er heig ja mit eigeten Augen gesehen, wie geschickt der Fessisbauer sein Dach gedeckt heig, fanden auch die anderen Sooler, der Fessisbauer sig einen bitz maulfaul und menschenscheu, aber dängg schon ein ehrlicher Chrampfer. Nur der Gemeindeschreiber Muggli zündete auch fortan gegen den Fremden und meinte, im Sommer würden sie es schon sehen, dann würden die Talbauern nämlich ihre Herden zum Sömmern vergeben, und gewiss würden heuer alle ihr Veh auf Fessis bringen wollen in der Hoffnung, es käme im Herbst so schön und pützlet zurück wie dem Fessisbauern seine eigete Herde, und die alteingesessenen Älpler hätten das Nachsehen.

Doch als der Joggel Marti einmal den Fessisbauern beim Milchfassen fragte, wie er es heuer eigentlich mit Alpnen well halten, er würde doch gewiss Zusenn und Vehbub dingen und ein währschaftes Sennten z'Berg nehmen und selber käsen, da meinte der Fessisbauer, für die Vehwirtschaft wäre ihm das nächste Jahr noch früh genug, heuer well er nur in die Wildi gogen heuen. Auf Fessis heig es asen gutgräsige Planggen, und die Glarner könnten paar mehr Arveln Heu im Winter schiints auch gut gebrauchen.

Das hörten die Sooler gern, und nicht einmal der Muggli wollte danach noch rüsslen. Aber z'Trotz hatte der Fessisbauer im Tal nicht nur Freunde. Als er eines Nachts in eine der obersten Flanken am Hächlenstock stieg, um mit dem ersten Licht zu heuen, chräsmete dort schon einer im Hang, ein junger Knecht mit einer grossen Hutte auf dem Buckel, und war just die Pflänzli am günnen, um deretwegen die Kühe auf Fessis ihre süsse Milch gaben, die Frauenschüeli und das Brandknabenkraut und den Schwälbliwurz-Enzian. Und zwar entschuldigte er sich, als der Fessisbauer meinte, die säb Flanke wäre im Fall sein eigen, und lief ohne Anstände ab der Alp. Aber schon am anderen Tag pöpperlete er den Fessisbauern aus dem Hüttli und stellte sich vor als der Fränz von Glarus und Gehilfe vom Doktor Tuet, und als der Fessisbauer fragte, was er well, verzellte der Fränz, er günne drum dem Doktor Tuet schon seit mängem Jahr seltene Pflänzli, und der Doktor Tuet koche daraus seine Medizin und praktiziere wahre Wunder an den kranken Glarnern, aber die seltensten Pflänzli wüchsen just auf Fessis und nieneds sonst im Glarnerland, und so bat der Fränz im Auftrag vom Doktor Tuet, dass er auch künftig die säben Pflänzli dürfe günnen, den kranken Mäntschen zuliebe.

Darauf meinte der Fessisbauer aber, sein Veh wäre ihm nicht minder wichtig als die Mäntschen, und drum blüben die Pflänzli stehen und würden mit ins Futter geheuet, und wenn z'Tal einer wirklich so krank wäre, dass er ohne Frauenschüeli oder Knabenkraut müsste veräblen, so schenke er ihm gern eine Hampflen Kraut, aber nie und nimmer liesse er sie einem Tokter, dass der danach aus der Kranken Säcke ein Vermögen züche.

Am dritten Tag kam der Fränz nochmals, säb Mal brachte er Geld und einen verschlossenen Brief, in dem der Doktor ‹Tuet schrieb, er heig zwar noch jede Medizin im Vorrat, aber im Hinblick auf die Zukunft well er hiermit den Fessisbauern zum Pflänzli-günnen anstellen an ds Fränzes statt. Der Fessisbauer fragte danach den Fränz, ob er wüsste, was sein Meister geschrieben heig, und als der Fränz es nicht wusste, gab er ihm den Brief zu lesen und riet ihm, sich einen besseren Meister zu suchen. Dann schickte er ihn mit dem Geld wieder nidsi und hielt die Sach für erledigt.

Franz Böni
Alle Züge fahren
nach Salem

Es war ein unendlich langer Eisenbahnzug, und Nowak war in den
Korridoren unterwegs, schaute in die einzelnen Abteile, ging gar
durch den Gepäckwagen, ständig auf der Hut vor den Schaffnern.
Wenn sie nämlich in einem Abteil drin waren, musste er rasch vorü-
berwischen. Das war kein Fahren, das war ein Gehen in einem internationalen Zug.

Schliesslich die verstaubten Türen und Fenster im Bremswagen,
der bekannte Streckenabschnitt, wo der Zug anhält. Nowak konnte
nicht zurück, er war von Schaffnern eingekreist, er musste ausstei-
gen. Er ging am Stellwerk vorüber, konnte sich auf dem Bahntras-
see nicht blicken lassen, stieg in den auf dem Nebengleis stehenden
Bummelzug, durchschritt die Waggons, sah auf dem Nebengelei-
se den internationalen Zug, wartete, stieg wieder aus und zurück
in den richtigen Zug; die Zugschlange setzte sich in Bewegung,
die Schaffner waren durch, ruhten sich aus. Versteckte sich im
Bremswagen, traf dort andere Schwarzfahrer. Es waren auch mehrere Kontrollbeamte, Zivilpolizisten in den Korridoren unterwegs,
die versuchten, die Schwarzfahrer in die Enge zu treiben. Diese ver-
bargen sich nun in den Waschräumen, was einer Falle gleichkam.
Nowak verliess sie, als Einzelner fiel er weniger auf. Endlich war

der Zielbahnhof erreicht, die Fahrt war anstrengender als ein Fussmarsch gewesen.

Die Sonne brannte durch die Glaswölbungen auf die Passage. Nowak überquerte ein Geleise. Der Komposition entlang, die nur aus einem Personenwaggon und Güterwagen bestand, schritt er, suchte nach einem Schild, das die Destination des Talzuges anzeigte, da setzte sich dieser in Bewegung, rollte aus dem Bahnhof hinaus, kein Zweifel, das wäre der Anschlusszug gewesen. Der ganze sonnige Tag im Eimer.

Nowak hatte eine riesige Wut, warum war nichts über die Lautsprecher, die an den Pfeilern hingen, ausgerufen worden. Am Ende des Perrons stand der Bahnhofvorstand, er hatte die Aufgabe, darauf zu achten, dass jeder Reisende in den richtigen Zug fand. Nowak ging in die Schalterhalle, stellte sich an den Korpus und verlangte den höchsten Beamten, den Bahnhofdirektor. Breitbauchig kam dieser daher, den Schlips mit einer Goldklammer am Hemd befestigt. Nur stossweise konnte Nowak sein Anliegen, also seine Beschwerde vortragen, die Empörung nahm ihm fast den Atem. Doch der Angeredete entschuldigte sich mit den Worten, dass er nur ein niederer Angestellter sei, Nowak solle seine Beschwerden dort unten beim Kollegen am Ende des Korpus wiederholen. Nowak wartete dort, bis dieser zweifellos hohe Beamte Zeit für ihn fand, und stiess erneut wirr Worte hervor: Mein Anschlusszug!

Der Bahnhofvorstand! Wichtige Konferenz in Sulzstadt verpasst! Die Zeit verging, es fuhr kein weiterer Zug, wo war der Bahnhofdirektor.

Es kam eine kümmerliche Erscheinung zwischen den Fahrkarten-Regalen hervor: Armschoner, schmutzige, verschossene Arbeitsbluse. Sicher ein niederer Beamter. Doch hörte er mitfühlend an, wie Nowak befahl: Sofort den Bahnhofvorstand entlassen! Ich sitze in Dachlissen fest! Was soll ich hier! Katastrophe! Muss zurückfahren!

Aber wieso erzählte Nowak das alles, es nützte nichts, der Bahnhofdirektor musste endlich her, der erste, der dicke Beamte hatte sich verstellt, er war es gewesen, hatte aber die Beschwerde nicht entgegennehmen wollen und ihn abzuschütteln versucht mit einem billigen Verstellungs-Trick. Er hatte die entstehende Arbeit und die Konsequenzen gefürchtet. Er musste sich beruhigen. Höflich verlangte er den Bahnhofdirektor. Er würde ihm ruhig und in gepflegter Ausdrucksweise seine Wünsche unterbreiten, sein Problem sachlich darlegen. Drei Stunden stand er schon in der Halle, die Sonne begann zu sinken. War denn sein Ruf nach dem Direktor nicht hinauf bis in dessen Büro gedrungen? Da durchfuhr ihn die schreckliche Offenbarung, der Graugekleidete, der Unscheinbare war es gewesen.

Wenn ich in den Zügen schwarzfahre, ducke ich mich nicht in die Bankecke und schaue krampfhaft weg vom Kondukteur zum Fenster hinaus.

Ich ziehe die Jacke aus, kremple die Hemdärmel hoch und lümmle mich mit ausgestreckten Beinen auf die Bank, die Schulter und den Arm halb im Korridor, schaue dem Kondukteur frech ins Gesicht. Er knufft mich zur Seite, denkt ist das ein Rüpel, während ich gelangweilt vor mich hinstarre, als würde ich schon stundenlang reisen, die Fahrt jedoch endlos wäre. Der Kondukteur lässt seine Aggressionen an einem Halbwüchsigen aus, der mit der Fahrkarte die Fingernägel reinigt: Die einen putzen sich die Fingernägel, die anderen wischen sich den Schweiss von der Stirn, und wir Kondukteure müssen dann die Fahrkarte in die Hand nehmen.

Zum erstenmal schwarzgefahren bin ich als Zehnjähriger mit meinem Bruder. Wir stiegen nicht offen in einen Waggon ein, denn der Kondukteur beobachtete vom Bahnsteig aus, wer in welchen Waggon einstieg. Wir kamen nicht vom Bahnhof her, sondern von der Textilfabrik. Es war in Kollbrunn, beim Fabrikweiher waren die Barrieren runtergelassen, in den Weihersträuchern warteten wir, bis der Zug anfuhr. Dann kletterten wir beim hintersten Waggon auf die Plattform. Wir traten nicht in den Waggon ein, denn nun war ja der Kondukteur auf seinem Kontrollgang. Erst bei der zweiten Ortschaft, also in Sennhof, stiegen wir ein und setzten uns gelangweilt unter die Fahrgäste, als sässen wir seit Saland im Zug.

Zweite Reise

Am Ende des Obersees breitet sich ein Niemandsland aus. Der Reisende im Zug weiss nicht, gehört dieses Gebiet zu Sankt Gallen, zu Schwyz oder zu Glarus. Da noch manchmal Torf gestochen wird, erheben sich verstreut Moorhüttchen. Die schäbigen Häuser in der Ebene sind oft für nur hundertfünfzig Franken zu mieten. Wenn man aber einem Städter ein solches Haus anbietet, wirft er entsetzt die Hände in die Höhe; es ist eine Abstellgleis-Region, eine Inzest-Landschaft,

Als meine Tante ihr Haus in Herisau verlassen musste, wurde ihr ein Haus in dieser Ebene angeboten.

Sie zog es vor, nach Österreich auszuwandern, und lebt seit zehn Jahren glücklich in Kärnten. Am Fels steht eine Salamifabrik, die ständig in Prozesse verwickelt ist. Die Rauchsalami werden nicht in Kaminen geräuchert, sondern mit Chemikalienflüssigkeit aus Holland bestrichen. Der Besitzer kauft Schwarten in allen Metzgereien des Landes auf, kocht sie weich und stopft sie als Fleisch in die Wurstmaschine. Zur Zeit ist die Fabrikleitung wegen Steuerhinterziehung in die Schlagzeilen geraten. Am Kanal, der diese Ebene durchteilt, wachsen Schilf und dünne Laubbäume. Das Dorf am Ende der Linthebene heisst Ziegelbrücke. Dieser Ort ist als Verkehrsknotenpunkt ein Begriff. Mauern, Geländer und

Granitsteinfassaden sind wie die Brücke über den Fluss mit Rost überzogen. Ein Bergzug begleitet die Landschaft, der Kerenzerberg. Weesen liegt bereits am Walensee, von hier erklettert man den Speer und den Schäniserberg. Vom Obersee zum Walensee wurden die Schiffe durch die Linth mit einem Reckzug und fünf Pferden gezogen, gefüttert wurden die Pferde bei Nacht. Beim Füttern erschien einmal, so erzählt die Sage, ein brennender Marksteinversetzer. Jetzt brauche ich Licht, rief ihm der Schiffszieher zu. Er versprach, den verschobenen Markstein an die richtige Stelle zu setzen, der Züsler streckte ihm die Hand: zum Dank entgegen. Der Schiffszieher streckte eine Schindel hin, die augenblicklich verkohlte. Sagen mit solchen verkohlten Gegenständen, die dem Züsler entgegengestreckt wurden, gibt es in allen Kantonen des Landes.

Der Übergang vom Muotatal ins Glarnerland führt über den Pragelpass. Viele mündliche Überlieferungen hört man. Im Spätherbst ging ein Jäger auf dem Wasserberg zur Jagd. Weit oben auf einem Band sah er einen Wildheuer. Dieser mähte wacker, obwohl der Heuet längst vorbei war.

Der Jäger stieg weiter hinauf, findet das Ganze merkwürdig. Wie er den Mann dann genauer betrachtete, merkte er, dass dieser keinen Kopf hatte ... Einmal wollte ein Muotataler spät in der Nacht allein über den Pragelpass. Vor dem Abmarsch wurde er gewarnt. So zog er gegen den Pragel. Als er an der alten Pragelkapelle vorbeikam, sah er, dass sich ihm jemand näherte. Und als sie aneinander vorbeigingen, sah der Muotataler, dem es eiskalt über den Rücken lief, dass die Gestalt keine Arme und keinen Kopf hatte ...

Am Ende des Pragelpasses befindet sich das Klöntal. Im Dräckloch zuhinterst im Klöntal waren zwei Älpler mit Holzhacken beschäftigt. Auf einmal hörten sie draussen jemanden mit einer Geissel knallen. Der eine Älpler sah ihn, der andere nicht. Der erstere fing an, ihn mit Steinen zu bewerfen. Darauf sprang der Unbekannte auf das Hüttendach und fuchtelte und knallte mit der Peitsche über die Hüttenwand hinunter. Sie warfen Steine gegen ihn, da sprühten Funken aus einer Schindel, die Gestalt stürzte mit furchtbarem Gepolter auf den Boden hinunter. Mit ihr fielen auch Schindeln zu Boden. Die Älpler eilten herbei und sahen eine weisse Ziege, die eine Peitsche zwischen den Vorderfüssen festhielt (nach Müller). Auf Riemenstalden sollen Heidenmännchen gelebt haben. Die u-förmigen Mauerreste eines ansehnlichen Dorfes wurden gefunden, Mauerreste in südlicher Hanglage bis zum Dorf Illgau. Wenn der Schneemensch abends auf einer Anhöhe jauchzt oder man ihn mit Holzböden über den Antritt einer Alphütte schreiten hört, dann schneit es mit Sicherheit in der darauffolgenden Nacht. Einen solchen Schneemann hat der Alois auf seiner Weid, der Hundenen, öfters gesehen. Er kam von Illgau, war schneeweiss und so hoch gewachsen, dass er zu den Hüttenfenstern hereinschauen konnte (mündlich).

Wer an das Glarnerland denkt, hört Elm, wer Elm sagt, denkt an den Bergsturz von 1881. Eine graue Schutthalde fiel gegen den Talgrund ab. Sie zeigte an, dass am Tschingel ein Bergwerk betrieben wurde. Sechzig Meter tief musste die Nische sein, die Bohreisen und Dynamit in den Fels geschlagen hatten. Dort wurde Schiefer gewonnen.

Hundert Männer etwa brachen tagtäglich Schiefer aus dem Berg. Diese Gelegenheitsarbeiter betrieben einen gefährlichen Bergbau, da war niemand, der sie beraten hätte, Runsen und Steinlawinen gingen täglich am Tschingel hinunter. Als die Wildheuer von der Alp herabkamen, berichteten sie, dass sich in den Triften meterbreite Risse öffneten, die Felsabbrüche sich häuften. Eine breite, bogenförmige Spalte zog sich durch den Hang. Am 11. September prasselte und knallte es am Berg, der Regen rann unaufhörlich. Der Wetterwart des Sernftales berichtete: «Um fünf Uhr erfolgte der erste Sturz, pfeilschnell fuhr eine gewaltige Steinmasse der Tiefe zu, bedeckte den Tschingelbach, die Wirtschaft zum Martinsloch, fünf Schiefermagazine, Baracken und Ställe. Man schloss die Läden, damit der Schieferstaub nicht in die Zimmer dringe. Da erfolgte der zweite Sturz. In flachem Fluge sauste die Steinmasse dem Weiler Untertal zu. Dann erfolgte der dritte Sturz. Die ganze Wand brach mit einem Male zusammen.

Etwa fünfhundert Meter breit und turmhoch brodelte der Strom heran und zermalmte alles. 115 Menschenleben hatte der Tag gefordert. Tausende wanderten in den nächsten Tagen nach Elm. Im ganzen Tal herrschte Leid.

Ein gewinnsüchtiger Fremder wollte in einem leerstehenden Haus eine Wirtschaft eröffnen, wurde vom Gemeinderat jedoch abgefertigt» (nach Hans Thürer).

Ludwig Hohl
Auf dem Grat

Der Grat war erreicht, der Gletscher überwunden! – Und es war Mittag.

Die Ermattung übertraf zuerst alles. Er setzte sich, legte sich dann hin, wozu sich reichlich Gelegenheit bot auf meterbreiten waagrechten Stellen aus trockenem Gestein zwischen den nur noch schwach geneigten letzten Schneehängen und den Abstürzen der Südwand.

Eine grosse Wärme, ja Hitze verbreitete sich in der Felsenmulde. Er hatte die Schneebrille abgenommen, trank einen Schluck, stopfte etwas Schnee in die Feldflasche nach und legte sie neben sich. Und nun, allmählich zur Ruhe kommend und zugleich zu wacherem Bewusstsein, musste er es sich in vollem Ausmass gestehen: dass er in eine Falle geraten war.

Denn den Gletscher abwärts zu begehen, einen Gletscher von dieser Beschaffenheit bei nun völlig weichem Schnee und allein, konnte heute nicht mehr in Frage kommen, es hätte den fast sicheren Tod bedeutet. Wenn er, wie im ursprünglichen Plan vorgesehen, den Gipfel rechts bestiegen hätte (über ziemlich schwierige Felsen von zwei- oder dreihundert Metern Höhe) und wieder dahin zurückgekehrt wäre (die andern Routen dieses Gipfels waren ungleich schwieriger und länger), so blieb die Frage unverändert bestehen: wie vom Grat wieder herunterkommen? Nach links verlief er ein Stück weit, vielleicht hundert Meter, einige Lücken bildend, im Ganzen horizontal und gut begehbar; dann aber erhob er sich in senkrechten, dem Anschein nach unbesteigbaren Türmen und endete weiss Gott wo. (Ull fehlten darüber die Informationen, da damals kein Führer durch diesen Teil der Alpen existierte, jedenfalls keiner von Ull gefunden worden war, der die Informationen mühsam aus irgendwelchen Publikationen zusammensuchen musste.) – Was blieb, war nur die Südwand.

Sie sah grauenhaft aus.

Denn man konnte sie von hier aus zum grossen Teil übersehen, da sie im Ganzen konkav verlief; deutlich sichtbar war jedenfalls das oberste und, ausser einem darauf folgenden Überhang, steilste Stück (von etwa zweihundert Metern Höhe). Wo sie unter dem Überhang wieder sichtbar wurde, war sie bedeutend weniger steil und nahm weiter an Steilheit ab, um schliesslich, in mehr als anderthalb tausend Metern Tiefe, in den obersten Teil eines Hochtals überzugehen, von welchem man nur ein winziges Stück erblickte.

Diese Konkavität der Südwand stand in vollem Gegensatz zur Beschaffenheit der Nordseite, des Gletschers, welcher konvex war und das heisst: Vom Grat aus erblickte man den Schneehang, der allmählich steiler wurde, und kaum mehr da oder dort eine Andeutung vom Ende der letzten Steilstufe, sondern – nichts mehr; nichts mehr bis, in sehr weiter Ferne und Tiefe, grüne Wälder und Wiesen erschienen, blühende Täler mit kleinen Dörfern, darunter auch unklar der Ort am Scheidungspunkt zweier Täler, wo sie vor drei Tagen auf den Autobus gewartet hatten.

Aber gewaltiger war ein anderer Unterschied. Wenn man nach Süden blickte: keines Menschen Spuren! Felsen, Schnee und Eis. Schwarze Gräte, wie Kulissen hintereinander, sich gegen den Himmel türmende Gipfel links und rechts und überall, tiefer unten graue Schutthänge, keine andere Farbe mit Ausnahme jenes kleinen Fleckens am Ende des Hochtales, leicht grünlich oder gelblich, den man einen Moment lang für eine Schafherde halten konnte, dann aber nicht mehr, da er sich nicht veränderte. Keines Menschen Spuren: keine aufgerichtete Stange etwa oder ein Stück Seil oder ein Tritt; nicht die geringste an der Natur vorgenommene Änderung wie (tiefer unten) ein Mäuerchen, eine Hütte, ein Dach, ein Steg. Eine Landschaft wie zu Urzeiten. Hätte einer nach der letzten Eiszeit dagestanden, vor fünfzehntausend Jahren, es hätte sich ihm derselbe Anblick dargeboten.

Und dennoch: Eine gerade Linie, durch Luft und Felsen hindurchgezogen, nur acht Kilometer lang, hätte geendet inmitten eines fetten und lebendigen Dorfs von etwa tausend Einwohnern! Hier undenkbar; weil im Hochgebirge die Distanzen ganz andere Werte haben.

Mittag war längst vorüber; Ull, von seiner Ermattung erholt und doch nicht erholt, dachte hin und her, seine Überlegungen ergingen sich in weiteren Kreisen, das Schwergewicht verlagerte sich und was mehr und mehr und endlich in voller Deutlichkeit hervortrat: seine Freundin.

Wie hatte er sie nur ziehen lassen können! Mit ihr wäre er nicht in diese Falle geraten und wäre überhaupt alles anders verlaufen. – Sie hatte den dringenden Wunsch geäussert, einmal wieder für eine Woche zu ihren Angehörigen in einer Stadt im Norden zurückzukehren; daraufhin würde sie in die Alpen kommen und an Stelle von Johann seine Begleiterin sein. Er hatte seine Zustimmung gegeben; wenn er jedoch darum gebeten hätte, hätte sie ohne Zweifel ihren Plan fallengelassen und wäre von Anfang an mit ihm gezogen.

Vor wenig Jahren von ihm in das Gebirge eingeführt, war sie rasch zu einer guten Alpinistin geworden. Obgleich leicht und dünn, fast gebrechlichen Aussehens, – aber brutale Kraft kann auf grossen Besteigungen nur selten von Bedeutung sein; Gemsen haben nicht die Kraft eines Ochsen, sind aber wunderbare Gängerinnen. – Ihn fasste Sehnsucht nach ihr, eine rasch ins Ungemessene wachsende Sehnsucht. Es drängte ihn, laut ihren Namen zu rufen – durch Felsen und über Ebenen hin, Hunderte von Kilometern weit –, dann kam ihm das Unterfangen doch allzu lächerlich vor. – War die Liebe zu ihr grösser als die zum Gebirge? Es war eine anders geartete Liebe. Das Gebirge hatte er nun oder vielmehr: es hatte ihn; es umgab ihn, ringsum; im allgewaltigen Sonnenlichte gleissend und in Finsternissen starrend.

Wäre ein sehr einsichtiger und weitblickender Geist erschienen – zum Beispiel jener Bergesalte, der aus der Felsenspalte trat, um die zu Tode gehetzte Gemse zu beschützen («und mit seinen Götterhänden schützt er das gequälte Tier») – so hätte er ihm folgenden Rat gegeben: «Bleibe hier und grabe dich am Abend tief in Schnee ein. Lass dich nicht, so spät am Tag, auf den Abstieg durch eine Felswand ein, von deren Begehbarkeit du keine Kunde hast. Morgen zu frühester Stunde wirst du – wenn das Wetter sich nicht ändert, aber ich kann dir meine Überzeugung ausdrücken, dass es gut bleibt – mit Leichtigkeit in deinen noch vorhandenen Spuren im nun harten Schnee den Abstieg über den Gletscher ausführen.» Aber der Geist trat nicht aus der Felsenspalte.

Und nun, ob man es glauben kann oder nicht, ging etwas Seltsames mit ihm vor (um es zu verstehen, darf man freilich die körperliche Ermüdung nicht vergessen sowie den Schlafmangel der letzten zwei Tage): Er, der Stahlharte – in den Augen der andern –, der Bärenbezwinger – im Traum von Johann –, heulte auf seinem Grat.

Roland Heer
bergfahrt. ein dramatisches Gedicht

für kaspar (1958–1986)

> «wo wir einen gipfel vermuten und kein gipfel ist,
> dort, möchten wir sagen, sei ein berg.»

der vorliegende text kommt sprunghaft und zerschlagen daher, wofür
sich der autor im voraus entschuldigt. Für das rumpelnde und aus-
fransende der sprache zeichnet er verantwortlich; er bittet aber gefl.
zu bedenken, dass es sich bei einem absturz, wie er auf den folgenden
seiten zum ausdruck gelangt, in der regel um eine unkontrollierte und
finale bewegungsabfolge handelt; um sich dem wirklichen, d. h. *wört-
lichen* erlebnis eines solchen geschehens anzunähern, lag es daher im
sinne einer möglichst direkten umsetzung nahe, in der sprachlichen
darstellung *entsprechend* zu verfahren; der autor hat dazu sowohl er-
lebnisberichte von glücklichen absturzopfern (u. a. etwa *e. whymper*
oder *r. messner*) als auch eigene erinnerungen beigezogen.

k war am berg
es herrschte eine minimale vegetation
die sonne konnte nicht hinter dem berg halten
k nahm seinen lauf
k kam tüchtig voran
k schritt WACKER aus
es geht ins gebirg mit wehendem HAAR

«rot vor freude» ... «flatternde hosen» ... «pfeifend zwischen bergspitzen» ... «das gaumensegel gebläht» ... «sprachlos wie *schnee*»

draussen war trockenes *wetter* angebracht
die witterung war k auf den *leib* geschneidert
ks butterbrot schmeckte gleichwohl etwas verEISt

die *landschaft* war durchgehend SCHWARZ-WEISS
(das mobiliar mehrheitlich *mineralisch*)
vor k türmte sich der BERG
vor k erhob sich eine *wand*
geröll lag um ks augen
k war von einem *horizont* «schützend umgeben»
die wand rückte näher / k rückte näher
eine LÜSTERNE topografie!, dachte k
am himmel fuhr eine *rechte* und eine *linke* wolke
(« ... das ist leider nur polaroid / dieses zwielicht ... »)
(«meine füsse brauchen keinen *weg* ... meine füsse sind der weg»)
ks *augen* waren BLAU wie blankeis
ks *hände* waren BLAU vor glück
seine *haare* waren wie fingernägel so SCHWARZ
(und hingen *herab*)
auch ks rucksack
und der *hang* und die *teile* des hanges hingen herab
ks *schuhwerk* pflügte sich durch die *realität*
k sah einschlägige spuren niedergestürzten gesteins
unter seinen schuhen bildete sich DER WEG fortlaufend *NEU*
: «DER WEG signalisiert gesprächsbereitschaft»
: «aber weiss denn DER WEG, wohin er will?»
(: *eine sehr formalistische landschaft, wenn man so will*)
die BERGE sind vielleicht *kindisch*, dachte k

k war immer noch am berg!
k spuckte in ks *hände*
(k liess den *gletscher* links *liegen* «wie er war»)
und
stieg ein

k begab sich in die *senkrechte*
k kletterte einem RISS entlang
k hangelte durch eine VERSCHNEIDUNG
k überspreizte eine SCHARTE
k stemmte sich einen KAMIN hoch
k überwand einen ÜBERHANG
k schlich über einen heiklen PLATTENSCHUSS
es war ein tolles steigen
ks körper stieg wie ein luftballon
ks freude blähte sich wie ein teig
ks performance erreichte ein allzeithoch
die leere unter k nahm zu
die luft um k wurde immer grösser
der *boden* unter ihm *bodenloser*
das *flachland* war nur noch eine ferne erinnerung
k sah zunehmend *vertikal* aus
doch *nebel* wallte jetzt «fast unaufhörlich»
es luftete *wie der wind*
k hörte ein «*emsiges* kollern und schleifen»:
STEINSCHLAG spritzte links und rechts spritzte STEINSCHLAG:

DA
GESCHAH ETWAS : DA ZERBRÖSELTE DAS GESTEI
N UNTER KS TOMAHAWK : DA ZERBRÖCKEL
TE
EIN PFUNDSGRIFF : D
A ZERB
RACHEN DIE EISZAPFEN UN
TER SEINEN FÜS
SEN
(«die sonne hatte das eis *papieren* gemacht») : DA GE
RIET K AUS DEM GLE
ICHGEWICHT :
DA RISS KS SICHERUNG ENTZ*WEI* :
DA ERWIESEN SICH SEINE BREMSLEINEN ALS *DEFEKT* :
DA PURZELTE DIE TRITTSICHERHEIT *QUER-FELD-RUNTER*
DA MACHTE SICH DER BERG «VON DANNEN» :

k schaltete die herztrommel auf SCHWINGEN :
halt! nämlich da verlor k den **HALT**!!!!!!!!!!!!!!!!!!!!!!

-zuerst der atem
-dann stockte das blut
(-der *erzählfluss*)
: «ein anhaltendes *gleiten* …ich en tg le ite m ir…»
k stellte seinen mann
k ging SOFORT in mannstellung
(«…nein!…»)
(«…ich werde *gleich* wieder oben hingestellt…»)
(«…das ist nur *probeweise* / ein dreister *scherz*…») («…ein versehen…»)
(«…zurückspulen bitte!»)
k winkte: k flatterte: k ruderte: k propellerte: k schlug mit den flü-
geln / hummelte mit dem beinpaar
doch k verliess den felsen
doch k wurde unvermutet *flügge*
doch der *boden* machte sich auf den *weg* (gab FERSENGELD)
k fiel -- k flog -- k stürzte die wand hinab ---

(«…nein nein nein…nachfassen…hände hoch…man schlägt mich…strei-
che…hiebe…stichwörter am ganzen körper…ich falle du fällst er fällt…
ohren zu…augen auf…»)

OHNE ZU ZÖGERN beugte k seine *zungenspitze* so zurück
dass der *verschlusslaut*
mit der unteren fläche seines *zungenblattes* gebildet wurde
(«welch fehlerhaft artikuliertes ERSCHRECKEN!»)
und liess einen überblasenen SCHREI fahren
(«*schreien, bis das zeug hält*»)
der in den wänden verhALLte……………
DIE ERDE drehte sich immer schneller um ihn herum…
(k fiel im *gegenuhrzeigersinn* …
«bald muss ich die uhr *zurückstellen*»)
«mir fällt das herz vom stein!», rief k

«kein LAND in sicht!»
«mir schwant übles!»
«ich verlange *rückgängigmachung*!»
«ich bin hiermit ÄUSSERST ENTSETZT!», schrie k
«SO NICHT!», rief oder schrie da einer noch immer
«SOLCHE ROHHEIT AM DURCHSCHNITTL. MENSCHENKÖR-
PER IST MAN NICHT GEWOHNT...»
«meine zerdroschenen FASERN!», jammerte k
«welch unerhörte Physik!», jammerte k
«die alpen sind ein beschiss!», jammerte k
«ist denn keiner und/oder niemand da?», jammerte k
«soll doch DER BERG verunglücken!», jammerte k
(«was nützt aber schon jammern *beziehungsweise* reklamieren!», jammerte k)

k's kÖrper rotiErte in wEchselndem wInkel /
in abträglicher *schräge* / in ungeeigneter *ausrichtung*
wie eine *galionsfigur kopfüber* (violiner gesichtsausdruck)...
das geschehen tat der gliederung seines gedankenstroms gewaltigen
abbruch
(: dieses *purzeln* / der fehlende boden : / die gelüftete architektur :
DIE / SCHOLLE / HAT / SICH / GELÖST: der / hafen / sticht / in /
see /
der kalender / fällt / von / der wand / anhaltendes rum peln / gestri-
chene abstände / erdstösse etc. etc. etc.)

WEITER UNTEN
ZWEIHUNDERT STOCKWERKE TIEFER
wusste k nicht mehr «worauf es hinauslaufe» (daumen drücken!)
WIE SCHON IMMER schossen *wandfluchten* an ihm vorbei
: «was für unsäglich fleckige/speckige mauern!»
der überblick ging unter
: «was für eine trübe *lebenslage*» (arg zerknitterte anleitung)
: «davon stand nirgends was»

WIE SCHON IMMER drehten sich die berge wie ein
panoramarestaurant
es wurde k *schlecht* wie auf der geisterbahn
und WIE SCHON IMMER drehte er sich doch

MIT DER ZEIT begann k seine empfindungen auf die *wirklichkeit* zu
beziehen
MIT DER ZEIT näherte sich k dem boden der *tatsachen*
MIT DER ZEIT nahm k seinen absturz *zur kenntnis*
MIT DER ZEIT beugte sich sein *wille*, weil er ein HAUPTwort war

(«...nein... oder JA...dieses fallen durch den leeren raum...mir nicht unangenehm...wie chloroformiert...streichelschläge...der berg blättert in
meinem körper/eselsohren/flatternde seiten... es ist SPÄT...es rafft mich
sichtlich dahin... DIESE ENDLICHE BLUTBAHN»)

ks oberfläche war deutlich *gefährdet*–
ks konturen sahen nicht mehr aus wie *neu*
k alterte offenkundig *rasant*
ks rand überzog sich mit *zeit* (rost)
ks aussenscitc färbtc sich mit *vergangenheit*
und k setzte seinen blindflug systematisch fort:
er liess das publikum sich drehen
nachdem es mit den himmelsbewegungen nicht gut fortwollte
doch jetzt ging der ABGRUND auf seine lippen über
doch jetzt schlug ihm der ABGRUND die *zähne* aus
(«welch zahnlose formulierung»)
«mein *körper* ist ein abhang!» –
doch jetzt blieb der berg an seinen *körperteilen* hängen
(k blieb am *text* hängen)
ks kopf schlug AUF
d. h. schlug auf wie auf WATTE
: jemand schlug auf ihn ein und fällte k wie einen BAUM

...sogleich schwoll ihm der kamm gewaltig... trug verdruss und ärger auf den weiteren heimweg... zog voller kümmernisse seine strasse...

k hatte plötzlich eine andere *kragenweite*
(«gleich platzt mir der kragen») bzw. wurde zu *kleinholz*
(kleiner fiSCH? kein kleingeld, dachte k)
k atmete SCHwerlich
k lauSCHte der *direktübertragung*: die *wirklichkeit* RAUSCHTE ROSA
in ks gehirn rollten *köpfe*
in ks kopf schroppten *blöcke*
er hörte es lange klingeln:
etwas war *flöten* gegangen
ks gedanken färbten den schnee
(gletscher? wo war eigentlich *der gletscher*?)
ks kopf rann aus ks hand
: der wein spritzte aus dem offenen spundloch
: die sprachöffnung lag aufgebrochen (undichte stelle im berg*werk*)
: «DAS BENZIN TROPFT AUS MEINEM KOPF»
: «WELCH ALKOHOLISCHER ZUSPRUCH DES SEINS!»
: «HIER SIND WÖRTER BIS AN DEN *rand*»
: «hier (ZUTREFFENDES ANKREUZEN) brandet/flutet/giesst/
gluckst/gurgelt/läuft/leckt/ perlt/prasselt/plätschert/quillt/rieselt/
rinnt/schiesst/sickert/sprudelt/strömt/träufelt/trieft/tröpfelt/tropft/
wallt/wogt es glühend aus dem christentum»

: «geruch nach gas – geschmolzene drähte – kristalle – schweissper-
len – hautbeutel – einwegkörper – wegwerfpackung – mehrzweckge-
hirn ---»

k träumte von etwas flüssigem
k sah gold seine kehle herabrinnen
k genehmigte sich einen tiefen *schluck* / einen tiefen *traum*
: «... die flasche leeren bis auf den grund...», rülpste k
: «MATT in 3 zügen...», lallte k
: «zerschlagener puls...», stotterte k
k konnte ks schmerzen bereits AU!swendig
es rAUchte AUs seinem KOPF

jemand schleifte die felsblöcke von LINKS nach RECHTS schleifte
jemand die felsblöcke
seine hand fuhr bedenklich an ks KOPF
der treibstoff tropfte von allen FINGERN
«welche betropftheit! die schrift brutzelt! fettaugen! ZUR SACHE!»,
rief k:
«wiederaufrollung des verfahrens!», rief k
«die reibung erhöhen! die haftgrenze der verständlichkeit!»
«weg mit diesen fussnoten! plattes fussgängerdeutsch! flachländeri-
diom! schnaflersprache! ehrenwort!», rief k:
----«O MEINE ZERSCHLAGENE *HAUPT* SACHE», flüsterte k *laut*
denkend
empfand dabei keinerlei *schmerzen*: war wie ohne *körper*
(ohne gültigen fahrausweis)

----

k analysierte die syntax seines *ab*falls
k betätigte sich autobiografisch
die wörter tropften aus ihm heraus
ks gedanken färbten den schnee
: «bin sehr beunruhigt-STOP»...
«mit der offenen tür ins haus gefallen-STOP»...
«verständnis wiegt wenig / rucksack für zu leicht befunden-STOP»...
mein *atem* schaumig geschlagen – meine sprache – STOP»...
«dieser baumelnde fetzen *gesicht* ... schuppiges fleisch / fremdspra-
chige zunge /
«wie ein schluck tee-STOP»...
«wie eine tasse mit *puls*-STOP»...
und k scherte sich um weitere ausdrücke
und die eindrücke scharten sich um ihn

«auf den grundriss geworfen – schlaflose ewigkeit»::
«der schnee war so körnig, dass die schuhnägel gut einfassten»,
sagte –
«...*die butter wird weniger beim verstreichen*», sagte –
(wie viele buchstaben hat eine stunde?)

«...welch ungehaltene zeit», sagte –
«...im heutigen jahrhundert», sagte –
«...welch hinterhältiges denken», sagte –
«...was für rösselsprünge» sagte es in / aus / neben / um k
«sagten Sie soeben STOP», sagte jemand zu k

----

k lugte aus den sichtlöchern
k betrachtete seinen *rest*
k lag in seinen knochen wie ein *BERGSTURZ*
k war über den *bergschrund* verstreut
k umfasste ein grosses *gebiet*
«ich bin ein weites *feld*», sagte k
k und k sahen sich an
«jetzt kommt dann der SCHLUSSPFIFF», sagte k zu k
k hörte das besetztzeichen / k hörte einen sommerlichen summton
k hatte einen trauerrand / eine vermisstanzeige um den kopf
(und dachte um ein haar und dachte um ein haar und dachte um ein
haar und dachte um–)

da fiel es k wie *augen* von den augen
da fiel es k wie *fleisch* von den knochen:
«meine blutige randkluft/mein zerborstener kopf/meine zerrissene
erscheinung/meine eröffnete wunde/diese verstreuten denkausschei-
dungen/meine zerschlagene sprache» :
:«a) DIESE FELSEN   b) DIESEN FALL   c)   DIESES FLEISCH
HABE ICH MIR SELBER EINGEBROCKT»
«mein körper wartet»
«mein körper wartet auf das einsetzen der dekomposition–»
«mein körper wartet auf die untergrundbahn»
(das gehört unterstrichen!)

da wurde es plötzlich HELLER
(als käme jemand mit einem *licht*)
(«*alles durchgehend koloriert*» | «*in vorteilhaften farben*» | «*cinemasco-
pe*»)

das licht wurde grösser / das licht lächelte / das licht hatte ein loch
/ das loch hatte einen bart / der bart sah aus wie reinhold messner /
reinhold messner sah aus wie eine sprechblase
die k gierig ausschlürfte:
«ALPINIST ANLÄSSLICH KLETTERTOUR TÖDLICH MISS-
GLÜCKT.»
BERG: «*DAS WOLLTE ICH DOCH NICHT*!»

k sah durch sich hindurch wie durch eine sonnenbrille
doch es stellte sich keine klarheit ein
(die schuppen/der steinschlag blieben aus)
«–mir ist, als tränk ich elektrizität–»
«–ans schneebrett genagelt–»
«–wie kritzeln *ohne werkzeug*–»
«–ich sitze vor der *schreibmaschine*–»
«–ich möchte alle gletscher spalten–»
«–fremde welt–»
«–so leben vielleicht viele–»

herrenlose gedanken schnappten nach ihm:
– chefrechner GOTT – ungünstiges horoskop – prästabilisierte har-
monie – blindes ohngefähr – bröcklige welt – zugemessene portion
– persönl. fürwort – häufige vorsilbe – christlicher feiertag – fränki-
scher hausflur – grautier – wenderuf beim segeln –

«IMMER NOCH REDET DER KÖRPER UND ICH SPRECHE», sag-
te–
«NOCH IMMER UNLÖSLICH», sagte–
«DIE SEELE ZIEHT AN DER VERANKERUNG», sagte–
«STERBEN IST EINE *EINSEITIGE* ERFAHRUNG», sagte–
«DIE *HIMMELSRICHTUNG* VERNACHLÄSSIGT», sagte–

«aber wo kämen wir da denn hin», rief k
«ich bin keiner» – «selbst meinen namen habe ich vergessen» – «ich
liege auf grund» – «auf grund wovon?» – «dieser kopf mit schaum-
kronen» – «*statt des wunsches ist die erfüllung wahrgeworden*» –
«wann war ich einmal *wirklich/glücklich*?»

k schlug das album auf :
«ich manischer *mensch* : es knirscht im gehirn : ich verschobener
konsonant : gnade gnu ich gneis am stiel : ich unrat ich ratlos ich
eiserne ration : ich ölige ich *raps*odie von empfindungen : ich drei-di-
mensionales gebet : ICH LESEND IM STOCKDUNKELN / ICH
FÜÜRIO MIT SCHNEE GEFÜLLT / ICH MIT DEM GIPFELKREUZ
/ ICH MIT DEM SILBERBLICK MIT DEM GOLDENEN SCHNITT
/ ICH MIT DEM HEILAND / LAWINE BLINDGÄNGER VERLUST-
TRÄGER ICH!»

zur gleichen zeit war ihm «als ob...» :
: sein sarg glitt lautlos mit weit geöffnetem mund vom gletscher weg
/ sein sarg kreiste im aufwindschlauch / sein sarg gewann rasch an
höhe / sein sarg ward nicht mehr gesehen / sein sarg langte irgendwo
an (: «bergheil kamerad!»)
(*WAS* gewann der sarg?)

auch k fühlte sich auf der *höhe*
die linke wolke war weich wie ein kissen
weit unter ihm schmolz der gletscher zu nichts
von oben sahen die berge aus wie anfänger
die aussicht kringelte an den rändern
k hörte etwas einen (seinen? keinen?) namen rufen
k sah jemanden winken / k grüsste
k stiess verse von sich
k ging in ein gebet über :

und schenk uns intakte organe
gib uns einen neuen sinn
führ uns auf die lofoten
befrei uns von der lüge wahrheit zu sein

zur gleichen zeit rief k: «JA UND BITTE EVAKUIER EVA !»

EVA? etwas das gar nicht aussah wie eva legte sich auf k und en-
tenhäute wuchsen ihm zwischen den augen und sein mund fiel in

sich zusammen und sein haar war sehr erschüttert und sein atem
tönte nach nichts und die LINKE wolke fiel RUMPELND zu boden
(«amen!»)

die sOnne verschwand, als ob sie niemals dagewesen
wäre
: «ich bin nicht EVA!» dachte jemand laut, der nicht k war
k kannte sich nicht aus---
die landschaft war jetzt ganz WEISS--
(*früher* waren alle landkarten weiss // sprünge im fingernagel:
weisse flecken vom lügen--)
k fühlte dämmerung hochschwappen
k konnte es sich an den fin/gern/ab/zäh/len
k warf das handtuch ins korn
ks denken reichte bis ins andere zimmer
k zerschnitt die gesamten bilder/«die gesammelten werke» in schnip-
sel

k erstellte eine ausgabe letzter hand:

(   )«*in wessen knickerbocker*»(   )«*teuflisches te-
flon!*»(   )
«*kreischende eisvögel*»(   )«*es soll jemand alles herausfinden*»(
)«*ich luftbaumeister dieser mancherlei gedankenwelten*»(   )«*meine
ideen verwesen*»(   )«*jede form
ist eine entschuldigung*»(   )«*form ist die kunst des möglichen*»(
)«*mein leben ist eine form*»(
)«*an diesen krücken wird die zeit weitergehumpelt sein*»(

ks verständnis zog sich an ks haaren aus ks *sumpf* –
(k merkte nicht: zog er an den haaren oder am stumpf)
k spürte, wie ihm nur noch antworten in den sinn kamen:

«GIPFEL TUN NUR SO»
«NOCH NIE IST EIN GIPFEL BESTIEGEN WORDEN»
«LE GIPFEL C'EST MOI»
«DER GIPFEL IST EINE EBENSO HERAUSRAGENDE WIE AN-
HALTENDE BLINDHEIT»

«DER GIPFEL IST, WO DIE ABGRÜNDE IN EINEM PUNKT ZU-
SAMMENLAUFEN»
«DER GIPFEL IST DORT, WO GOTT HOCKT»
«GOTT IST LEICHTER ALS LUFT, DARUM IST ER SO WEIT
OBEN»

k schweifte ab / k sprach nicht zur sache / k geriet vom thema
(«aus allen themen flattern / weisswerden *nämlich sterben ist
Weisswerden*» / «den faden verlieren» / «...anlangen am TOTEN
PUNKT»)

jetzt
war ks rand ganz schmal
jetzt
war k von froh nicht mehr zu unterscheiden
jetzt
ertrug k seine freude mit fassung
jetzt
zerbrach er sich nicht mehr den kopf
jetzt
hatte er den blinden fleck auf dem richtigen fleck
k sah es dunkel werden
ks blick brach wie saure milch
k sah sich verschwinden
k war sozusagen über den *berg*

(JETZT lag k neben seinem atem jetzt verschwammen seine konturen jetzt   franste er aus jetzt veränderten sich seine ränder jetzt
ging/stolperte/humpelte/hinkte/kroch er zur neige jetzt stand es
schriftlich vor den augen AUTOMAT GIBT KEIN RETOURGELD
jetzt war er/sie/es in 1/2/3 silben gefaltet/verpackt/versorgt als men-
schenwort/als wortmaterial jetzt brauchte der weg keinen weg jetzt
war er/sie/es überall jetzt war er/sie/es allgemein verständlich /greif-
bar/fasslich jetzt folgte er/sie/es der überlieferung jetzt lief es über
und über und über und über und über und über und über und über
und über und über)

zur gleichen zeit gloste glomm glühte glitzerte ein gleissendes licht
zur gleichen zeit stoben freudenfunken
zur gleichen zeit kam von unten ein ungeheures gelächter über ihn
zur gleichen zeit begann der film zu flirren
zur gleichen zeit blitzte immer mehr staub
zur gleichen zeit hüpfte das bild
zur gleichen zeit kamen nur noch schwarze nummern
zur gleichen zeit gab es einen bandsalat
zur gleichen zeit stellte das ende den hebel auf ende
zur gleichen zeit kam der schlaf wie ein mensch
zur gleichen zeit bedeckten die elefanten ihren toten gefährten mit
grossen blättern
zur gleichen zeit fiel ein dicker schnee
zur gleichen zeit war es zur gleichen zeit

Gewidmet Theophrastus von Hohenheim, Konrad Gessner, Johann
Jakob Scheuchzer, Albrecht von Haller, Horace Bénédict de Saussure,
Placidus a Spescha, William Turner, Leslie Stephen, Edward Whym-
per, Walter Bonatti, Paul Etter, Ludwig Hohl, Toni Holdener, Joe
Simpson, Andreas, Bernhard, Daniel, Hans, Richard, Willi, Walter,
Berni, und Dir, Kaspar, agonaler Protagonist Du in Deiner eigenen
Sache.

Der Text ist eine überarbeitete Fassung von Roland Heers «bergfahrt – ein dramatisches gedicht», veröffentlicht im Gedichtband «das meer ist leer», Verlag
Im Waldgut, Frauenfeld 1993.

Zweiter Teil

Karl Kraus
Landschaft (Thierfehd am Tödi, 1916)

Thierfehd ist hier: das sagt dem Menschsein
ab, dass er es werde –
wie an der Wand empor zum Himmel reicht
die Erde.
Was hinter uns, war schwer. Hier ist es leicht.
Die Welt verläuft in einem grünen Grab.

Ein Stern riss mich aus jenes Daseins Nacht
in neue Tage.
Fern webt von blutiger Erinnerung
die Sage.
Der weltbefreite Geist ist wieder jung,
nichts über uns vermag die Menschenmacht.

Du Tal des Tödi bist vom Tod der Traum.
Hier ist das Ende.
Die Berge stehen vor der Ewigkeit
wie Wände.
Das Leben löst sich von dem Fluch der Zeit
und hat nur Raum, nur diesen letzten Raum.

Meinrad Inglin
Drei Männer
im Schneesturm

Eines Tages im September stiegen drei Männer aus demselben Dorfe zu einer Wanderung ins Hochgebirge hinauf. Sie galten als tüchtige Bergsteiger, und niemand zweifelte, dass sie wohlbehalten zurückkehren würden; aber nur zwei von ihnen kehrten lebend zurück. Ein Unglück in den Bergen war kein seltenes Ereignis, fast jeden Sommer einmal brach die Rettungskolonne auf, um Verletzte oder tödlich Abgestürzte zu bergen; was die beiden von ihrem Erlebnis erzählten, klang denn auch durchaus glaubwürdig und hätte andern ebenso gut zustossen können. Sie waren noch zu dritt in einen Schneesturm geraten, wie er auf Höhen über zweitausend Metern mitten im Sommer hereinbrechen kann, und bei schlechter Sicht einen Steilhang hinabgerutscht; dabei hatten zwei von ihnen Beinbrüche erlitten, und einer dieser Verletzten war später vor Erschöpfung gestorben. In diesem Bericht aber gab es eine Stelle, die nicht ganz klar schien und von jedem der beiden Zurückgekehrten unabsichtlich ein wenig anders erzählt, ja bei einer gelegentlichen Wiederholung sogar abgeändert wurde. Der Erzähler, den man auf diese Unstimmigkeit hinwies, verriet eine gewisse Verlegenheit, besonders der eine, der das Abenteuer heil überstanden hatte, ein Zugewanderter übrigens, der erst seit einem halben Jahr als Fotograf im Dorfe wohnte; von ihm munkelte man am Ende geradezu, dass er den Hinterlassenen seines verunglückten Kameraden ausweiche, als ob er ein schlechtes Gewissen hätte. Er war ein mächtig gebauter, geistig sehr regsamer Mensch mit gutherzigen Augen, der als Kurdirektor, Skilehrer oder Klavierspieler bald da, bald dort gewohnt und sich überall rasch beliebt, aber nirgends sesshaft gemacht hatte. Dieser unstete Mann, den viele nur nach seinem Vornamen Christoph nannten, wurde nun in der Tat vom Anblick der Hinterlassenen und von Fragen nach dem ungelösten Rest jenes Berichtes dermassen geplagt, dass er das Dorf schon bald wieder verliess. Jahre später erzählte er in einem Kreis vertrauter Freunde sein Erlebnis, das ihm unvergesslich und bis zu jeder Einzelheit noch gegenwärtig war. Er erwähnte seine Begleiter, Karl und Otto, zufällige Bekannte, und begann: Wir hatten eine zweitägige Wanderung bei strahlendem Licht über Gletscher und Gräte hinter uns. Am Morgen des dritten Tages standen wir um vier Uhr in der Dunkelheit vor der Klubhütte, streckten die Nasen in die Luft und suchten den Himmel nach Sternen ab. Der Himmel war wider Erwarten bedeckt. Karl und Otto wollten trotzdem aufbrechen, da wir keine gewagte Gipfeltour vorhatten, sondern abermals nur eine Wanderung, wenn auch eine langwierige durch ein abgelegenes, grossartig wildes Gebiet. Mir war es recht. Ich gab immerhin noch zu bedenken, dass wir in den nächsten zwölf Stunden keine Hütte antreffen würden, aber dann brachen wir auf.

Nach einem dreistündigen Anstieg über Alphänge und alte Schneefelder erreichten wir den Grat, auf den wir es vor allem abgesehen hatten, einen mannigfaltigen, bald breiten, bald schmalen Rücken, der auf einer mittleren Höhe von zweitausendfünfhundert Metern sich weit gegen Osten hinstreckt. Auf diesem Grate wanderten wir nach kurzer Rast dahin, einen kühlen Nordwestwind im Rücken, der uns nicht recht gefiel, aber vor uns eine Wunderwelt von Flühen, Schründen und urweltlichen Trümmerfeldern, von fernen Gipfeln, Kämmen und Gletschern, eine wahre Augenweide, die uns gar nicht daran denken liess, umzukehren. Wir zogen tüchtig aus, stiegen da über einen Höcker hinweg, dort in einen Sattel hinab, umgingen irgendeinen Stock, dessen Namen kein Mensch kennt, und kamen immer wieder auf bequeme gleichmässige Strecken des Gratrückens. Der Wind nahm zu, aber da wir mit ihm gingen, fiel uns das nicht besonders auf, bis er plötzlich weisse Körnchen vor uns hertrieb, weit zerstreute feine Schneekörner. Bis jetzt hatte man auf dieser kahlen Höhe den Wind nicht gesehen, jetzt sah man ihn. Als wir anhielten, mussten wir uns die Hüte schon fester aufdrücken. Wir begannen zu beraten, gleichmütig, wie es erprobten Bergsteigern ansteht, obwohl uns alles andere als Gleichmut erfüllte. «Wir müssten auf dem nächsten Wege bergab», sagte Karl ruhig, und das war ein ebenso einsichtiger wie überflüssiger Rat, da es, was auch er wusste, weithin nur Felsabbrüche und steile Kletterhänge, aber keine nächsten Wege bergab gab; wir konnten nur zurück oder vorwärts gehen.

Ich schlug den Rückweg vor, und wir gingen zurück.

Ungefähr zehn Minuten lang wanderten wir gegen den Wind, aber mit jeder Minute schien die Windstärke zu wachsen, und was wir im Nordwesten vor uns hatten, glich schon eher einem Schneetreiben als einer Aussicht. Otto blieb stehen und sagte: «So können wir es vielleicht eine Stunde lang aushalten, aber dann sind wir noch nicht weiter als sonst in zwei Stunden; lieber vorwärts.» Da Karl ihm zustimmte, kehrten wir um und gingen mit dem Winde wieder vorwärts. Es war falsch, wir hätten den Rückweg erzwingen müssen, den ich vorgeschlagen hatte, und ich ging nicht aus Überzeugung davon ab, sondern nur deshalb, weil auch mir das Gehen mit dem Winde leichter fiel. Diese schwächliche Nachgiebigkeit kann ich mir heute noch nicht verzeihen, so begreiflich sie erscheinen mag; ich habe diese ganze Geschichte gründlich durchdacht und mir alles vorgeworfen, was nach einer Schuld aussah. Ich will meinen Anteil redlich tragen.

Wir gingen also vorwärts, während der Wind uns immer kälter in den Nacken biss und den körnigen Schnee immer eiliger und dichter vor uns hin säte. In unglaublich kurzer Zeit war alles weiss, so weit wir sehen konnten, und als wir nach einer Stunde den Abhang eines Stockes, der uns im Weg stand, auf der Windseite überqueren mussten, merkten wir ziemlich erstaunt, dass der Schnee, der auf dem Grate immer wieder weggefegt wurde, uns hier schon bis zu den Knöcheln reichte. Der Wind wuchs zum Sturm an, und der waagrecht geschleuderte Schnee blieb an uns haften wie Klebstoff. Wir begannen an die Ohren und Hände zu frieren und büssten es nun, dass wir keine Handschuhe mitgenommen hatten. Am unangenehmsten jedoch war die immer stärker beschränkte Sicht; wir sahen im Schneetreiben wie im dichtesten Nebel keine zwanzig, ja manchmal keine zehn Schritte weit und gingen immer langsamer, vorsichtiger, um nicht auf einer der ausweglosen Bänder zu geraten. Der Grat läuft am Ende in eine unregelmässige Hochebene aus, die im Nordosten durch einen leicht ansteigenden langen Kamm begrenzt wird. In diesem Kamm gibt es eine «Lücke», eine der bekannten, einander ähnlichen Lücken, die oft den einzig möglichen Durchstieg durch langgestreckte felsige Schranken oder Riegel bezeichnen und die in unseren Gebirgskarten ja auch sorgfältig eingetragen sind. Diese Lücke mussten wir finden, und wir bildeten uns ein, dass es drüben dann besser gehen werde, obwohl wir hätten wissen können, dass uns dort ein zwar abfallendes, aber trostlos weites, vor dem Winde ungeschütztes Gebiet erwartete. Wir stapften also vom Grat auf die sogenannte Hochebene hinaus, die mit einer richtigen Ebene natürlich wenig zu tun hat, und hier reichte uns der Schnee schon bis an die Waden.

Den Rücken gebuckelt, den Hut über den Ohren, die Hände in den Hosensäcken, gingen wir, leicht nach Nordosten haltend, auf den Kamm zu, den wir nach unserer Meinung gar nicht verfehlen konnten. Da ich vorhin sagte, der Wind sei zum Sturm angewachsen, so müsste ich jetzt sagen, er sei zum Orkan geworden, wenn diese Bezeichnung in unseren Breiten erlaubt wäre, zu einem atemraubenden eisigen Schneesturm, dem wir uns schräg nach links entgegenstemmen mussten, um nicht hingelegt zu werden. Wer so etwas nie erlebt hat, dürfte es kaum für möglich halten, aber ich erlebte es zum zweiten Mal und kann es bezeugen. Den ersten derartigen Sturm in einer unwegsamen Hochgebirgsgegend überstand ich vor etwa fünfzehn Jahren, und zwar mitten im Sommer, an einem achtundzwanzigsten Juli, einen Schneesturm, der die Strasse vor der noch tief unter uns liegenden Passhöhe meterhoch verwehte, das Postauto zur Umkehr zwang, Telefonmasten knickte und das Hospiz von der Aussenwelt abschnitt. Einige Zeitungen haben darüber berichtet, man kann es nachlesen, wenn man will. Unten in den Tälern merkt man wenig davon, man ärgert sich höchstens über die kühlen Regenschauer, und da oben schwingt der weisse Tod wie rasend sein riesiges Leintuch über ein paar armen Bergsteigern.

Dieses frühere Erlebnis stieg vor mir auf wie ein beängstigender Traum, als wir nun auf den Kamm losgingen, und mir schien, es sei wieder genau so wie damals, nur dass es jetzt September und nicht

Juli war. Das Gelände begann endlich vor uns anzusteigen, wie wir es erwarteten, aber es war nur eine Bodenwelle, drüben ging es zu unserer Enttäuschung wieder bergab, und zwar so weit, dass wir Verdacht schöpften und nach kurzer Zeit denn auch nichts mehr vor uns hatten als den Abgrund. Wir vermuteten, dass wir zu weit nach Norden abgewichen waren, wo es schroff in die Tiefe ging.

Hier verrieten meine beiden Kameraden zum ersten Mal ihre gedrückte Stimmung, sie fluchten voll banger Sorge und suchten nun endlich den Kompass aus dem Rucksack hervor, was wir schon längst hätten tun sollen. Diese Unterlassungssünde nahm ich auf mich, ich hatte an den Kompass gedacht und ihn nur deshalb nicht hervorgeholt, weil ich meinte, dass wir ohne ihn auskommen würden, und weil es vor allem sehr widrig war, stehen zu bleiben, den Rucksack abzuhängen und aufzumachen. Das klingt vielleicht merkwürdig, aber es ist dennoch so; man fürchtet sich in einer derartigen Lage geradezu, das beruhigende Gehen und unablässige Denken auf ein bestimmtes Ziel hin zu unterbrechen, denn bei jedem Halt sind nicht nur Wind und Kälte viel schwerer zu ertragen, man wird auch von ganz unnötigen Gedanken überfallen und hat das Gefühl, kostbare Minuten zu verlieren.

Wir stellten fest, dass wir wirklich zu weit nach links geraten waren und hier unmittelbar über den steil abfallenden Nordwänden standen. Nun gingen wir auf unseren eigenen Spuren, die übrigens schon nach hundert Schritten kaum mehr zu erkennen waren, eine ordentliche Strecke zurück, dann steiften wir den Kompass ein und nahmen die Nordostrichtung.

Auf diese Art kamen wir nach einer Stunde zum Kamm hinauf, wo wir uns sofort trennten, um die Lücke zu suchen. Karl und Otto gingen nach rechts; ich suchte nach links, geriet aber bald wieder zu weit bergab und sah noch einmal in der Karte nach dem Verlauf des Kammes, dann kehrte ich um und folgte, meine Schritte zählend, den Kameraden, die sich, wie ich an den verwischten Spuren gerade noch erkennen konnte, durch jede grössere Scharte hinausgebeugt hatten. Der ziemlich zerrissene Kamm war überall von Schneewehen bedeckt wie von Wellen, die sich schäumend überschlagen. Nach ungefähr vierhundert Schritten musste die Lücke zu finden sein, wenn meine Berechnung stimmte, und dort fand ich sie auch. Karl und Otto, die noch über sie hinausgesucht hatten, kamen zurück und erklärten ebenfalls, dies sei die richtige Stelle.

Vorsichtig traten wir in den gabelförmigen Ausschnitt und blickten auf die andere Seite hinab, konnten aber nicht viel mehr erkennen als den obersten Ansatz eines Steilhanges, der sich im Schneegestöber verlor. Wir waren einig, dass uns hier das schwierigste Stück des Tages bevorstand, da wir mit dem Pfade nicht rechnen konnten. Dieser schmale, auch bei aperem Boden oft kaum sichtbare Pfad, der stellenweise nicht breiter ist als eine Handspanne, führt im Zickzack etwa hundert Meter weit den felsigen Hang hinab, war aber nun völlig verweht und nicht einmal zu erraten.

Die Lücke gewährte einen notdürftigen Schutz vor dem Sturm, und hier setzten wir uns in den Schnee, um zu essen.

Wir hatten seit vier Stunden nicht mehr gerastet, waren hungrig und vom Waten ermüdet. Wir fanden es aber nach wenigen Minuten schon so ungemütlich und begannen derart zu frieren, dass Karl und Otto zum Aufbruch drängten. Ausserdem hatten wir viel Zeit verloren, es war schon drei Uhr nachmittags, und wir mussten uns beeilen, wenn wir vor der Dunkelheit ins Tal hinabkommen wollten. So seilten wir uns denn an und stiegen ab. Ich ging als Letzter am Seil und konnte in der Lücke noch gut sichern, aber weiter unten wurde es schwieriger, der Schnee bot keinen genügenden Halt, und wo man ihn wegwischte oder mit dem Eispickel durchschlug, geriet man immer häufiger auf Felsplatten. Plötzlich rutschten wir ab. Ich weiss noch genau, wie es geschah.

Wir waren schon im untersten Teil des Hanges, ich hatte gesichert, so gut ich konnte, Otto ging voraus, soweit das Seil es erlaubte, dann suchte er ziemlich lange, ohne einen richtigen Halt zu finden, und rief endlich: «So, jetzt, glaub' ich … probiert's!» Kaum hatte ich meine Sicherung aufgegeben, da schrie Karl, der zwischen uns ging, laut: «Halten!» Im selben Augenblick wurde ich durch einen Ruck am Seil aus dem Stand gerissen, rutschte Karl nach und stemmte meinen Pickel mit aller Kraft umsonst in den Hang. Ottos Sicherung versagte, wir rissen ihn mit, rutschten auf dem Schneehang, der gegen meine Befürchtung nicht ins Gleiten kam, etwa zehn Meter weit ab und stürzten zuletzt noch drei, vier Meter auf nur fusshoch verschneite harte Karren hinunter.

Beim Aufprallen überschlug ich mich, rutschte um eine Manneslänge weiter und griff mit beiden Händen in den Schnee, um mich festzuhalten, aber wir waren endgültig unten angelangt. Ich lag mit schmerzender Hüfte an einem schrägen Bord und hörte dicht über mir auf dem Absatz, wo meine Kameraden lagen, ein raues Stöhnen und jammerndes Fluchen. Ich prüfte meine Glieder, erhob mich und stellte aufatmend fest, dass ich mit einer tüchtigen Quetschung davongekommen war. Karl und Otto dagegen klagten über starke Schmerzen im linken Bein und fielen beim Versuche, aufzustehen, stöhnend gleich wieder hin. Es ergab sich, dass sie wahrscheinlich den linken Unterschenkel, mindestens aber das Wadenbein gebrochen hatten, sie konnten weder gehen noch auf beiden Beinen stehen. Otto blickte mich mit ungläubig erschrockenen Augen an, als ob er dies nicht fassen könnte, dann sank er auf eine ganz besondere, verzweifelte Art, so wie man sich verloren gibt, langsam zurück und legte die Stirn auf den gekrümmten Arm. Ähnlich benahm sich Karl. Mir war sofort klar, dass sie nicht wegen eines gebrochenen Beines verzweifelten, sondern in der Einsicht, dass für sie die ohnehin schlimme Lage unter solchen Umständen hoffnungslos wurde. Wir befanden uns hier auf den obersten felsigen Stufen einer ausgedehnten Schafweide, die mit einer Neigung nach Nordwesten gestaffelt gegen eine Alp abfällt, eine weite, zu dieser Zeit schon verlassene Rinderalp, von der ein zweistündiger schlechter Weg durch den Wald zu den verstreuten ersten Bergheimwesen hinunterführt. Man sah auch hier noch immer keine zehn Schritte weit, der Schneesturm fegte mit unverminderter Wucht über uns hin und drang uns jetzt, da wir nicht mehr gingen, schneidend kalt durch die Kleider; unsere Hände waren vor Kälte geschwollen und unempfindlich geworden. Man muss sich dies alles zugleich vor Augen halten, um die Verzweiflung meiner Kameraden zu verstehen. Auf einer Höhe von zweitausendvierhundert Metern, hoch über allen menschlichen Wohnungen, ohne Pfad, ohne Sicht, wie erblindet und halb erschöpft mit einem Beinbruch im eisigen Schneesturm, drei Stunden vor dem Zunachten – wer da noch Hoffnung hätte, dürfte kein erfahrener Bergsteiger sein.

Ich verzichtete auf jeden unbegründeten Trostversuch und sprach vielmehr ohne lange Überlegung den nächstliegenden Gedanken aus: «Ich laufe so rasch wie nur möglich hinab, trommle da unten ein paar tüchtige Burschen zusammen und führe sie hinauf, mit Bahren oder mit einem Hornschlitten ...»

Ich blickte sie an und wartete, was sie dazu sagen würden, aber sie sagten nichts, sie wussten Bescheid. Sie wussten, dass ich bis zu den obersten Häusern hinab mindestens vier Stunden brauchen würde, dass ich eine Rettungskolonne dann nicht im Handumdrehen beisammenhätte und dass die Kolonne mit einem etwa sechsstündigen Aufstieg rechnen müsste, abgesehen von der Frage, ob ich nach so ausserordentlichen Anstrengungen überhaupt noch fähig wäre, sie da hinaufzuführen, und abgesehen auch von der hohen Wahrscheinlichkeit, dass eine Rettungskolonne im Morgengrauen zu spät käme. Das Schweigen, mit dem sie meinen Vorschlag aufnahmen, erschütterte mich mehr, als wenn sie noch so furchtbar geklagt hätten.

Indessen kam mir ein anderer Gedanke. «Da unten auf der Alp ist doch ein Stall, nicht?», fragte ich.

«Ja, aber wie willst du den finden!», erwiderte Otto dumpf.

«Er steht irgendwo mitten auf der Alp ... Aber du würdest ihn nicht finden, auch wenn du wüsstest, wo er wäre ... man sieht ja nichts.»

«Aber ich kann ihn suchen, verdammt noch mal! Und dann schleppe ich euch beide hinab.»

«Hinab wären es etwa zwei Stunden und hier hinauf drei ... bis dahin ...»

«Aber es wäre doch eine Möglichkeit!», warf Karl ein.

«Jawohl!», rief ich. «Und solang es eine Möglichkeit gibt, hat es keinen Sinn, den Kopf hängen zu lassen, Otto. Der Stall wird gesucht. Und einen von euch nehme ich gleich mit ... oder versuche es doch wenigstens.»

Das belebte sie nun beide, aber, wie ich rasch merkte, auf eine sehr zwiespältige Art, und im nächsten Augenblick überfiel mich selber die Frage, die ihre aufkeimende Hoffnung erbarmungslos bedrohte: Wie soll einer allein es hier oben auch nur zwei, geschweige denn fünf Stunden aushalten?

Wir waren tatsächlich so ermüdet und froren, ja schlotterten am ganzen Körper dermassen, dass nicht einmal ich mit meinen gesunden Gliedern mir so etwas zugetraut hätte. Davon sagte ich aber nichts, ich klammerte mich vielmehr an meinen Einfall, da mir gar keine andere Wahl blieb.

Von diesem Augenblick an wurde unser bisher so offenes Verhältnis zueinander peinlich gespannt. Wir wussten alle drei, dass der Unglückliche, der dableiben musste, verloren war, wenn kein Wunder geschah, weil es fast unmöglich schien, die Hütte zu finden, und weil der Zurückgebliebene selbst dann, wenn ich sie nach unvermeidlichen, zeitraubenden Irrgängen gefunden hätte, bis zu meiner Rückkehr es nicht aushalten würde. Welcher von beiden aber sollte nun dableiben?

Ich konnte nicht hoffen, dass sich der eine für den andern freiwillig aufopfern würde, dazu waren sie bei aller Kameradschaft denn doch zu wenig eng befreundet; ausserdem durfte von so nüchtern denkenden, mitten im Erwerbsleben stehenden Männern ein derart seltener Edelmut auch gar nicht erwartet werden. Die Entscheidung blieb mir überlassen, wie sich bald genug herausstellte, die furchtbarste Entscheidung, die ich jemals zu treffen hatte. Beide waren gefestigte, selbständige Menschen zwischen dreissig und vierzig Jahren, von der äusserlich herben, im Grunde aber recht gemütvollen Art, wie man sie unter der einheimischen Bevölkerung überall trifft. Otto betrieb eine Möbelschreinerei, Karl war Drogist. Sie befanden sich in guten Verhältnissen und besassen im Dorfe ein beträchtliches Ansehen. Ich selber war der neue, etwas liederliche Fotograf, der lieber Tiere und Berge aufnahm als Brautpaare und Vereinsausflügler. Ohne viel mehr voneinander zu wissen als eben dies, hatten wir uns gelegentlich im Wirtshaus getroffen, unsere gemeinsame Freude an der Bergwelt entdeckt, über Touren geplaudert und dann zusammen diese Wanderung unternommen.

Im Verlaufe der letzten drei Tage nun waren wir einander etwas nähergekommen und hatten Schmollis gemacht, wie sich das in einsamen Berghütten unter Männern, die aufeinander angewiesen sind, ohne Weiteres ergibt. Sie gefielen mir beide, aber erst jetzt, da sie auf der Waagschale lagen und ich das Zünglein spielen sollte, das über Leben und Tod entscheidet, wurde mir bewusst, wie ungenau ich sie kannte und wie schwierig es war, aus mehr als persönlichen Gründen einen dem andern vorzuziehen.

Karl, von mittlerer Grösse, mit einem schmalen Gesicht und wachen, rasch blickenden Augen, war vielleicht etwas intelligenter als Otto, dabei sehr bescheiden, wenigstens mir gegenüber, obwohl er offenbar viel gelesen hatte und zum Beispiel von Gebirgsbildungen,

Mineralien, Pflanzen mindestens so viel wusste wie ich. Er litt jetzt innerlich wohl noch mehr als Otto und verriet deutlicher, wie unbeständig er zwischen Hoffnung und Verzweiflung schwankte. Er fror auch am ärgsten und lag, auf einen Ellbogen gestützt, die Hände in den Hosensäcken, mit gesenktem Kopf oder leicht erhobenem, gequält forschendem Gesichte zitternd da.

Otto war etwas kleiner und fester, dabei vitaler, warmherziger.

Er hatte vor unserem Aufbruch eine vorzügliche Flasche gestiftet, dann im Rucksack viel gute Dinge mitgetragen und uns mit einer Freigebigkeit davon angeboten, die man nirgends mehr zu schätzen weiss als im Gebirge. Zuletzt war er trotz seiner kräftigen Natur nicht ohne grosse Mühe mitgekommen und nach dem Absturz mit dem gefährlicheren, schmerzlicheren Bruche liegengeblieben. Seine kummervoll brütende Miene stand zu dem sonst so heiteren Ausdruck seines selbstbewussten runden Gesichtes in einem Gegensatz, der mir ans Herz griff.

Kann man entscheiden, welcher von zwei ungefähr gleichartigen Menschen, die man nicht schon in allen möglichen Lagen genau kennengelernt hat, der bessere, wertvollere ist?

Im Alltag macht man sich das leicht und tut es je nach dem Standpunkt, den man einnimmt, aber wenn Leben und Tod davon abhängen, kann es nur vom höchsten Standpunkt aus geschehen. Wie rasch sagen wir doch im täglichen Leben, der und jener sei nichts wert! Irgendeiner gefällt uns, weil er eine gewinnende Fratze hat oder uns Honig ums Maul streicht, und für diesen gäben wir drei andere hin. Und wer nimmt sich die Mühe, nach Verdiensten und verborgenen guten Eigenschaften auch nur zu fragen, wenn er einen vor sich hat, der ihm missfällt? Nichts ist schwieriger und nichts wird leichtfertiger gehandhabt als das Urteil über einen Menschen, auch wenn er unser Nächster ist. Wir sind darin grauenhaft ungerecht, bald aus Dummheit oder Hochmut, bald aus lauter Bequemlichkeit. Wohl uns, dass wir unsere leichtfertigen Urteile nur vor unserem eigenen abgestumpften Gewissen und nicht vor einer unerbittlichen höchsten Instanz verantworten müssen!

Ich ging nun mit einer Zuversicht ans Werk, die wohl nicht ganz ehrlich erscheinen mochte. «Vorerst müssen wir hier weg», entschied ich. «Wenn der Schnee da oben noch weiter wächst, kann er auf der trockenen Unterlage am Ende doch abrutschen. Ich wundere mich überhaupt, dass wir nicht mit dem ganzen Schneehang da unten angekommen sind. Vielleicht finde ich auch eine etwas geschütztere Stelle, ich will nachsehen, habt einen Augenblick Geduld!» Ich stieg eilig nach links hinunter und schlug einen weiten Halbkreis, fand aber nichts Geeigneteres als einen kleinen ebenen Absatz, wo man zwar nicht geschützt, aber doch wenigstens bequem liegen konnte. Als ich weitersuchend nach rechts wieder zum Felshang hinaufgestiegen war und ihm entlang der Unfallstelle zuging, fiel es mir in dem rasenden dichten Gestöber schon auf diese kurze Entfernung so schwer, die Kameraden zu finden, dass ich rufen musste.

Beide antworteten und sahen dann, als ich an sie herantrat, qualvoll gespannt zu mir auf. Sie hoben sich nur noch mit dem Kopf und einem Schulterstück vom Schnee ab, so stark waren sie schon zugeschneit. Ich hob ohne lange Erklärungen den Nächsten, Otto, mit beiden Armen auf, und er legte mir, stöhnend vor Schmerz, einen Arm um den Nacken.

Mit meiner gequetschten Hüfte und bei meiner Müdigkeit aber kam ich nun so schwerfällig vorwärts, dass ich nicht nur meine unbestimmte heimliche Absicht aufgeben musste, beiden zugleich von hier aus weiterzuhelfen, sondern schon zweifelte, ob ich auch nur einen von ihnen retten könne.

Was nun geschah, während ich beide nacheinander etwa hundert Meter weit hinabtrug, das mag ich nicht nur flüchtig berichten, ich muss die beiden mit ihren eigenen Worten reden lassen – zu meiner Rechtfertigung. Wie sie sich benahmen und was sie sagten, das weiss ich noch so genau, als ob es gestern geschehen wäre, ich habe jedes ihrer Worte auf die Waagschale gelegt.

Otto begann eindringlich zu klagen: «Herrgott, dass das nun so enden muss! Bis dahin ist alles so gut geraten, und jetzt muss uns das passieren ... Ich weiss nicht, was meine Frau tun würde, wenn ich nicht mehr zurückkäme. Es ist eine liebe Frau, das kann ich dir schon sagen ... schade, dass du sie nicht kennst ... hast sie nie gesehen?»

«Vielleicht schon», sagte ich, «aber ich hätte sie ja nicht als deine Frau erkannt.»

«Solltest sie kennenlernen, du!», fuhr er fort. «Hättest überhaupt schon lang einmal zu uns kommen sollen. Ich habe allerlei, was dich interessieren würde, zum Beispiel eine Sammlung von schönen alten Stichen ... ich sammle sie aus Liebhaberei, weisst du ... Aber was nützt das jetzt, es ist ja alles aus, fertig!»

«Ach was! So rasch gibt man sich nicht auf!», erwiderte ich.

Er schwieg einen Augenblick, dann sagte er lebhaft: «Wenn du das fertigbrächtest, wenigstens einen von uns hinabzuschleppen, das wäre doch allerhand ... das hättest du nachher nicht zu bereuen!»

«Zuerst den einen, dann den andern», entgegnete ich.

«Ja ja, schon recht ... du weisst genau, wie es steht.» Nach einer kurzen, bedrückenden Pause blickte er mich verzweifelt an und sagte: «Weisst du, es will mir ja nicht in den Kopf, aber einer muss dran glauben.»

Ich widersprach abermals, doch er ging nicht darauf ein und begann, zwischen seinen abgebrochenen Sätzen immer wieder keuchend oder stöhnend vor Schmerz, weiterzuklagen: «Das hab' ich mir nicht träumen lassen, dass ich jemals in eine solche verfluchte Lage geraten könnte. Da hat man gearbeitet und immer ein wenig Glück gehabt, man hat ein schönes Geschäft, eine Familie, eine Frau, wie es keine zweite gibt, Kinder, den Peter und mein Anneli, ein Schatz, ist vor drei Wochen zehnjährig geworden ... der Peter ist vierzehn und besucht die Handelsschule ... Dann lebt noch mein alter Vater bei uns ... Und nächstes Jahr wollten wir ein Wohnhaus bauen, wir haben uns alle darauf gefreut ...» Er bewegte mit krampfhaft verkniffenen feuchten Augen langsam den Kopf hin und her, dann schien er, düster vor sich hinstarrend, einem Gedanken nachzuhängen. Plötzlich sah er mir wieder ins Gesicht. «Christoph, ich mache dir einen Vorschlag», begann er in einem neuen, entschlossenen, wenn auch immer noch gequälten Ton. «Du bist kein Geschäftsmann, ich weiss es, hast ein schmales Einkommen und wirst nichts Rechtes erspart haben. Aber ohne Geld kommst du auf die Dauer nicht aus. Ich helfe dir, du ... und du hilfst mir, bringst mich hinab ... ich lege dir auf der Bank ein Guthaben an, fünftausend ...»

«Mach keine Sprüche!», unterbrach ich ihn. «Ich versuche, euch beiden zu helfen.»

Wir stiessen auf meine Spur, wo ich vorhin durchgegangen war, aber ich wusste schon wieder nicht, ob die Stelle, die ich mir gemerkt hatte, rechts oder links lag; ich legte Otto in den Schnee und suchte sie links, fand sie aber nicht, kehrte um und trug Otto nach rechts hinüber.

«Da hast du es!», sagte er niedergeschlagen. «Bist doch eben noch da gewesen und findest dich schon wieder nicht mehr zurecht ... es ist hoffnungslos, man sieht in dem verdammten Sturm ja nichts. Und du willst eine Alphütte finden und weisst noch nicht einmal, wo sie ist. Überhaupt ... bis du mit einem von uns da hinunterkommst, ist es dunkel.»

Ich betrat den Absatz und bat Otto um Geduld.

«Christoph», sagte er, während ich ihn hinlegte, «sei vernünftig und überlege dir, was ich vorgeschlagen habe! Wirst später froh sein darum.»

Ich antwortete ausweichend und wollte ihn nun liegen lassen, um Karl zu holen, aber er hielt mit beiden Händen meinen Arm fest, blickte mich angstvoll forschend an und sagte:

«Du, zehntausend ...»

«Otto», erwiderte ich, «ihr seid mir beide gleich lieb. Wie sollte ich mich da entscheiden können, wenn es wirklich darum ginge, einen von euch preiszugeben! Ich werde alles versuchen, was mir möglich ist, um euch beiden zu helfen, glaub es mir!»

«Du kannst nur einem helfen», murmelte er.

Ich verliess ihn und stieg zu Karl hinauf, der mit dem Rücken gegen den Wind gekrümmt dasass und sich schlotternd in die Hände hauchte.

«Ich würde es nicht lange aushalten, glaub ich», begann er, als ich ihn wegtrug. «Hätten wir doch nur deinen Rat befolgt und wären auf dem Grat zurückgegangen.»

«Hätte ich nur darauf bestanden!», entgegnete ich.

«Ja ... aber jetzt ist es so und lässt sich nicht mehr ändern. Eine so schöne Tour und ein so trauriges Ende ... kann es einfach nicht verstehen.» Auch er schüttelte nun den Kopf oder bewegte ihn vielmehr langsam hin und her, wie Otto, und fuhr fort zu klagen, schmerzlich, doch ebenso still und unpathetisch, wie ein Mann dieses Schlages seine Fassungslosigkeit vor dem Unglück oder dem Tod eben kundgibt.

Dann aber fragte er: «Meinst du wirklich, dass du einen von uns retten kannst?»

«Hoffentlich beide!», antwortete ich.

Er schüttelte ungläubig den Kopf. «Einer wird dableiben müssen», erwiderte er. «Ich würde gern sagen, dass ich bleiben will, ich habe ja auch wahrscheinlich den leichteren Bruch, aber ...»

Er schwieg nun so lange, dass ich selber fragen musste, um mehr von ihm zu erfahren. «Du hast ja auch eine Familie, nicht?»

Er nickte und wischte sich mit dem verschneiten Ärmel rasch über die Augen. «Das ist es ja», sagte er. «Frau und Kind; ein Mädchen ... und meine alte Mutter ... Wenn ich denke, dass ich sie alle nicht mehr sehen sollte ... sie hangen so an mir ... ich darf gar nicht daran denken ... Aber für Otto wäre es auch schwer, seine Familie würde viel an ihm verlieren ...»

Ich erklärte ihm, dass ich versuchen werde, eine Schneehöhle zu bauen, und erwähnte Beispiele von Touristen, die in einer solchen Höhle sogar im Winter Schneestürme überstanden hatten. «Ich habe auch daran gedacht, mit euch hier

oben zu bleiben, aber ich glaube nicht, dass ich ohne Schaufel mit diesem lockeren Schnee eine Höhle für drei zustande brächte.»

«Das hätte auch keinen Sinn», entgegnete er. «Du musst sowieso hinab, um Hilfe zu holen. Aber eine Schneehöhle, das wäre vielleicht eine Möglichkeit.»

Otto blickte uns stumm und düster gespannt an, als wir vor ihm auftauchten.

Ich ging nun sogleich ans Werk und begann mit meinen Händen auf der Windseite des ebenen, etwa drei Meter breiten, ziemlich langen Staffelbodens Schnee aufzuhäufen, aber mein Unternehmen liess sich noch schwieriger an, als ich befürchtet hatte. Bergsteiger, die halb erfroren und erschöpft aus einem Schneesturm ins Tal hinabkommen, werden häufig gefragt: «Warum habt ihr keine Schneehöhle gebaut?» Wer dies aber unter ähnlichen Umständen versucht hat wie ich, der weiss, und wohl nur der weiss es genau, dass man daran verzweifeln kann. Der Schnee ballte sich nicht, er war so locker und feinkörnig wie trockener Sand; wenn ich einen zusammengescharrten Haufen formen und festigen wollte, fiel er ganz einfach auseinander, aber wenn ich ihn nicht festklopfte, wurde er weggefegt und abgetragen. Ausserdem hatte ich kein Werkzeug und arbeitete mit meinen gefühllosen Händen wie mit lächerlichen kleinen Kinderschäufelchen; ich brachte so geringe Mengen zusammen, dass ich kaum hoffen durfte, einen Schutzwall aufzuwerfen, von einer Höhle gar nicht zu reden. Eine Höhle baut man nur mit Schnee, der sich ballt, oder wenn man sich mit dem Pickel in eine genügend tiefe alte Schneeschicht eingraben kann, sonst aber nicht.

Meine Kameraden sahen mir eine Weile zu, dann rief Otto hoffnungslos, mit einem gereizten Unterton: «Was nützt das? Hör doch auf!»

Ich war wirklich nahe daran, mein Unternehmen aufzugeben, besonders weil so viel wertvolle Zeit dabei verloren ging, aber schliesslich brachte ich doch mit der Hilfe von dünnen Rasenziegeln und Steinen, die ich aus dem harten Boden pickelte und mit dem Schnee vermischte, einen ungefähr hufeisenförmigen niederen Schutzwall zustande. «So, und jetzt muss sich in Gottes Namen einer von euch hier ins Loch hineinlegen und warten», sagte ich beiläufig und leichthin. Beide schwiegen, und ich blickte sie nicht an.

(...)

Nelly Zwicky
Das Geheimnis des Knechts

1.

In der zweiten Hälfte des vorigen Jahrhunderts diente bei dem Bauern Fridolin Küng in Näfels während kurzer Zeit ein kaum achtzehnjähriger Knecht, ein brauner Hinterländer namens Kaspar Fischli. Er hatte den Dienst am ersten März angetreten, war gekommen mit einer grün gestrichenen Truhe über der Schulter, die geringe Habseligkeiten enthielt, und hatte den Meisterleuten und deren Kindern mit einem verlegenen «Grüss euch wohl» die Hand gegeben. Er war schweigsamen Wesens, suchte keinen Anschluss an die Burschen seines Alters im Dorf; und wenn jemand im Hause einen Spass zum besten gab, so lachte er selten herzhaft mit. Und wenn er's einmal tat, so beschränkte sich das Lachen auf den Mund, die Augen blieben ernst. Nicht dass diese Verschlossenheit den Stempel der Unaufrichtigkeit getragen hätte. Die stehen war offen und der Blick frei. Vielleicht hatte er Heimweh nach seinem Winkel hinter Linthal und schämte sich dessen. Am ehesten schien er zu der einzigen Tochter, der einige Jahre älteren Agnes, Vertrauen zu fassen. Die war auch dessen Wert. Ein Bild köstlicher Jugendfrische und Fröhlichkeit, konnte sie nicht anders als freundlich und gütig mit Mensch und Tier umgehen. Gescheit und zuverlässig, war sie trotz der Sicherheit ihres Tuns und Redens doch von bescheidenem Wesen. Nur zu sorglos freigebig in den Augen der ängstlich sparsamen Eltern, wenn etwa ein Kind in zerrissenem Röcklein oder eine hungrige Hausiererin an die Türe kam und ein Stück ihres eigenen Kleiderbestandes mit hinweg wanderte. Aber sie liess sich nicht irre machen. Agnes beobachtete im Stillen den fremden jungen Burschen mit dem natürlichen Verständnis des Herzens; er mochte es spüren, wenn ihre Augen mit einer Frage auf ihm ruhten, die sie in Worten nicht stellen mochte. Er nahm jede Gelegenheit wahr, ihr kleine Dienste zu erweisen, mehr als der Bäuerin, die für ihn besorgt war, wie sie es für recht hielt, ohne seiner gross zu achten. Auch die beiden Knaben, die noch zur Schule gingen, hielten meist zusammen und kümmerten sich wenig um den wortkargen Buschen. – –

* * *

Der Vorfrühling liess die Schneemassen an den Bergen langsam zurückweichen; erwachende Bächlein regten sich zwischen dem Gestein, wenn der laue Föhn mit dürren Blättern spielte. Dann und wann toste eine der letzten erdgemischten Lawinen schwer über die Wände des Wiggis herunter und liess unterwegs harte, zähe Dreiecke unterspülten Schnees bis in den Sommer hinein zwischen dem blühenden Alpengras zurück.

Es war der erste Mittwochabend im April, der Vorabend der Fahrt, des Grossen Ehren- und Feiertages für das Dorf. Die Glocken verkündigten es durch das Tal, das morgen jede Arbeit ruhen sollte. Man beeilte sich, alles Notwendige auf die Seite zu bringen. Friedli Küng und sein junger Knecht säuberten den Stall ausnahmsweise auch aussen herum. Die Meisterin bereitete das Essen vor, Agnes nahm die steife, ungebleichte Wäsche ab. Sie war zwar noch nicht ganz trocken, denn der Schatten hatte sich längst kühl über das Dorf gesenkt, während Mollis jenseits des Tals noch im Sonnenschein schwelgte.

«Wenn du einmal an die Landsgemeinde kannst, Kapi, so musst du helfen, eine andere Ordnung machen», spasste die Haustochter mit dem Knecht, der am Brunnen die Hände wusch. Er sah sie fragend an. «Für uns die Sonne und für die da drüben den Schatten, was meinst? In ein paar Jahren kannst auch abstimmen.»

Er trocknete die Hände an seinem roten Sacktuch, während er gleichgültig nickte. Aber als Agnes ihn anwies, das Wäscheseil abzunehmen, ohne dass es den Boden streifte, fragte er auf einmal: «Warum habt ihr zwei Teufelsmasken dort unten?»

«Teufelsmasken?»

«Ja, ob der Tür des grossen Hauses, wo die Kanzlei ist und das Armenhaus.»

«Jaso, du meinst den Freulerpalast. Das sind doch keine Teufelsmasken, das sind Gesichter zur Verzierung.»

«Dann hätte man etwas Schöneres hintun sollen.»

«Die's gemacht haben, werden es wohl besser verstanden haben als du.»

Da kam den Jungen zum ersten Mal das Necken an: «Ist etwa das Gesicht ob der Tür das Porträt von deiner Grossmutter, Agnes?»

«Ich will dir!», lachte sie, «ist doch ein Hinterländergesicht.»

Guter Dinge trugen sie selbander die volle Zaine ins Haus. Eigentlich hätte der Knecht die Meistertochter nicht so ohne weiteres duzen dürfen. Sie erschien ihm aber so jung, dass er das «Ihr» nicht über die Lippen brachte, und sie verlangte es auch nicht.

Dem Buben war so wohl heute abend, fast heimatlich. Alle vertrauten ihm hier. Der Bauer hatte ihm einen Lobspruch gegönnt und ihm ein blankes Zweifrankenstück zum Vertun am morgenden Tage gegeben. Denn der Küng hatte gute Augen und fand, sein junger Knecht leiste fast so viel wie ein Zwanzigjähriger, und der Lohn sei eigentlich zu gering. Das sagte er natürlich nicht; aber ein Trinkgeldlein hie und da – –

Kasper stieg nach dem späten Nachtessen müde in seine Dachkammer hinauf. Der Mond glitt friedlich über das Tal hin und warf die dunkelsten Schatten, wo der Rautibach in seinem tiefen Bette noch schlaftrunken leise rauschte. Der hohe Giebel der Klosterkirche mit ihrem Dachreiter grüsste mattglänzend den schmucken Turm der Dorfkirche. Auf dem Hügel, der jetzt das Kapuzinerkloster trägt, hatte vor Jahrhunderten eine Burg gestanden. Eines Sonntags war Kasper die hohe Treppe hinaufgestiegen und hatte sich das zierliche Gärtlein angesehen, das die gelehrten Brüder hinter einem hohen Gitter verwahrten. Sie mochten wohl wissen, warum. Die Aussicht von der Plattform war so weit und hell, wie der Hinterländer sie noch kaum gesehen hatte. Im Norden wurden die Berge allmählich zu Hügeln, ein zweites Tal vereinigte sich von Osten her mit der Ebene, und als ein blauer Streifen teilte die Linth den grünen Wiesenplan. Im Süden aber ragten weiss die vertrauten Berge von daheim. Kapi wäre vielleicht lange stehen geblieben, wenn nicht etliche Burschen, die in der Nähe standen, angefangen hätten ihn zu fragen und wegen seiner Zurückhaltung zu necken. So ging er auf den Dorfplatz hinunter, wo das mächtig grosse Haus stand, das Agnes heute den Palast genannt hatte. Die beiden Fratzen rechts und links über dem Portal hatten grinsende offene Mäuler; lange spitze Nasen bogen sich schnabelartig über die schwarzen zahnlosen Löcher. Der steinerne Hohn hatte den Jungen auf den Gedanken gebracht, diese Gesichter möchten dämonische Fratzen vorstellen. Denn sie erinnerten ihn an etwas – an was –.

Der Wind hatte sich gedreht und kam scharf von Nordosten her. Ein paar Sternlein zwinkerten wie frierend an dem schmalen Himmelstreifen. Johlende Stimmen übertönten von der Strasse her das friedliche Nachtgeplauder des Baches. Kasper schloss das Fensterchen mit einem kräftigen Druck und streifte im Nu die Kleider ab. Als er die Decke bis unters Kinn gezogen hatte, kam wieder das neue, warme Gefühl, als ob er nach langer, langer Zeit daheim wäre. Das machten die Augen der Agnes, die blickten als freundliche Sterne in seine schläfrige Fantasie herunter.

2.

In der Frühe des folgenden Morgens kam die Prozession von Glarus her feierlich geschritten. Nicht auf der Landstrasse, nein, durch Wiesen und Gesträuch dem Berge entlang, «auf Wegen und Stegen der Väter» nach der Verordnung vom Jahre 1388. Vergoldete Kreuze blitzten, buntfarbige Fahnen wiegten sich. Alle Sträucher hatten sich zur Frühlingsfeier mit zarten, hellgrünen Schleiern geschmückt, um die Tannen im dunkeln Winterkleid zu beschämen. Die grauen Mauern des Wiggis verloren sich im Schnee der Gipfel.

Kaspar war noch nie dabei gewesen und sah mit grossen Augen den langen Zug, der den Kreuzen und Fahnen folgte, bis in Schneisingen die Militärmusik und der Chor der vielen Männerstimmen weit hinaus über das Tal scholl. Das gefiel dem Jungen bis ins Herz hinein. «Halte, was du hast!», rief des Landammanns Stimme am Schluss der Rede über die stille Versammlung hin, «halte den tapfern Geist deiner Ahnen fest; denn du weisst nie, wann du ihn brauchst.» Und dann folgte Kasper mit aller seiner unverbrauchten Wissbegier dem alten Schlachtbericht, wie er seit Jahrhunderten im Angesichte immer neuer Generationen von der Kanzel auf freiem Platze vorgelesen wird. Ernsthaft griff er an sein farbloses Hütlein, wenn die Namen «unserer lieben Nothelfer St. Fridolin und St. Hilary» genannt wurden; denn so hatten es seine Eltern gelehrt, die zu der kleinen katholischen Gemeinde von Linthal gehörten.

Mit einer wuchtigen Ermahnung schloss endlich auch der Prediger seine Rede: «Widerstehet den listigen Anläufen des Teufels, denn er geht umher wie ein brüllender Löwe und sucht, wen er verschlinge.»

Kaspers Gesicht, bisher voll ruhiger Aufmerksamkeit, erstarrte nach diesen Worten, als hätte sich irgendwo etwas Schreckhaftes erhoben. Oder hatte der Anblick zweier älterer Burschen aus der Heimatgemeinde ihn aus einem heimlichen Grunde irregemacht? Nein, an Mut fehlte es ihm nicht; er würde einer sein wie die Alten von 1388, wenn's sein müsste mit Lanze und Morgenstern.

Agnes, die in der Nähe stand und ihm zufällig ins Gesicht sah, wunderte sich. Sie schwieg aber, äusserte nicht den innersten Gedanken: der Bub da müsse etwas erlebt haben, was die Lebenslust seiner Jugend niederhielt, wie der kalte Wind auf den Höhen die Blumen niederhält. Aber es trug nichts ab, ihn zu fragen. Er würde ja doch nicht sagen wollen, was es war.

Gegen Abend hielten etliche der jungen Leute auf ihre Weise Nachfeier in den Wirtschaften, mit denen die Gässlein reichlich versehen waren. Der eine der beiden Linthaler war hier geblieben und trat just mit einem roten Kopf aus der Tür einer überfüllten Gaststube. Diese Gasse war der Weg zu Friedli Küngs Haus. Von dorther kam der junge Knecht mit dem Milchkessel geschritten, den für gewöhnlich Agnes in den Pfarrhof zu bringen pflegte.

«So», rief ihn der Rotköpfige herausfordernd an, «ich habe dich heut schon einmal gesehen.»

«Ich dich auch», gab Kasper kurz zurück und wollte weiter gehen. Aber der andere vertrat ihm den Weg. «Was für einer bist denn du, dass es dir so gut geht?»

«Woher willst du wissen, ob es mir gut geht? Mach Platz.»

«Ich habe es beim Tunder gesehen. Weiss denn die schöne Jungfer, die so fry (freundlich) mit dir getan hat, was man bei uns hinten weiss?»

Kasper hätte vielleicht aus lauter linkischer Wortarmut noch einen Ausweg versucht, wenn in diesem Augenblick nicht Agnes selber mit Marktkram beladen von der Strasse herauf gekommen wäre und die Spottrede gehört hätte. Das brachte den schwerblütigen Jungen in den höchsten innern Aufruhr. Der werdende Mann wurde Herr über den scheuen Knaben; er stellte den Kessel weg, dass die Milch schier überbordete, packte den überraschten Gegner an den Oberarmen wie mit engen Klammern und suchte ihn niederzuringen. Der andere war ihm zwar überlegen an Jahren und an Erfahrung, allein seine Sinne waren benebelt und mit Kapi focht die Leidenschaft. So riss einer den andern dem Bachbett entgegen mit der Absicht, ihn hinunter zu werfen. Umsonst schrie Agnes laut und herrisch dazwischen. Es half auch nichts, als sie einen Mann anrief, die verkrallten Burschen zu trennen. «Deren Buben muss man's ausfechten lassen», sagte der gelassen, «solang sie keine Messer haben, bringen sie einander nicht um.» Während er seinen Weg fortsetzte, geschah das Unvermeidliche: beim Steg stürzten beide Gegner in enger Umklammerung in das Bachbett hinunter. Noch war nicht viel Wasser darin; allein das wenige schoss pfeilschnell zwischen den steilen Ufern hin, und seine Schneekälte konnte wohl zur Besinnung bringen. Kasper fühlte es heiss von der Stirn über das rechte Auge bis in den Hals hinunter rinnen. Sein Kopf hatte hart aufgeschlagen. Der Gegner richtete sich mühsam auf; bei ihm rangen Wein und Wasser um die Herrschaft. Kasper hatte sich freigemacht und kletterte gewandt an den Wegrand zurück. Dort lachte er der erschrockenen Agnes schier wild ins Gesicht: «Gelt, dem hab' ich's gezeigt!»

Dass er so lachen konnte, hätte sie niemals geglaubt. Das musste ein heimlicher Hass sein, aus dem heraus er so lachte.

«Lauf heim und wasch dir den Kopf!», schalt sie ihn zum ersten Mal mit ehrlichem Unwillen, «so kannst du dich nirgends sehen lassen. Nimm mir den Pack da mit, ich will die Mich selber in den Pfarrhof bringen.»

Der Knecht gehorchte; er sah den Kopf des Gegners just noch über dem Rande des Bachbettes auftauchen. Flühe und aber Flüche begleiteten ihn; er beantwortete sie bloss mit demselben triumphierenden Gelächter.

Als Agnes zurückkehrte, fand sie den Knecht noch am Brunnen, den blutenden Kopf unter die Röhre haltend. Rot färbte sich der schmale Wasserstrahl.

«Verhalte die Wunde», befahl die Meisterstochter abermals, «geh in deine Kammer; es ist noch ein Pflaster im Kasten, ich will dir nachkommen und dich verbinden.»

Mit einem roten Tuch, wie sie in der Druckerei unten gefärbt wurden, machte sie ihm einen wulstigen Verband, unter dem sein braunes Gesicht hervorstach wie das eines Orientalen unter dem Turban. Bei dieser Laienpraxis hatte sie eine gelinde und sichere Hand, so dass er erfreut hinzufügte: «Sollst Dank haben.»

«Der beste Dank wird schon sein, dass du keine solchen Dummheiten mehr machst, Kapi.»

«Warum hat er mir das vor dir gesagt, Agnes», trotzte er. Das Mädchen hatte eine Unschlittkerze angezündet, in deren kargem Licht die grossen Augen unter dem feuerroten Tuch mit einem brennenden Blick den ihrigen begegneten.

«Kasper, du hast etwas zu verbergen. Sei ehrlich und sage mir, was.»

«Das kann ich nicht.»

«Hast denn etwas Böses getan?»

«Nichts Böses hab' ich getan.»

«Dann hat dir jemand anders etwas angetan.»

«Ich kann niemand verklagen.»

«Dann sagt man dir etwas zu Unrecht nach.»

«Das wird's wohl sein.»

«Aber dann darfst du's ja sagen.»

«Vielleicht sage ich es einmal. Dir allein, wenn sonst niemand in der Nähe ist.»

«Das ist abgemacht, Kapi.»

Aus der Wirtschaft tönte Tanzmusik aufregend herauf. Aber den Burschen reizte sie zu anderm als zur Lustbarkeit. «Wär' er doch im Bach unten geblieben!»

«Aber Kapi, Kapi! Bist doch sonst ein so stiller, ruhiger Bursch, den alle gern haben. Scheint's ist es so, dass die Stillen nicht zanken, sondern lieber gleich dreinschlagen. Bet noch ein Vaterunser, und morgen bist wieder derselbe wie sonst.»

Er antwortete nicht; aber als sie ihn verlassen hatte, horchte er auf ihren verschwindenden Tritt.

Er lag noch lange wach auf dem harten Lager. Das kleine Viereck des Fensterchens war kaum mehr sichtbar vor dem Dunkel der Nacht. Schweres Gewölk ballte sich um die Berge, der feuchte Aprilwind zog dann und wann wie ein banger Atem um das schlafende Haus. Ein schneidender Ton der Tanzmusik schrillte abgebrochen denselben Weg. So ein unruhiges Hin und Her kämpfte auch hinter seiner eigenen wunden Stirn. Vielleicht war ein wenig Fieber dabei. Das grobe rote Gesicht des Gegners – der Griff hart zupackender Hände – die Hitze des Ringens und die Kälte des Wassers – und dann mit der rätselhaften Zeitlosigkeit des Traumes urplötzlich die linde Hand der Agnes, die er tastenden Griffes suchte. Aber horch! ehe er sie gefunden hatte, ein schmetternder Trompetenstoss! Feinde! Mordio! Das waren Österreichs stolze Ritter mit ihrer unglücklichen Schar, die jagten durch das unergründliche Grau. Einer der letzten blieb vor ihm stehen, der trug statt des Helms einen kleinen Filzhut, wie die wenigen Bergsteiger in Linthal, Eine lange Hakennase krümmte sich über ein grinsendes offenes Maul. War das der Teufel? Aber alsbald erstarrte das Gesicht zum grauen Stein. Es war eine Fratze am Portal des Palasts, die höhnte auf ihn nieder: weiss die schöne Jungfer, die schöne Jungfer – –

Er fuhr aus dem Schlafe empor zu halbem Bewusstsein. Es war Nacht, nichts als finstere Nacht. «Za, ich mag gehen, wohin ich will – – Ich wollt es wäre Tag.»

Er zog die Knie unter dem Leinenlaken herauf; die Bewegung bereitete ihm Schmerzen an der linken Seite, auf die er gefallen war. «Jetzt weiss ich, wie das ist, wenn ein armer Bub in die Tiefe hinuntermuss – so, dass er nie wieder herauf kann. Um zwei Franken. Das ist verflucht wenig. Der andere ist ein Knauser wie mein Meister ...

Was schlägt die Kilchenuhr? Eins, zwei – schon fertig. Das ist eine ungute Stund, sagen die Leute daheim. Ich würde am liebsten eine Lanze nehmen und die Teufelsfratzen herunterschlagen.» Stöhnend liess er sich auf den Laubsack zurückfallen, und der Wirrwarr des Traumes begann aufs Neue sein tolles Spiel mit der unruhvollen Seele. – –

* * *

Geraume Zeit verging, bis Kaspar wieder ohne Schmerzen schaffen konnte. Aber was machte das aus im Vergleich mit seiner seelischen Bedrängnis. Küng hatte ihn hart gescholten, weil er eine Rauferei angefangen hätte. Solches hatte ihn um so mehr verdrossen, weil man sich dergleichen vom Kasper gar nicht versehen hatte. Wenn es noch einmal vorkomme, und vollends wenn es ihn an der Arbeit hindern sollte, so könne er gehen, woher er gekommen sei. Einen wie er sei fände man bald wieder. Allem an habe er bei ihm daheim nicht den besten Ruf. Kasper nahm das hin, ohne zu antworten. Er hatte noch die Unfähigkeit des Kindes, sich zu rechtfertigen, er war in das gewohnte hölzerne Wesen zurückgefallen. Mochten die Leute denken was sie wollten, wenn nur des Meisters Tochter – –

Agnes war freundlich wie zuvor, nur ein wenig achtlos, als wäre ihr etwas anderes zuvorderst. Manchmal suchte er ihre Aufmerksamkeit durch erhöhte Dienstfertigkeit auf sich zu ziehen, als wollte er den Eindruck jenes Abends verwischen. Nun aber kam just seit dem Fahrtsfeste immer häufiger ein stattlicher Bauernsohn ins Haus, dessen Absicht unschwer zu erkennen war. Er passte mit seinem ehrlichen, frischen Wesen gut zu der Agnes; doch hielt sie noch zurück mit ihrer Zuneigung und liess ihn zunächst mit ihrem Vater Handel treiben um dies und das. Im Hause zweifelte niemand daran, dass die beiden jungen Leute einander gefielen.

«Du wirst den Landolt heiraten», rief Kasper der Agnes mit verhaltenem Zorn oder Gram entgegen, als diese den Freund beim Brunnen verabschiedet hatte.

«Das ist noch nicht gesagt. Und wenn es wäre – was ginge es dich an, du naseweiser Bub?»

«Was es mich angeht? Du würdest weggehen, Agnes.»

«Du wirst wohl auch nicht immer unser Knecht bleiben wollen, Kapi. Etwas Rechtes solltest werden, hast doch das Zeug dazu. Oder hast etwa gemeint, ich werde auf dich warten, bis ich dreissig sei und du fünfundzwanzig?» Sie lachte mit mutwilligen Augen, und dachte gar nicht daran, ihn zu bemitleiden. Ja, sie war dem Franz Landolt hold, sie freute sich seiner Werbung, und er, Kasper, war ihr nur zum Dienen und zur Neckerei gut genug.

3.

Der Mai war sonnenwarm, die schönen Bergwiesen im Schwändital, das sich hoch oben zwischen stotzigen Hängen hinzieht, wurden früh schneefrei und schmückten sich mit dem Golde der zahllosen «Glietzeli», wie im Volksmund der Hahnenfuss heisst um seines fröhlichen Glanzes willen. Küng besass dort oben eine Matte mit einem kleinen braunen Häuschen, das jeweilen zur Atzung und zur Heuzeit bewohnt wurde. Im Frühjahr pflegte jemand von der Familie hinaufzugehen, um sich nach dem Stande der Hütte umzusehen. Denn die Schneemassen des Winters liessen an ihr oder am Stalle meist einen Schaden zurück.

Eines Sonntags in aller Frühe machte sich Agnes mit dem jungen Knechte zu diesem Erkundungsgange auf. Sie liebte das freie Wandern durch jene Matten über die Massen. Ausserdem wohnte eine Verwandte im Schwändital, die sie zur Gotte für ihr Neugeborenes ersehen hatte, diese wollte sie besuchen und beschenken. Kaspar musste einen Schlitten hinauftragen, der ein neues «Horn» erhalten hatte. So verliessen die beiden, jedes mit seiner Last, das Dorf; doch spürten sie deren Schwere kaum, so kühl und erquickend war die Luft. Ein Goldglanz himmlischer Klarheit floss um die Berge; langsam niedersteigend berührte die Sonne das grosse Felsendreieck des Rautispitz über dem Wald, tief dunkelgrün träumte der kleine Haslensee zwischen Tannen und Gesträuch, kaum bewegt von dem weissen, singenden Sturzbach, der darin verstummte und verschwand. Auf dem Waldgrund lagen zwischen Farnkraut und Moos grosse Felsblöcke, von wuchtigen Kräften der Urzeit hingeschleudert. Eine graue Felswand starrte halb verborgen hinter ragenden Tannen, die noch das ernste, schwarzgrüne Winterkleid trugen. Da begann es zu läuten – scheinbar aus dieser geheimnisvollen Mauer. Es war aber das Echo der Glocke von Näfels, die zum Frühgottesdienst rief.

Agnes blieb eine Weile stehen und lauschte schweigend, den Kopf gesenkt zu einem Ave Maria. Wie gut sie in die schöne Waldeinsamkeit passte! Ihre Stirne, jetzt voll Ernst und Ruhe, war von blonden Zöpfen umschlungen. Ihre gedrungene, bewegliche Gestalt trug einen grauen Rock aus rauhem Stoff und eine rote Jacke, die braune Rechte hatte unterwegs einen Ast aufgegriffen, den Kasper zurechtschneiden musste. Das Ganze war aus einem Guss, von einer schlichten, natürlichen Sicherheit.

Kapi, der nicht betete, sah sie zwischen den Rippen des Schlittens hervor mit seinen fragenden und suchenden Augen an.

Sie spürte den Blick und verstand ihn nicht. «Jetzt sei doch endlich froh, wie so ein junger Bursch sein sollte», ermunterte sie ihn, ehe sie den steilen Aufstieg vom Ufer des Weihers begann. Ein wenig Ungeduld war in ihrer Stimme; denn sie selber war so restlos glücklich.

«Ich kann jetzt nicht heuern (jauchzen) mit dem Schlitten da über dem Kopf», entschuldigte er und lachte, unfähig des Widerstandes. Immer im Zickzack zwischen gelben Primeln und blauen Enzianen ging es bergan in die Sonne hinein. Ein durchdringender Vogelruf hiess sie willkommen: yü, yü – die kleinen Vögelchen verstummten, das Eichhörnchen verbarg sich; allein der Feind achtete nicht auf sie, sein Lockruf galt seinesgleichen.

Am Anfang des Tales, wo der Weg eben wurde, hiess Agnes den Knecht seine Last ablegen und nahm einen Imbiss aus ihrem Tragkorb. Während sie so ruhten, fielen dem Mädchen die Worte des Kapi vom Fahrtstage ein:

«Wenn wir einmal allein sind –» Ja, nun musste er endlich sein Geheimnis bekennen. Eine feine List spielte als ein freundliches Lächeln um ihre Mundwinkel, als sie auf Umwegen zu fragen begann: «Sag mir doch einmal, was für einen Beruf hat dein Vater?»

«Mein Vater war der Postillon, eh sie die Eisenbahn bis nach Linthal bauten. Nachher hat er bald das, bald jenes angefangen; wir sind immerzu arm geblieben.»

«Und viele Geschwister hast, gelt.»

«Nein. Nur noch zwei Schwestern.»

«Nie keinen Bruder?»

«Früher, ja.»

«An was ist er denn gestorben?»

«Verunglückt.»

«Erfallen?»

Während Kasper mit der Antwort zögerte, kamen ein paar Leute des Wegs, die gen Näfels hinunter zur Kirche wollten. Ein Gruss und ein paar Worte hin und her.

«Ich will es dir sagen, wo niemand mehr hinkommt.» Damit lud Kasper den Schlitten wieder auf die Schultern. Ein Ausdruck war in seinem Gesicht, als nehme ex auch im Innern wieder eine Last auf sich. Agnes sah, dass es da aufs Neue zu warten galt. – –

In einem der kleinen schmucken Häuser wurde die Gotte mit grosser Freude bewillkommt und bewirtet. Die Gevatterin war allein und wies mit der Beredsamkeit der Weltabgeschiedenen, Menschenhungrigen ihr schlafendes Kindlein vor. Verwundert, einen derartigen Überschwang an Gefühl nicht kennend, sah Kasper zu, wie die beiden einander zum Abschied die Hände schüttelten.

Friedli Küngs Hütte war eine der höchstgelegenen. Man sah nichts mehr vom Dörfchen; unweit lagen noch erdfleckige Schneereste in Rinnen und Mulden. Zarte weisse Krokusbecherlein blühten zu Hunderten, aus einem Bächlein grüssten die ersten gclbcn Bachbummeln.

«Da sind wir!», rief Agnes, ihren Korb auf das Bänklein neben der Haustür stellend. Aus ihrem Gesicht leuchtete die Freude an dem kleinen Besitztum auf stolzer, freier Höhe, so gering es war. Sie zog die Schlüssel der beiden Gebäude aus der Tasche, wiegte die schwärzlichen Dinger wohlgefällig zwischen den Fingern und sagte zu Kasper: «So, aber jetzt bist frei vom Schlitten, jetzt heuerst mir eins, dass der Berg drüben mittun muss. Dass du eine Stimme hast, das weiss ich.»

Ja, eine Stimme hatte er, und vor ihm stand Agnes Küng glücklich und schön und voller Güte gegen ihn, wie sollte er nicht jauchzen? Gegenüber, jenseits des Baches, der hier erst ein Bächlein war, ragte himmelhoch und senkrecht die Nordwand des Tierbergs. Dieser galt der wuchtige Weckruf, und sie antwortete, belebt durch die Stimme des Lebenden. «Jetzt wirst zufrieden sein, Agnes.»

«Ja, jetzt schon. Sieh, wie's da innen aussieht, Kapi. Voll Spinnengarn, Staub und toter Fliegen! Aber es ist ein liebes Hüttlein.»

Sie hatte ein Lädchen aufgestossen, ein Sonnenstrahl mühte sich unter das Dach herein mit einem langen durchsichtigen Arm, um die Überbleibsel des Winters so recht ins Licht zu setzen. «Die lass' ich jetzt», erklärte Agnes überlegen, «ich werde Ordnung machen, wenn wir zum Heuen heraufkommen. Kannst Wasser holen, dann essen wir zu Mittag.»

Auf dem hölzernen Rahmen des Schiefertisches waren allerhand Buchstaben und Zeichen eingeritzt, Namen längst Verstorbener und Vergessener. «Kannst mit dem Messer auch ein K. F. hinschreiben», erlaubte das Mädchen, als sie seinen Blick daran haften sah. «Ich habe vorletztes Jahr einen Hausspruch geschrieben, den einer von unsern Leuten gedichtet hat. Man sieht fast nichts mehr davon; aber warte, ich kann ihn ungefähr auswendig:

Berge und Täler ebnet die Zeit;
aber, Wanderer, sie eilt.
Nur der Narr verlacht das Wagen,
und die Verrücktheit der Welt
zwingt uns, hier Torf zu graben.»

«Die Verrücktheit der Welt», wiederholte der Bursche, als müsste er über die Wahrheit dieser Worte nachdenken. Nach der Mahlzeit überkam ihn mit dem körperlichen Behagen wieder jenes Gefühl der Befreiung, jenes Heimatgefühl, das nur in der Gegenwart von Agnes Küng möglich war. Es nötigte ihm sogar ein paar Worte ab: «Es ist doch schön da oben, so abseits von den Leuten.»

«Ja, und darum sollst mir endlich sagen, was sonst niemand hören soll. Hast es versprochen.»

«Grad das hätt' ich mögen vergessen.»

«Aber jetzt red'st dir's von der Seele; nachher will ich dir helfen vergessen.»

Er aber fragte, um Frist zu gewinnen: «Wohin führt der Weg da?»

«Über die Scheidegg ins Wäggital. Es ist noch weit.»

Sie lehnte sich auf der Fensterbank an die Wand zurück und faltete die Hände im Schoss. So sah sie aus, als wollte sie für alle Zeit sitzenbleiben, bis ihr Begehren erfüllt war. Da begann er, erst widerwillig, ungeschickt, dann mit einer Erregung, der die Hörerin hingerissen folgen musste:

«Mein Bruder Meirad war anderthalb Jahre älter als ich. Wir gingen manchmal miteinander ins Holz. Wenn wir wenig brachten, bekamen wir nichts zu Nacht. An einem Abend im Herbst kamen wir mit einer Burdi aus dem Wald. Dort hinten, wo's ganz eng wird, führt eine Brücke über die Linth –»

«Ich weiss, die Pantenbrugg.»

«Ja. Ist nicht eben breit, zwischen zwei Mäuerchen. Der Meirad ist ein lustiger, handlicher Bub gewesen, hat immer etwas schaffen oder Possen spielen müssen. Wir haben viel gespasst und auch viel gestritten miteinand. Wie wir mit der Burdi zur Brugg kommen, so kommt uns ein fremder Herr entgegen. Ich sehe ihn noch – – der hat uns mit beiden Armen den Weg versperrt und hat dem Meirad in die Augen gesehen. Manche Leute sagten, mein Bruder sei ein frecher Bub gewesen; ich weiss es nicht. Er hat dem Herrn grad heraus befohlen: ‹Günd ussweg.› Da hat der den Geldsäckel gezogen und dem Meirad ein Zweifrankenstück hingehalten, das hat so geglänzt. Dann sagt er auf hochdeutsch: ‹Ich will zuvor sehen, ob du Mut hast. Das soll dir gehören, wenn du querüber von der einen Mauer auf die andere springst.› Mein Bruder hat den Sprung mit den Augen gemessen und dann das Geldstück angestarrt, das so geglänzt hat. So viel aufs Mal hat er noch nie für sich allein gehabt. ‹Wirst dich doch nicht fürchten›, sagt der Herr, ‹kleine Zirkusknaben machen ganz anderes.›

Da steigt der Meirad auf das schmale Mäuerchen, duckt sich ein wenig und wagt den Sprung. Es hat ihn aber vornüber gezogen – hinunter in den schwarzen Schrund. Ja. Und der Herr streckt die Hand zu spät aus. – So etwas geht so schnell, weisst. Zuunterst in dem Schrund jagt das wilde Wasser zwischen Felsen. Der Herr steht so da und starrt. Ich bin auch stehen geblieben und habe alles an ihm gesehen, die lange, krumme Nase, das offene Maul, und auf seinem Kopf das Hütchen. Zuletzt tut er den Geldsäckel noch einmal auf und legt statt dem Zweifrankenstück einen Fünfliber auf die Mauer, da, wo der Meirad verschwunden ist. ‹Nimm das! Und sage im Dorf, er habe es von selber probiert.› Das hat der Mensch dürfen sagen! Ja, dann ist er auf und davon und will ihn nachher kein Mensch gesehen

haben. Ich habe den Fünfliber genommen und meinem Bruder nach-
geworfen, es hat mir davor gegruset. An dem Abend hat die Mutter
gefragt: ‹Warum kommst allein mit der schweren Burdi?› Ich habe zuerst nichts können sagen. Dann kommt der Vater dazu und fragt: ‹Wo
ist der Meirad?› Zuletzt hab' ich gesagt, wie's zugegangen war. Nichts
gelogen. Aber sie haben mir's nicht geglaubt. Wo denn der Fünfliber
sei? Niemand würfe doch einen Fünfliber in die Linth. Das alles seien
närrische Ausflüchte. Es werde so gewesen sein, dass wir gefochten
hätten, ich sei ja schier ebenso stark wie der Meirad, und mit Fechten
hätte ich ihn neben der Brücke hinunter gepüfft. Ich wolle es bloss
nicht sagen und ich sei ein nichtsnutziger und verlogener Phantast.
Schon als kleiner Bub hätt' ich so geflunkert. Und der Vater hat mich
gehauen, und alle Leute haben das Böse von mir geglaubt und glauben
es bis auf den heutigen Tag. Und weil sie mich so verachtet haben, bin
ich gewalttätig worden und habe geleidwerchet wenn mich die Wut
ankam. Darum bin ich an der Fahrt so ruch gewesen, weil einer mir's
bis daher nachgetragen hat.»

«Ja, das alles ist furchtbar traurig, ich versteh dich. Sag, hat man
den Meirad nicht gefunden? Ist doch nicht eben viel Wasser im
Herbst.»

«Freilich wohl. Wo's eben wird und die Linth zwischen Stauden
fliesst. Er hat natürlich nicht mehr gelebt.»

«Hast denn nicht gebeichtet, Kapi?»

«Woll. Der Pfarrer hat gesagt: ‹Das kann kein Mensch gewesen
sein. Wenn du die Wahrheit gesagt hast, dann ist's der Teufel gewesen. Der hat ja auch den Heiland geheissen, um hohen Lohn vom Dach
des Tempels zu Jerusalem hinunterspringen.› Das habe ich aber niemand gesagt, dass der Pfarrer glaube, es sei der Teufel gewesen. Aber
jedesmal, wenn einer im Ernste etwas vom Teufel sagt – wie der an
der Fahrt – dann packt's mich wieder wie mit feurigen Krallen: Dir ist
der Teufel begegnet und hat dir den Bruder umgebracht. Wenn das
wahr ist, dann kann er mir ja wieder einmal begegnen.» Ein Schauer
lief durch den starken Körper des Burschen, der keinen andern Gegner fürchtete als das rätselhafte, das verkörperte Böse.

Aber das Mädchen schüttelte nach einer Weile Besinnens den
Kopf. «Das glaube ich nicht, dass es der Teufel gewesen ist. Weisst,
‹die Verrücktheit der Welt –› es gibt so verrückte Leut.»

«Kannst sagen, was du willst. Dass meine Mutter mich nicht mehr hat ansehen mögen, dass mein Vater und meine Schwestern mich verachten, dass ich selber angefangen habe zu hassen, dass einer von Linthal bis daher kommt und mich schlecht macht, wo ich doch bei euch recht getan habe – das ist doch vom Teufel.»

Kapis Augen blitzten heiss, seine Finger hielten den Griff eines Messers umklammert, als wollte er am liebsten etwas zerbrechen. Das war die heimliche Glut unter der Decke des gleichgültigen Wesens, die jahrelang fortgelebt hatte, Ein erwachsener Mensch kann eine Ungerechtigkeit vergessen. Er weiss, das ist der Lauf der Welt, er ist ihrer selber fähig. Widerfährt sie aber einem ehrlichen Kinde, so bleibt sie eingegraben auf Lebenszeit. Agnes wusste nichts mehr zu sagen. Sie meinte sicher zu sein, dass sie ihm wider alle Welt geglaubt hätte von Anfang an.

Sie sassen einander stumm gegenüber. Die Sonne war unterdessen gewandert und sog den Strahl aus dem Stübchen zurück. «Komm», gebot das Mädchen endlich, «wir wollen hinaus; dort ist dir's freier. Bei uns weiss ja von dem allem kein Mensch, und am End' wird's bei dir daheim auch vergessen. Oder sie werden denken: so ein braver Bursch hat nicht gelogen.»

«Du, Agnes –»

«Was?»

«Du glaubst doch, es sei alles so gewesen, wie ich gesagt habe?»

«Ja, das glaube ich.»

«Das vergesse ich dir nie, Agnes.» Er griff nach ihrer Hand und verbarg sie ganz in seinen grossen, rauhen Händen und drückte sie, dass sie fast aufgeschrien hätte. Aber sie sah ihn bloss mit warmen, schier mütterlichen Augen an und sagte lächelnd: «Darum brauchst du mich nicht so ruch anzupacken.»

«Tut dir das schon weh? Wär' ich doch so alt wie der Landolt und du nicht des Meisters Tochter!»

«Jetzt ist's aber so. Geh mir voraus, dann will ich die Hütte und den Gaden abschliessen.» Die Stimme klang auf einmal anders – nur ein wenig, aber doch merkbar. War es ihr zum Bewusstsein gekommen, dass der Knecht kein grosser Bub mehr war?

Kasper gehorchte und drehte den alten klobigen Schlüssel in dem verrosteten Schloss, als sie ihn nicht vom Fleck brachte.

«Man wird das Dach flicken müssen eh' Heu hereinkommt», sagte sie sachlich. «Auf der Schattenseite halten die Schindeln kaum zehn Jahr. Man kann die neuen von einer der Tannen dort nehmen, das gibt dem Vater und dir Arbeit.» Er nickte mit der gewohnten Schweigsamkeit. Im Weggehen sah er noch einmal zurück. Das Häuschen schien wieder in Schlaf versunken, die gelben Bachbummeln lachten breit und weit offen, die Bergwand droben drohte blind und schwer. Da jauchzte Kaspar und weckte sie noch einmal zum Echo. Warum sich nicht freuen, da er nun einen Menschen gefunden hatte, der ihm glaubte? War das denn nicht genug?

Dritter Teil

Tanja Wirz
Bergsteigerinnen der 1880er- und 1890er-Jahre

Zum Ende des 19. Jahrhunderts waren die bergsteigenden Frauen schon recht zahlreich geworden, und es gab nun vermehrt auch deutsche und österreichische Alpinistinnen. Ihr liebstes Reiseziel waren die Dolomiten. Dort traf sich eine junge Generation von Bergbegeisterten, die einen neuen Stil pflegten, bei dem es um das Erklettern schwieriger Wände und Routen ging und nicht um das «Erobern» möglichst hoher Gipfel. Neue Techniken und Hilfsmittel wie Kletterfinken und Felshaken wurden eingesetzt und erstmals Klettertouren anhand von Schwierigkeitsgraden miteinander verglichen. Ab den 1890er-Jahren wurde vor allem Cortina d'Ampezzo, heute einer der mondänsten Wintersportorte Italiens, zum Treffpunkt einer regelrechten «Frauenkletterszene», weshalb der Ort in einem Tourismusprospekt auch «Salon der Alpen» genannt wurde. Diese Blüte des Frauenalpinismus wurde allerdings durch den Ausbruch des Ersten Weltkriegs bald wieder beendet. (1)

Auch von diesen Bergsteigerinnen gingen viele zusammen mit ihren Ehemännern zu Berg, teils zusätzlich mit Bergführern, teils «führerlos». Männerlose Seilschaften existierten ebenfalls: Die Wienerin Jenny Winkler von Forazest etwa kletterte bis zu ihrer Heirat zusammen mit ihrer Mutter Aurora Herzberg ohne Führer. Manche dieser Frauen wie etwa die Gräfin Karoline zu Ortenburg machten bis zu 200 Besteigungen und Passtraversierungen, und diverse publizierten unter eigenem Namen über ihre Touren, so etwa Jenny Winkler von Forazest, Rosa Zöhnle oder Hermine Tauscher-Geduly. (2) Bergsteigen galt zwar nach wie vor als ungewöhnliche Beschäftigung für Frauen, doch scheint es in den 1880er- und 1890er-Jahren sowohl jüngeren wie auch älteren Frauen mehrheitlich möglich gewesen zu sein, dies in Kauf zu nehmen. Luise Niepmann aus Düsseldorf etwa erzählte: «Im Jahr 1890, eigentlich ohne Erlaubnis meiner ängstlichen Eltern, gelang es mir, den Dachstein zu besteigen. Nachdem ich aber 1893 den Grossglockner glücklich bezwungen hatte, war das Eis gebrochen, und ich liess mich dann nicht mehr abhalten, meinem glühendsten Sehnen nachzugehen.» (3) Manche meinten im Nachhinein, damals zu vorsichtig gewesen zu sein. Die Wiesbadener Schwestern Anna und Adelheid Frank, die als gut 40-Jährige zu klettern begannen, schrieben: «Wir hätten schon mehr unternehmen können, aber aus übertriebener Bescheidenheit, über die wir uns nachträglich immer ärgern, haben wir leider viele schöne Touren nicht gemacht, die wir leicht hätten bewältigen können.» (4)

Eine Bergsteigerin aus diesem Kreis war die bereits in den letzten Kapiteln erwähnte Hermine Tauscher-Geduly (†1918) aus Pressburg, dem heutigen Bratislava. Zusammen mit ihrem Ehemann, dem Arzt Béla Tauscher, machte sie um 1880 rund 140 grössere Hochtouren und einige «Damenerstbesteigungen» in den Alpen. (5) Tauscher-Geduly war eine versierte Autorin und schrieb zahlreiche Tourenberichte, die sie unter eigenem Namen in Alpenvereins-Publikationen veröffentlichte. (6) Sie betonte allerdings sehr, nicht aus «Ruhmsucht» Bergsteigerin geworden zu sein, sondern weil sie den Genuss der Alpen mit ihrem Mann habe teilen wollen, und schwankte in ihren Berichten zwischen damenhafter Bescheidenheit und Stolz. (7) Zu einer Tour auf den Piz Bernina bemerkte sie selbstbewusst: «Ob die Anstrengung mich müde machte? Keineswegs.» (8) Und implizit schrieb sie sich sämtliche Eigenschaften zu, die männliche Bergsteiger gerne für sich allein beanspruchten:

«Was wir so glücklich zu Ende geführt, sprach dafür, dass Mut und ent-
schlossener Wille, gepaart mit Bedachtsamkeit, mit Ausdauer in der Über-
windung von Hemmnissen, selten das Ziel verfehlen. Das Bergsteigen ist
eine gute Schule zur Ausbildung dieser Eigenschaften. Im Kampfe wächst
die Kraft, – nur Schwachgeborene, die Armen! entziehen sich dem Kampfe.
So ist denn erneute Lebensfreudigkeit stets ein Resultat meiner Mühen im
Hochgebirge.» (9)

Die traditionelle Geschlechterordnung jedoch stellte Tauscher-Geduly keineswegs in Frage. Unterwegs betätigte sie sich als Hausfrau,
indem sie das Biwak wohnlich einrichtete und kochte. (10) Ausserdem befand sie, als Dame nicht jede Mühe auf sich nehmen zu können – oder zu müssen. Völlig selbstverständlich beanspruchte sie an
schwierigen Stellen mehr Hilfe vom Bergführer als ihr Mann, denn:
«[...] einer Frau ist es ja erlaubt, alles Gewaltsame zu vermeiden.» (11)
Gelegentlich wurde ihr die geringere Körpergrösse zum Nachteil. Auf
einer Tour auf den Grosslitzner musste sie deshalb unterwegs warten, während die anderen auf den Gipfel stiegen. (12) Dazu schrieb sie:
«[...] mich hat ja der herrliche Berg, der Grosslitzner, recht augenfällig
überzeugt, dass es alpine Unternehmungen gibt, denen ich schlicht
‹nicht gewachsen› bin.» (13) Sie interpretierte dies allerdings nicht
als Beweis dafür, dass Frauen grundsätzlich zum Bergsteigen unfähig
waren.

Diese Zerrissenheit zwischen der Forderung nach damenhafter
Bescheidenheit und dem Stolz auf die eigene Leistung kannten andere
Bergsteigerinnen ebenfalls. So etwa die aus Bayern stammende Rosa
Zöhnle, die 1901 über eine Tour auf die 2674 Meter hohe, südlich von
Garmisch-Partenkirchen gelegene Leutascher Dreitorspitze berichtete. (14) Ihr Text ist geprägt vom Wunsch, einerseits als Bergsteigerin
anerkannt zu werden, andererseits die traditionelle Frauenrolle gut
auszufüllen. Zöhnle war mit ihrem Mann, einem befreundeten Professor und einem Bergführer unterwegs. Gleich zu Beginn ihres Textes hielt sie fest, wie sehr sie sich aus der «Masse» heraushoben: Die
anderen Touristen hätten die kleine Bergsteigergruppe «spöttisch»
gemustert, doch war dies Zöhnle nur recht, wollte sie doch vorzugs-
weise Orte aufsuchen, die «vom grossem Wanderstrome» nicht «an-
gekränkelt» waren. (15) Wie schon im dritten Kapitel erläutert wur-

de, eignete sich Bergsteigen eben bestens, um sich von der grossen «Masse» zu distinguieren, und das wussten auch Frauen zu schätzen. Innerhalb der eigenen Gruppe nahm Zöhnle allerdings eine untergeordnete Position ein; sie beschrieb sich als schwächer und dümmer als die Männer: So habe sie etwa unterwegs einen Stein losgetreten, dem der Professor gerade eben noch ausweichen konnte. Er habe es ihr aber nicht übelgenommen: «Ein Professor ist gewöhnt, Dummheiten zu erleben und zu vergeben [...].» (16) Anders als die meisten männlichen Bergsteiger gab Zöhnle freimütig zu, Respekt vor steilen Wänden zu haben und die Hilfe des Bergführers zu benötigen, um sich abseilen zu lassen. (17) Und spätestens auf der Hütte, wo übernachtet wurde, war die alltägliche Geschlechterordnung wieder hergestellt. Zöhnle berichtete:

«Die Herren der Schöpfung können es sich nun bequem machen, für mich aber beginnt die Hausfrauenpflicht, die Bereitung des Mahles. Nun, zur Abwechslung hantiere ich in den Bergen ganz gerne einmal mit dem Kochlöffel oder auch mit der Nadel, wenn es gilt, an den Kleidern Wunden zu heilen, die der tückische Fels ihnen beigebracht. Ja, in der Hütte ist die Hausfrau doch ein recht willkommener Begleiter!» (18)

Kochen, Flicken, Heilen – die Männer nahmen die mütterlichen Dienste gerne in Anspruch. Vor allem der Bergführer, der diese «weiblichen» Pflichten sonst hätte erledigen müssen, sei sehr zufrieden gewesen: «Selbst unser Hans schmunzelt vergnügt, als er sieht, dass er als Koch entbehrlich und ohne sein Zutun auch für ihn das Tischlein gedeckt ist.» (19) Wie schon die Ausführungen zu Cenzi Sild im letzten Kapitel gezeigt haben, entstand um 1900 eine neue Rolle für Bergsteigerinnen: nicht mehr das Kuriosum und die Ausnahmefrau, sondern die Bergkameradin, welche die im Grunde sehr schlecht miteinander vereinbaren Rollen der mütterlichen Freundin und der nahezu männlichen Kollegin spielen sollte – möglichst ohne dass die Widersprüche allzu sehr auffielen. Zöhnle schrieb dazu:

«Aber freilich muss die Frau in die Berge noch etwas mehr mitbringen als bloss ihr häusliches Talent; denn hier treten ganz andere, höhere Anforderungen an sie heran. Da muss die Frau auch ganz ‹ihren Mann stellen›, dem Manne aber muss sie ein ebenbürtiger Kamerad sein, der mit

ihm wagt und entsagt und wacker aushält, bis das Ziel errungen ist. Mit
ernstem Eifer wird sich jede bergbegeisterte Frau dieser schönen Aufgabe
widmen.» (20)

Bergtouren quasi als mitreisendes Unterstützungsteam zu begleiten,
bot um die Wende zum 20. Jahrhundert vielen Frauen die Möglichkeit, ihr ungewöhnliches Hobby auszuüben, ohne ihre Weiblichkeit
und ihren Damenstatus in der Öffentlichkeit zu gefährden. Allerdings handelte es sich dabei um eine zwiespältige Sache, blieben diese
Bergsteigerinnen doch davon abhängig, Männer zu finden, die sie in
dieser Rolle akzeptierten und mitnahmen. Zudem mussten sie stets
betonen, dass sie sich ihrer untergeordneten Stellung bewusst waren.

Einige Frauen entschieden sich gegen diese Variante des Bergsteigens
und gingen autonomer vor. Allerdings ist es wohl kein Zufall, dass
kaum eine davon publiziert hat. Vielleicht war es zu schwierig, eine
Sprache für etwas zu finden, was sich ausserhalb der Normen befand,
oder es machte für sie wenig Sinn, einen Beitrag zum Diskurs einer
Alpinistengemeinschaft zu leisten, zu der sie gar nicht gehören wollten. Die englische Bergsteigerin Beatrice Tomasson (1859–1947) ist
ein gutes Beispiel dafür: Mit der Erstbegehung der Marmolada-Süd-
wand, die damals als eine der schwierigsten Routen der Alpen galt,
gelang ihr 1901 zusammen mit den beiden Bergführern Michele Bet-
tega und Bortolo Zagonel eine äusserst prestigeträchtige Tour. Doch
ganz anders als ihre männlichen Kollegen publizierte sie dazu nichts,
obwohl sie anderweitig schriftstellerisch tätig war.

Tomasson war die Tochter eines englischen Gutsbesitzers und arbeitete als Privatlehrerin und Gesellschafterin bei preussischen Familien. Anfang der 1880er-Jahre begann sie mit der Bergsteigerei und
trat einem Innsbrucker Alpenverein bei; ab 1896 verlegte sie jeweils
sommers ihren Wohnsitz in die Dolomiten, wo sie bei Familien der
britischen Oberschicht arbeitete, um sich ihre Touren finanzieren zu
können. (21) Tomassons Marmolada-Tour war in der Kletterszene ein
grosses Ereignis. Dennoch publizierte erstaunlicherweise keine einzige Alpenclub-Zeitschrift einen Bericht dazu; es erschienen nur kleine Hinweise. Und in einem Fall nicht einmal das: In den Archivalien
der Zeitschrift des italienischen Alpenclubs findet sich der Brief einer

Hotelbesitzerin aus Caprile, die von Tomassons Erfolg berichtete, doch die Zeitschrift schwieg sich darüber aus. Das englische Alpine Journal schliesslich zweifelte 1907 mangels eines publizierten Tourenberichtes gar daran, ob Tomasson es wirklich geschafft hatte. Jene Kletterer, die Tomassons Tour später wiederholten, waren weniger zurückhaltend und veröffentlichten verschiedene Berichte. (22) Heute gilt Beatrice Tomasson unbestritten als die Erstbegeherin dieser Route, ist aber weitgehend unbekannt.

* * *

Jene Frauen, die in den 1860er- und 1870er-Jahren bergsteigen gehen wollten, taten dies mehrheitlich zusammen mit männlichen Familienangehörigen. Über ihre Touren publizierten sie nur selten, und wenn, dann anonym. *En famille* gelang es einigen bürgerlichen Frauen, an der kulturellen Praxis des Bergsteigens zu partizipieren und Teil der alpinistischen Gemeinschaft zu werden. Durch die gesellschaftliche Unmöglichkeit, über ihre Touren selbst zu publizieren, wurden sie aber davon ausgeschlossen, Bergsteigen auch als symbolische Praxis umzusetzen: Sie stiegen wohl auf Berge, vermochten dem aber zumindest in der Öffentlichkeit keine weitergehende Bedeutung zu geben – ganz anders als ihre männlichen Kollegen, die sich als Entdecker von gesellschaftlich relevantem Wissen inszenierten und ihre Bergtouren als Siege ihrer Nation oder ihres Geschlechtes feierten. Ab 1880 wurde Bergsteigen eine einigermassen verbreitete Freizeitbeschäftigung für Frauen; Alpinistinnen konnten eigenständiger auftreten und publizierten auch zunehmend. Und in privaten Aufzeichnungen wie Tagebüchern oder Memoiren könnte vermutlich ebenfalls noch manche bisher unbekannte Bergsteigerin entdeckt werden.

(1) Zu diesem Bergsteigerinnenkreis gehörten unter anderen die ungarischen Baronessen Ilona und Rolanda Eötvös, die deutsche Generalsfrau Maud Wundt, die Holländerin Jeanne Immink und die Berliner Pianistin Käthe Bröske. Reisach, «Das Vermächtnis der drahtigen Lady», S. 94.

(2) Wundt, «Berühmte Bergsteigerinnen», S. 1360 f. Als weitere deutschsprachige Bergsteigerinnen der Zeit von 1880 bis 1900 erwähnt Wundt: Frau Hlouschek (Prag), Henriette Terschak (Cortina), Frau Helversein (Wien), Rose Friedmann (Wien), Anna Worisek (Prag), Frau Meurer (Meran), Elise Werner (Berlin), Else Schmidt-Zittel (München), Paula und Anna Magdalinski (Berlin), Ellen Starck (Hamburg), Hedwig Niezert (Berlin), Rose Kirschbaum (Prag), Else Berrer (Ludwigsburg), Olga Stüdl (Prag), Mabel Rickmers (Wien), Cenzi von Ficker (Innsbruck), Marie Prazak (Prag). Ebd., S. 1360–1362.

(3) Ebd., S. 1362.

(4) Ebd.

(5) Die bedeutendsten darunter waren die Ersteigung des Ortlers über das Hochjoch, die Ersteigung der Trafoier Eiswand, der Königsspitze und der Pala di San Martino als erste Frau. Hermine Tauscher-Geduly stand aber auch auf dem Montblanc, dem Dom, der Dent Blanche, dem Matterhorn, dem Weisshorn, dem Schreckhorn, dem Finsteraarhorn und der Jungfrau. Ihr genaues Geburtsdatum ist nicht bekannt. Hermine Tauscher-Geduly war massgeblich beteiligt an der Gründung der ungarischen Abteilung des Roten Kreuzes und setzte sich für die Einrichtung von Krankenheimen für Arme ein. Siehe dazu den Nachruf auf sie in: «Mitteilungen des Deutschen Alpenvereins 1951», 3. Jg. S. 55–57.

(6) Wundt, «Berühmte Bergsteigerinnen», S. 1360.

(7) Ebd., S. 1364–1367.

(8) Tauscher-Geduly, «Ein Wettlauf über den Wolken», S. 241 f.

(9) Ebd., S. 242.

(10) Ebd., 227 f.

(11) Tauscher-Geduly, «Der Grosslitzner», S. 260.

(12) Ebd., S. 261.

(13) Ebd., S. 265. Das ist übrigens die Stelle, die der verunsicherte Alpinist in Kapitel «Geschlechterordnung in den Alpenclubs» zitiert. Siehe S. 184.

(14) Leider konnte ich Rosa Zöhnles Lebensdaten nicht eruieren.

(15) Zöhnle, «Über die Partenkirchner zur Leutascher Dreitorspitze», S. 150 f.

(16) Ebd., S. 161.

(17) Ebd., S. 162.

(18) Ebd., S. 152.

(19) Ebd.

(20) Ebd., S. 152 f.

(21) Im deutschen Alpenvereinsjahrbuch findet sich ein akribisch recherchierter, interessanter Bericht von Hermann Reisach zu ihrem Leben: Reisach, Das Vermächtnis der drahtigen Lady, S. 86–95.

(22) Ebd., S. 92 f.

Mirja Lanz
Pfad Val Frisal

11
Frisal

Vor ferner Zeit, lange vor dem dreissigsten Juni
Zweitausendneunzehn unserer Zeitrechnung
war dieser Ort Meer.
Da war mehr Wasser hier als heut,
und das namenlose Becken der Tethys
war grösser und breiter als der Trog,
den der Firn später in ihre Sedimente trieb.
Vor nicht ferner Zeit, als längst Kühe
auf den Alpen kalbten und ihre Kälber
leckten, zehrte die raue Eiszunge
aus und legte die Talwangen bloss,
den gekämmten Fels, Las Cordas, Faschas,
die Borten, Bänder, die das Hochtal jetzt
in der Mittagshitze umspannen.

1
Waldrand

Der Bus stoppt, wo die Fahrspuren versanden.
Die Grasnarbe ist frei und bildet eine Lichtung.
An der Feuerstelle auf dem leeren Picknicktisch:
ein Blumenstrauss. *Ausflug mit einer Gesellschaft*
von lauter niemand?
Franz? Fraanz!
Kafka schweigt,
aber *die Hälse werden im Gebirge frei.*
Gian, der Mann
mit dem gletscherblauen Grammophon
springt für ihn ein. Der Weg endet,
der Pfad beginnt, Flussrauschen
nimmt uns in Empfang.
Wir betreten den löchrigen Schatten
des Fichtenwaldes, sein Stock und Stein.

2
Fichten

Der Senn hängt an seinem Gleitschirm in den Rottannen
unterhalb der Hütte der Alp am Fusse des Sez Ner.
Er hängt mit dem Rücken zum Berg, von der Hütte aus
hört man ihn fluchen, mit dem Gesicht zur anderen Talseite.
Auf der anderen Talseite steht der Schriftsteller
am Fusse einer Rottanne, unterhalb ihrer
hängenden Äste und liest aus seinem Buch *Sez Ner.*
Er steht mit dem Rücken zum Tal, und die *Usflüglers*
sitzen unter ihren Hüten im Gras
und lauschen mit dem ganzen Gesicht.
Hin und wieder schielt ein Blick
über die Schulter des Schriftstellers
auf die andere Seite des Tals, wo der Piz Sezner
und seine Alpen gerade nicht sichtbar sind.
Die Fichte wiegt den Wind oder der Wind die Fichte,
das Romanisch wiegt das Deutsch oder das Deutsch
das Romanisch, der Mensch wiegt die Sprache oder
die Sprache den Menschen. Wer weiss, wer wen dichtet.

3
Pfad

Wir fädeln uns in die Steigung ein.
Unten bricht der Talboden weg.
Der Pfad spurt in den Hang und
sammelt unsere fallenden Schritte.
Langsam atmende,
schrittweise Gespräche
mit trittsichereren Pausen
über Höhenmeter,
Herausforderung
und fehlende Gipfel
stapfen aus den
Gedankengängen.
Die Wiese duftet, wilder Thymian
oder Quendel wandert von Hand zu Mund.
Wir sind verteilt, eine steigende Kolonne,
eine lose Reihe Menschen im Gang.
Im Ausschnitt des V-Tals,
drüben,
auf der anderen Seite der Surselva
blitzen Fahrzeuge in der Hitze
von Obersaxen.

4
Alp

Alp Nova Miez ist von einem Zaun umgeben.
Er hält die Ausflügler bei der Hütte und beim Eistee
und die Plütter bei der Kuh. Der alte Stall duftet
kein bisschen mehr nach Mist
Holz und Schatten haben die leere Bühne für sich.
Gian, der Mann mit dem gletscherblauen Trichter,
weist nach Westen, über Bargis bis zum Kunkelspass.
Dort steckt der Schriftsteller den Kopf
unterwegs in jeden Trog.
Als er oben ist, sind die Gedanken blank,
wie die Brille der Alphirtin und die Alphirtin
ist schön wie der Herbst im Oktober.
Der Schriftsteller denkt über den Abschied nach
wie einst Sontga Margriata auf jener Alp.

5
Sontga Margriata

Der schöne Zusenn vom Kunkelspass
fiel auf einem Felsen bös' auf's Knie
und entblösste zwei Brüste statt einer Brust.
Das war dem Hirtenbub zu viel:
«De Sänn mueses wüsse!»
«Und wänn er's nöd wüsse mues, gibi dir
drüü wiissi Hämpper, muesch si nie wäsche!»
«Die willi nöd die nimmi nöd. De Sänn mueses wüsse!»
«Drüü schöni Schaf, chasch's drüümal schääre!»
«Die willi nöd, die nimmi nöd. De Sänn mueses wüsse!»
«Drüü schöni Chüe, chasch's drüümal mälche!»
«Die willi nöd, die nimmi nöd. De Sänn mueses wüsse!»
«Drüü schöni Äcker, chasch's drüümal määje!»
«Die willi nöd, die nimmi nöd. De Sänn mueses wüsse!»
«Und wänn er's wüsse mues, versink im Bode.»
Da versank der Bub im Bode,
sogar drei Klafter tief im Bode,
und Sontga Margriata sagte Lebwohl.
Mit ihr blieb die Milch aus, das Wasser versiegte
und das Grus verdorrte am Kunkelspass.
Aber die Glocken läuteten,
bis ihre Klöppel abfielen.

6
Schweigen

Die lauten Gedankengänge der anderen
halten dich unterwegs von den Bergen ab,
sagen die einen. Die anderen sagen,
zusammen ist unsere Stille grösser
und ich bin kein einzelner Mensch mehr,
im soliden Schweigen von allen.
Die Stille ist nichts, sagen die Töchter dem Vater.
Stille ist einfach ein Ausweg, wenn man alles satthat.
Heute ist der Ausweg eine Sackgasse: ein Stoffbeutel.
Wer will, wer kann wirft das Handy
in den Beutel rein. *Der Rhein die alte Kuh*
hat schon viele Traktoren gefressen,
sagt der Beutel.

7

Das Getrappel der Tritte
taucht unter im schäumenden Bach.

Dem schäumenden Bach
entsteigt das Getrappel der Tritte.

8

Vierzig Minuten bröckeln von der Stille
nur die Schritte ab.

L
   R
 L
     R
    L
       R
     L
      R
  L
    R
  L
      R

9

Wir haben das Schweigen zurückgelassen,
dort, wo das Tal sich in uns aufwölbte in Stille.

10
Heisskalt

Der Sommer brennt auf die Schneekadaver des Winters.
Auf dem Talboden kommt der Zug des Hangs zum Stillstand.
Dort ist eine Gruppe Menschen unterwegs,
dem Ort überlassen, dem Flusslauf des Flem.
Die nackten Füsse gehen vor,
die Menschen folgen ihnen schwankend
durch den Kies im reissenden Bach, Bergschuhe
baumeln haltlos über dem milchigen Strom.
Der Kuhnagel schlägt an in der Gletscherschotte
und verklingt im heissen Moor, im schwarzen Moos.
Zehen graben sich in den silbergrauen Schlick,
in die Spur, die ein Paarhufer, ein Gletscher
hier zurückgelassen hat.

12
Wir treffen uns an der Endmoräne

Das Mittagslicht fällt senkrecht von oben,
wir hocken im Gras. Der Schatten hockt
im Schatten unter unseren Schuhen,
Rucksäcken und Hintern.
Gott ist weiss trotz der Lichtverhältnisse
oder weisslich sozusagen
mit düsteren nicht undunklen Stellen
schwarzartig schluckend eigentlich
vollschwarz soviel ist klar
totsicher
Sagt wer?
Sagt Gian.
Und der Giachen sagt,
er fahre nie rückwärts. Immer nur vorwärts.
Verfahre er sich, fahre er weiter, es führe immer
ein Weg zurück, auch wenn man vorwärtsfahre.

13
Abzug

aus dem Familienalbum:
Marjatta verliess den Wald der Taiga,
das Moos und den kalten Fels von Kalevala,
und trat aus den Fichten des Uaul Scatlé
in die pralle Sonne der Alpen hinaus.
Vielleicht sah auch sie damals den Schatten bei Rubi
der ohne seinen Adler den Hang entlangflog.
Vielleicht sah auch sie, wie schmallippig
die Schneewechte am Kistenstöckli plötzlich wird,
wenn es heiss ist wie heut. *Vielleicht schwebte ihr sogar
eine Badewanne vor, in der einer sass mit einem Hirtenstock,
der eine Krone trug,* keinen Hut mit breiter Krempe.
Später schälte sich das Val Frisal
hin und wieder aus ihrer Erinnerung
wie damals die Kopfhaut vom Schädel.

14
Abwärts

Bunte Menschen kraxeln am Rand
eines schmierigen Altschneefeldes.
Der schäumende Flem hat die Scholle ausgehöhlt.
Nun nehmen die Menschen die Spur im Hang,
die wie eine Ader im Schotter zuckt.
Staubwolken hängen an den Fersen
der Gruppe. Der langgezogene, hagere
Fünfzigfüssler klimpert und scheppert
in den Bruchteilen eines Augenblicks
der Erdgeschichte.
Achtung:
Rasant macht das Tal eine Kurve,
die Kurve macht das Tal auf,
der Sonntagnachmittag rückt in den Blick
und mit ihm die Uhrzeit, der Fahrplan
und der Heimweg. Die Zentripetalkraft
des eigenen Lebensmittelpunkts
entwickelt einen Sog, der stärker ist
als die Gravität des Gebirges.
Die Menschen streben talwärts.
Gian, der Mann mit dem Trichter, hat vorgewarnt:
Schon im Ford Anglia, am Heck des Mercedes,
im Schoss der Familie, in der Kindheit der Mobilität,
heckten die Ausflügler Überholmanöver
in den Alltag aus. Bergab geht's einfach
einfacher.

Nachweis der kursiven Textstellen:

1 Franz Kafka, «Der Ausflug ins Gebirge», zitiert von Gian Rupf
2 Arno Camenisch, «Sez Ner», gelesen von Arno Camenisch
4 Echo auf: Prosa von Arno Camenisch
5 Echo auf: «Canzun de Sontga Margriata», erzählt von Gian Rupf
6 Erling Kagge, «Stille», zitiert von Gian Rupf
   Zitat auf dem Stoffbeutel von Arno Camenisch.
12 Echo auf: Roland Heer, «Überzeugung», zitiert von Gian Rupf
   Arno Camenisch, «Sez Ner», gelesen von Arno Camenisch
13 Echo auf: Gedicht von Arno Camenisch
14 Echo auf: Silvio Huonder, «Adalina», zitiert von Gian Rupf

Die Chronik zum Pfad im Val Frisal ist im Rahmen von Crystallization entstanden, dem SAC Kultur- und Kunstprojekt 2019. Während eines Sommers wurde der Alpenraum in dreizehn Begegnungen zu Fuss (Pfade), kulinarisch (Tavolatas) und in Gesprächen (Salons Alpins) erkundet. Autorinnen hielten in Chroniken fest, was sie vor Ort erlebt, gesehen, geträumt und gehört haben.

Bernhard Tschofen
Die Alpen sehen

Alpen ohne Photographie ist der programmatische Titel eines Essays, den der Philosoph Ernst Bloch 1930 unter anderem unter dem Eindruck eines Aufenthalts im Engadin verfasst hat. Er nimmt darin nicht nur die Alpen ins Visier der Kritik an der Kulturindustrie, sondern fragt auch nach den Veränderungen, die diese durch die massenhaft verbreiteten reproduzierbaren Bilder erfahren haben. Der Titel des nun bald 100-jährigen Textes, der mit seinen in drastischen Worten formulierten und durchaus noch heute gültigen Befunden aber zugleich als Beleg der ästhetischen Robustheit der Alpen fungieren kann, liesse sich verallgemeinern: Alpen ohne Bilder – die lassen sich nicht denken und die gibt es eigentlich gar nicht. Nicht nur um eine allgemeine Vorstellung von ihnen zu haben, auch, um sie quasi täglich sehen zu können, braucht man schon lange nicht mehr in die Alpen zu reisen, heute – dank etwa der Satellitenbilder des Wetterberichts, dank unzähliger Webcams und der Präsenz ihrer Landschaften in der Werbung für Tourismus, Nahrungsmittel und Outdoor-Artikel – weniger denn je.

Die Alpen aber zu hören oder zu fühlen, zu riechen oder zu schmecken, ist längst nicht so selbstverständlich und bedarf tendenziell eines ganz anderen Aufwands an Mobilität, Transport oder auch narrativer Konstruktion, wenn das sinnliche Erlebnis nicht unmittelbar an den Raum, an die Präsenz in ihm gebunden bleiben soll.

Doch weiss man nicht nur in den Kultur- und Geschichtswissenschaften, dass solche – hier darf man sagen: augenscheinlichen – Selbstverständlichkeiten trügen, etwas als natürlich erscheinen lassen, was in Wirklichkeit eine historisch gewordene und nach wie vor veränderbare, dynamische Figuration darstellt. Daher gilt es, im Folgenden nicht nur nach der Spezifik alpinen Sehens, seiner Bilder und Techniken zu fragen, sondern diese Fragen nach zwei Richtungen zu vertiefen. Wie lässt sich das Schauen in und auf die Alpen einerseits in den natürlichen und kulturellen Bedingungen verorten und welche Modellierungen haben andererseits die Alpen durch die Prominenz des Gesichtssinns in ihrem Raum erfahren?

Der folgende Beitrag skizziert eingangs überblicksartig die wissenschaftliche Auseinandersetzung mit einer Blickgeschichte der Alpen und rückt diese in den Kontext genereller Entwicklungen, sowohl in der jüngeren kultur- und sozialwissenschaftlichen Alpenforschung als auch in neueren Forschungen zur visuellen und sinnlichen Kultur allgemein. In einem zweiten Schritt versucht er eine Systematisierung alpiner Blickregime, ihrer Etappen und Merkmale in ihrer historisch-sozialen Situiertheit und vertieft diese in einem dritten Schritt exemplarisch anhand ausgewählter visueller Praktiken und ihrer Medien. Ein knapp gehaltener Ausblick auf aktuelle Dynamiken skizziert schliesslich in aller Kürze mögliche Akzente und Herausforderungen einer künftigen Auseinandersetzung mit dem Thema.

Der Alpenblick im Kontext einer Geschichte und Anthropologie
der Sinne

Das Feld, das es hier zu vermessen gilt, liegt im Einzugsbereich unterschiedlicher Forschungsrichtungen, die sich in den vergangenen Jahren zusehends angenähert haben. Das liegt zum einen daran, dass die Beschäftigung mit der Geschichte und Gegenwart der Alpen sich als interdisziplinares Arbeitsgebiet etablieren und ihre eigenen Akzente setzen konnte. Sie folgte dabei zwar mit Sicherheit der allgemeinen Entwicklung in den Kultur- und Gesellschaftswissenschaften, verstand es aber auf Grundlage der von diesen vorangetriebenen «Anthropologisierung» ihr Feld nicht nur in breiteren Begriffen von

Kultur zu denken und dabei die Aufmerksamkeit zusehends auf die historischen Akteur:innen in der Auseinandersetzung mit den Alpen und die von ihnen entwickelten Denk- und Handlungsweisen zu lenken, sondern damit auch einen Schritt in Richtung eines Verständnisses der räumlichen Spezifik zu tun. Eine Reihe von Arbeiten trug so nicht unwesentlich zu einer exemplarischen Bestimmung von Mensch-Umwelt-Beziehungen im Alpenraum selbst, aber auch in der europäischen Auseinandersetzung mit den Alpen bei. Solche Frage- und Arbeitsweisen wurden zum anderen seit den 1980er-Jahren erleichtert durch die Hinwendung zu subjektzentrierten Fragestellungen und die mit den verschiedenen Spielformen und Fortführungen eines generellen «cultural turn» eingeleitete neue Aufmerksamkeit für «Raum, Körper und Emotion» in den Geisteswissenschaften. Sie eröffneten einen flexiblen theoretischen Rahmen, in dem sich Wahrnehmung und Erfahrung alpiner Räume jenseits einer ideengeschichtlichen Auseinandersetzung mit Diskursen und Repräsentationen als kulturelle Praktiken neu vermessen und in ihrer sozialen Situiertheit und Wirkmacht untersuchen liessen. Verstärkt in den Fokus rückten damit – genährt nicht zuletzt von Konzepten und Zugängen der neuen Phänomenologie – die Umgangsweisen mit Körpern und Sinnen sowie deren Auslegungen. Sie wurden verstanden als Modellierungen einer nun nicht mehr als natürlich vorausgesetzten, sondern historisch und sozial gewordenen Physis, als aktiv mit ihrer Umgebung interagierende Leiblichkeit. Dementsprechend neu bestimmt, nämlich im Sinne relationaler Beziehungen, wurde dabei auch die Rolle des Materiellen und der Medien in einem breiten, nicht allein instrumentellen Verständnis.

Vor dem skizzierten Hintergrund geht es nicht nur um räumlich arrangierte Sinnespraktiken in ihrer historischen Dynamik, sondern auch um sinnliche Landschaften, um Landschaften also, die als soziomaterielle Figuration zugleich Produkt und Akteur ihrer Wahrnehmung und Erfahrung sind. Damit rückt die Beschäftigung mit alpinen Kulturen der Sinne auch in einen etwas veränderten Kontext. Sie erweitert damit ihre Perspektiven über das gängige Verständnis der Alpen als Gegenstand der Anschauung, als Projektionsfläche von Sehnsüchten und Tummelplatz der Leidenschaften hinaus. Die Alpen werden in solcher Sichtweise vielmehr als Laboratorium der Moderne erkennbar, das mit dieser sowohl untrennbar verflochten als auch selbst an deren Gestaltung weit mehr beteiligt ist als die anhaltende Stilisierung zum Gegenbild einer technisch-industriellen Alltagswelt zu suggerieren vermag.

In einer solchen Perspektive darf aber eines nicht übersehen werden: Gesehen und geschaut wird in den Alpen nicht erst seit dem Auftreten der ersten von aussen kommenden Forschenden und Reisenden. Im Gegenteil, auch zuvor sind sie ausgesprochen sinnliches Terrain, in dem der Gesichtssinn im Alltag eine kaum zu unterschätzende Rolle spielt – sei es bei der Suche nach Wegen oder der Kontrolle von Passübergängen, sei es bei der Jagd und Viehhut oder bei der wachsamen Beobachtung von Vorgängen und Gefahren der Natur, wie sie etwa im populären Wissen um Schnee und Lawinen überliefert sind und ihre eigenen Bild- und Aufschreibesysteme hervorgebracht haben.

Der Schweizer Filmemacher Fredi M. Murer hat diesem zumeist stummen Kommunizieren mit Augen und Fernglas in einer vornehmlich bäuerlichen Welt mit seinem Dokumentarfilm *Wir Bergler in den Bergen sind eigentlich nicht schuld, dass wir da sind* (1974) ein auch formal äusserst sinnliches Denkmal gesetzt.

Zur Entwicklungsgeschichte eines alpinen Blickregimes:
Etappen und Merkmale

Berge zu erfassen, sich ein Bild von ihnen zu machen, ist ein Wunsch und eine Kulturtechnik, die sich weder auf den Alpenraum noch auf die europäische Neuzeit beschränkt. Davon zeugen unter anderem die in ihrer eigenen Bildsprache gehaltenen Darstellungen der frühen Hochkulturen und der Antike. Für Europa und die frühen Darstellungen der Alpen hat die geringe Überlieferung vormoderner Quellen dazu beigetragen, älteren Epochen eine ästhetische Auseinandersetzung und Wertschätzung des Gebirges weitgehend abzusprechen – ein Narrativ, das nicht zuletzt in dem Bemühen um eine eigene und moderne Genealogie wesentlicher Kräfte der Alpenbegeisterung des 19. Jahrhunderts in Wissenschaft, Kunst und Alpinismus begründet zu sein scheint. Hier sind allerdings in den letzten Jahren wichtige Korrekturen vorgenommen worden, indem die Aufmerksamkeit auf langsame Übergänge und die gleichzeitigen Prozesse der verstärkten Funktionalisierung der Natur und ihrer Ästhetisierung gelenkt wurden. Die lange Geringschätzung früher Gebirgsdarstellungen ist selbst Ausdruck der kulturellen Situiertheit ästhetischer Präferenzen, sie hat nicht zuletzt mit der romantischen Auffassung zu tun, dass sich Stimmungen am legitimsten in möglichst realistisch anmutenden Darstellungen transportieren lassen. Die Aufmerksamkeit auf andere Werte und Interessen erschien dagegen den zeitgenössischen Betrachtenden häufig als plump oder wenig glaubwürdig. Dabei waren die romantisch motivierten Blicke und Bilder ebenso wenig eindeutig und changierten oftmals zwischen stummer Verwunderung und plakativem Vergnügen.

Diese Ambivalenz scheint geradezu massgeblich für die Ausbildung des modernen Blicks auf die Alpen gewesen zu sein. Die Befreiung von älteren Konventionen ging dabei einher mit oftmals nur schwer auseinanderzuhaltenden kognitiven und emotionalen Interessen. Erkenntnis und Genuss, präzises Messen und sinnlich emotionales Erleben lagen dabei häufig eng beieinander und konnten als Triebkraft ein und derselben Mission fungieren. Martin Scharfe hat die Frage nach dem Bergsteigen als einer die Grenzen des Säkularen auslotenden Praxis mit all ihren widersprüchlichen Selbstauslegungen und Legitimierungen, ihren Ängsten und Überwindungen, ihren Formen des Glaubens und Nichtglaubens ins Zentrum gerückt und auf die Widersprüche der «kulturellen Szenen» bei der sogenannten Eroberung der Alpen verwiesen. Das aufmerksame Vermessen war oftmals von schamhaften Gesten des schlechten Gewissens begleitet, und religiöse Gesten lenkten sublim auch in einer sich säkularisierenden Welt die ästhetisch motivierte Begegnung mit der alpinen Natur.

Unübersehbar ist dagegen selbstverständlich der Zusammenhang des alpinen Blickregimes mit den Praktiken und Medien der sich seit dem 16. Jahrhundert entwickelnden und ab dem späten 18. Jahrhundert intensivierenden Reisekultur. Claude Reichler hat auf der Grundlage einer systematischen Auseinandersetzung mit den Illustrationen von Reiseberichten daher die Ausbildung des Blicks durch diese spezifischen Bildmedien rekonstruiert, die Präsenz suggerierten und vor allem in der Zeit ihrer Konjunktur Empfindungen ebenso vorwegzunehmen als auch zu konservieren halfen. Die An- und Aussichten entlang der wichtigen klassischen Routen von Genf über Savoyen ins Wallis und von Bern und Thun ins Berner Oberland sind daher auch am dichtesten belegt, die Reise dorthin wurde von etablierten Blicken begleitet. Wie sich an den Knotenpunkten solcher Bewegungen die Bildmaschinerie verdichten und zu regelrechten Umgestaltungen respektive Überformungen von Orten führen konnte, haben zuletzt Valentin Groebner und Andreas Burgi für Luzern gezeigt. Letzterer mit Fokus auf die «touristische Bilderfabrik» des Löwenplatzes mit den sich ab etwa 1850 agglomerierenden Angeboten alpiner Augenreisen zwischen Museum, Relief, Panorama und Alpengarten.

Auf eine andere wichtige Allianz in diesem Zusammenhang ist erst in jüngerer Zeit systematisch hingewiesen worden, obwohl sie für die Epoche der Verbreitung einer «Geografie als Spektakel» in der Zeit um 1900 unübersehbar ist. Es ist die enge – wechselseitig von wissenschaftlich-technischen, künstlerischen und ökonomischen Expertisen profitierende – Kollaboration von Akteuren aus der Geografie, der Bildung und der verschiedenen alpinen Unternehmungen, die den Erfolg der in dieser Zeit entstehenden Wissens- und Unterhaltungsmedien ausmacht. Allison Huetz und Estelle Sohier haben dies am Beispiel der als Laboratorium solcher Netzwerke verstandenen Stadt Genf und anhand von drei Unterhaltung und Wissenschaft je unterschiedlich gewichtenden Unternehmungen rekonstruiert. Sie zeigten, dass sowohl das berühmte, zunächst auf der Weltausstellung in Chicago (1893) und dann der Schweizerischen Landesausstellung in Genf (1896), gezeigte Panorama der Berner Alpen als auch das Schweizrelief der Kartografen Charles Perron und Elisee Reclus und der ab 1908 entstandene *Atlas photographique des formes du relief terrestre* Produkte und zugleich Experimentierfelder solcher Zusammenarbeit zwischen Wissenschaft, Kunst und Kommerz waren. Ähnlich wirksame Milieus lassen sich für andere grössere Alpenstädte, etwa Innsbruck und Salzburg, nachweisen.

Mit den damit verbundenen Techniken der Produktion und Präsentation von Bildern der alpinen Natur ist der tiefgreifende Medienwandel angedeutet, der bereits in der Zeit um 1900 einsetzt und zwei das 20. Jahrhundert begleitende gleichzeitige Prozesse anstösst, nämlich neben dem der fortschreitenden massenmedialen Durchdringung des Alpenerlebnisses jenen der Individualisierung der damit verbundenen Ästhetiken und Praktiken. Mit der Popularisierung der Fotografie wird das Bildermachen zur alltäglichen Handlung und damit zu einem wichtigen Instrument der Erfahrung, sowohl von Natur als auch des sozialen Umgangs mit ihr. Ihre Bildsprache bewegt sich dementsprechend im Spannungsverhältnis überlieferter Blickregime und den mitunter auch spielerisch ausgeloteten Freiräumen subjektiven Erlebens.

Als Gradmesser dieses Wechselspiels eines relativ stabilen Repertoires der Bilder und Bedeutungen des Alpinen und seiner Formung als flexibler Mythos der Moderne mag die nunmehr weit über ein Jahrhundert zurückreichende Präsenz der Alpen in der Werbung dienen. Diese geht längst über die von der «Macht tief wurzelnder Blick- und Bildkonventionen» beherrschte Tourismuswerbung oder die früh ins Bild gesetzte Verbindung mit dem Mehrwert alpiner Produkte wie Milch oder Schokolade hinaus. Sie ist, wie der französische Soziologe Jean-Paul Bozonnet bereits 1992 in einer umfangreichen Studie *Des monts et des mythes* zeigen konnte, heute soweit entgrenzt, dass sie zugleich auf neue, etwa ökologisch motivierte Alpenbilder reagieren und auch den wachsenden Hedonismus des spätmodernen Alpenerlebnisses bedienen kann.

Die plurale Visibilität der Alpen: Technologien, Medien und Praktiken
Die Prominenz des Alpensehens als Medium und Praxis und damit der Alpen als Gebirge in den kollektiven Bilderhaushalten seit der Moderne beruht vor allem auf seiner umfassenden Einbettung. Es handelt sich hier nicht um ein Phänomen, das massstäblich oder auf bestimmte Genres beschränkt bleibt, sondern das durch alle Massstäbe – quasi von der Miniatur bis zum Originalformat in Fels und Eis – und durch alle Gattungen – von den kanonischen Künsten über populäre Bildwelten bis in die Welt der wissenschaftlichen Visualisierung – hindurchreicht. Dementsprechend vielfältig sind die Berührungspunkte alpinen Schauens mit unterschiedlichen Technologien, materiellen Manifestationen und kulturellen Alltagspraktiken auch weit über jene mittelbar auf den Gesichtssinn ausgerichteten hin-

aus, wie die anderen Kapitel dieses Bandes zu zeigen vermögen. Es liegt nicht zuletzt an den natürlichen Voraussetzungen der Alpen, dass der Blick auf sie und das Sehen in ihren vielgestaltigen Räumen nach Mitteln der Herstellung von Nähe verlangt. Sie helfen Distanzen zu überwinden, das Besondere vom Allgemeinen zu unterscheiden, rahmen den Blick und nehmen dem Unvertrauten zusehends seinen Schrecken.

Wenn wir von den Alpen als einer visuellen Sinneslandschaft sprechen, handeln wir also in Wirklichkeit immer von einem primär von Intermedialität geprägten und ohne diese nicht vorstellbaren Feld. Es ist daher aufgrund seiner vielerlei und in verschiedenste Richtungen führenden Verflechtungen mit anderen Sinnespraktiken, Medien und Technologien kaum zu begrenzen. Anders gesagt, die Alpen als visuelle Sinneslandschaft gründen auf einem dynamischen System von Bildern und Räumen, Orten und Praktiken, das sowohl Produkt als auch Ressource immer wieder neuer Konstellationen und Erfahrungen ist.

Diese verschiedenen Dimensionen können im Folgenden nicht einmal in annähernder Vollständigkeit behandelt werden. Auf einzelne Genres und Medientraditionen muss sogar ganz verzichtet werden, obwohl die Rolle, die ihnen für das intermediale Alpensehen zukommt, kaum zu unterschätzen ist. Ich erwähne hier, um nur drei ganz unterschiedliche Beispiele zu nennen, pars pro toto den bislang in der Forschung häufig völlig vernachlässigten Buchschmuck, das mit Tourismus und Kunstgewerbe verflochtene alpine Souvenir und schliesslich das bedeutsame Genre des alpinen Bergfilms. Zu letzterem hat sich eine eigenständige interdisziplinäre Forschung entwickelt, und er gilt heute zurecht als das Leitmedium des Anschlusses der Alpenbegeisterung an die internationale Kulturindustrie. Vor allem der Siegeszug des Skilaufs und die mit ihm verbundenen Vorstellungen und Unterhaltungsformate wären ohne seinen frühen Auftritt auf den Leinwänden der 1920er- und 30er-Jahre nicht denkbar. Aus dem Kinosessel der Metropole heraus liessen sich nun, wie Hans Ulrich Gumbrecht gezeigt hat, die Versprechen des Skilaufs als Sport der Jungen und Schönen in Sonne und Schnee erleben.

In den folgenden Abschnitten sollen dagegen zwei exemplarische Felder etwas vertiefter in ihren Grundzügen und Verflechtungen skizziert werden. Sie beziehen sich bewusst auf Unterschiedliches: Das sind erstens der grosse Komplex um Panorama und Aussicht und zweitens ausgewählte mobile Praktiken und Technologien.

Denkt man an das Sehen in den Alpen, ist vermutlich ungeachtet verschiedener kultureller Hintergründe der Gedanke an Stichworte wie Alpenpanorama und schöne Aussicht nicht weit. Das ist nur folgerichtig, weil der auf Panorama und Aussicht gerichtete Blick sowohl Ziel mannigfaltiger Interessen als auch Dreh- und Angelpunkt ihrer medialen Einbettung war. Wie vielfältig aber dieser bewundernde Blick auf, in und über die Berge gestaltet sein konnte, zeigt allein schon das unscharf begrenzte Spektrum von Medien und Praktiken, die unter Panorama und Aussicht firmieren konnten und können.

Es mag bezeichnend sein, dass beide Wörter eine vergleichsweise junge Geschichte haben. Im Deutschen ist der Begriff der Aussicht vor dem 18. Jahrhundert so gut wie unbekannt, seine eigentliche Karriere setzt mit dem zweiten Drittel des Jahrhunderts ein und er gewinnt bis in die Zeit um 1900 kontinuierlich an Verbreitung. Noch enger ist der Zusammenhang zwischen Begriff und Sache zunächst beim Wort Panorama, das als gelehrte Neuschöpfung aus dem Altgriechischen (im Sinne von Allschau oder Gesamtsicht) allgemein auf das Jahr 1791 und den irischen Maler Robert Barker zurückgeführt wird, der bezeichnenderweise auch als Pionier der kommerziell betriebenen Rundgemälde gilt (die er wenige Jahre zuvor noch als «nature at a glance» hatte patentieren lassen). Von hier ausgehend verbreitete sich der Begriff rasch und weitete sich auf unterschiedliche Bildmedien, damit verbundene Gebrauchsweisen und sogar Orte aus. Wenige Jahrzehnte später ist in den Alpen und zunächst besonders an den Aussichtsplätzen (auch das ein neues Wort!) am Alpenrand bereits in vielerlei Zusammenhängen von Panoramen die Rede.

Eine Schlüsselrolle kam dabei der bereits im 18. Jahrhundert als Ziel von Badereisen und Ausflügen schweizweit und bald über die Grenzen des Landes hinaus bekannten Rigi am Vierwaldstättersee zu. Sie wurde zum Inbegriff des Aussichtsberges und nahm mit einer bald nach 1800 errichteten Aussichtsplattform, organisierten

Aufstiegen zum Sonnenaufgang und einem bereits 1816 errichteten ersten Unterkunftshaus auf dem Kulm vorweg, was später vielerorts an ähnlich ausgestatteten Gipfeln reproduziert wurde. Kein Wunder, dass sich ihr Name auf ähnliche Aussichten übertrug, so dass bald etwa von der bayerischen Rigi, der Rigi Tirols oder Salzburgs, des Bodensees oder Salzkammerguts die Rede war. Oft waren diese Höhen auch jene, die als erste zu Zielen von Bahnbauten und Kulmhotels – mithin einer auf den Panoramatourismus ausgerichteten Infrastruktur – wurden. Aussichtswarten mit beschrifteten Rundsichten und Fernrohre gehörten bald zur selbstverständlichen Ausstattung.

Diese organisierten Aussichten hielten aus praktischen Gründen der leichteren Erreichbarkeit, aber auch aus ästhetischen Motiven der gesuchten landschaftlichen Vielfalt und idealtypischen, nämlich leicht aufblickenden Perspektive zunächst stets Distanz zum Hochgebirge. Sie huldigten dem Prinzip von Balkon und Balustrade und sind damit Ausdruck eines Landschaftsverständnisses, das nicht wie später in der Zeit sportlich ausgerichteten Höhenalpinismus auf bedingungslose Teilhabe, sondern auf sichere Distanz zielte und danach trachtete, sichtbare Zeichen von Zivilisation zwischen Natur und Betrachtende treten zu lassen. Das konnte auch nur ein käuflicher Bogen Papier sein, eines jener Panoramen, wie sie teils in grossen Auflagen gedruckt wurden. Einmal im Hinblick auf einen bestimmten Aussichtspunkt gezeichnet und benannt, wurde so nach und nach ein Ausschnitt des Gebirges zu einer kalkulierbaren Grösse. Vorlagen für die Reproduktion lieferten zunächst gezeichnete Horizontal- und dann vor allem Vertikalpanoramen – beides Innovationen der naturwissenschaftlichen Annäherung an das Gebirge im späten 18. Jahrhundert.

Ihren Höhepunkt erleben diese Darstellungsformen aber in der zweiten Hälfte des 19. Jahrhunderts und in enger Verbindung mit den verbesserten und verbilligten Reproduktionstechniken. Ihr Einsatz war nun so vielseitig wie ihr Format – als Faltbeilage von touristischen Publikationen, als gerahmte Bilder in Stationen und Unterkünften und als Souvenir an erlebte Empfindungen. Wie verbreitet das Genre war, zeigt der Umfang der Sondersammlung des Alpinen Museums der Schweiz. Sie umfasst rund 1300 Panoramen vornehmlich des 19.

Jahrhunderts von dokumentarischen Aufnahmen über mehr oder weniger frei gestaltete touristische Blätter bis zu den auf fotografischer Grundlage ermöglichten späteren Reproduktionen.

Panoramen im weiten Wortsinn stecken, so liesse sich zusammenfassen, stets voller Affordanzen, das heisst sie enthalten Lesbarkeitshinweise, die einer Aufforderung gleichkommen und den Blick lenken. Das kann ganz einfach durch die besprochenen grafischen Medien geschehen sein, aber ebenso durch die materielle Ausstattung solcher Orte bis hin zu den mächtigen architektonischen Interventionen der Hotelbauten und Bahnstationen. Vielleicht ist es kein Zufall, dass heute beim Begriff Panorama vielerorts die vor allem aus Ski- und Wandergebieten bekannten gemalten Ansichten des Geländes und seiner Angebote assoziiert werden. Diese zumeist farbenfrohen und detailreichen Bilder stellen eine um die Mitte des 20. Jahrhunderts auf der Grundlage der Techniken aus der Kulissen- und Plakatmalerei entwickelte Sonderform dar, für die vor allem das Innsbrucker Atelier des Grafikers Heinrich C. Berann weltweit stilprägend geworden ist. Es handelt sich dabei um Darstellungen voller Versprechungen von Aussichten, Abfahrten und Orten des gemütlichen Verweilens, die sich den Betrachtenden sehr viel plastischer als eine Fotografie öffnen – emotionale Bilder, die trotz der realistischen Ausführung keine massstabsgetreuen Darstellungen sind, sondern vor allem zu Phantasien über mögliche Erlebnisse anregen wollen.

Solche Medien und Versprechen spielen auch eine Rolle in dem zweiten hier kurz zu skizzierenden Beispielfeld, das für das visuelle – und synästhetische – Erleben der Alpen vor allem des 20. Jahrhunderts von zentraler Bedeutung ist. Im Sinne eines erweiterten Medienbegriffs darf hier nämlich der Hinweis auf die Vehikel nicht fehlen, die dem Auge Mobilität verliehen und damit Landschaft im wahrsten Wortsinne erfahrbar gemacht haben. Wolfgang Schivelbusch hat diesen Zusammenhang bereits in den 1970er-Jahren beispielhaft für die Eisenbahnfahrt und ihre Wirkung für die populärkulturelle Etablierung des «panoramatischen Sehens» untersucht. Eine Fortführung dieser Ansätze für die alpinen Bahnbauten des späten 19. Jahrhunderts, vor allem aber für die seit den 1920er-Jahren entstehenden und den Zeitgenoss:innen geradezu zauberhaft erscheinenden Luftseilbahnen hat sich als fruchtbar erwiesen und einen Einblick in kaum überschaubare Text- und Bildquellen ermöglicht.

Die Seilbahnfahrt wurde neben der Luftfahrt lange als die am meisten entmaterialisierte Form der Fortbewegung aufgefasst. Das Gefühl des lautlosen, ferngeleiteten Schwebens, wie es in der französischen Bezeichnung für Seilbahn «Téléphérique» am eindrucksvollsten verbildlicht ist, rückte die Seilbahn wiederum in die Nähe der medialen Reisesurrogate des 19. Jahrhunderts. Das Einfahren in die Landschaft wurde wie der Eintritt in eines jener Alpen- und anderen Panoramen empfunden, die Besucher:innen von Ausstellungen und Volksbelustigungen mit ungekannten Illusionen konfrontierten. Die Herkunft des Seilbahnsehens aus den neuen Medien findet ihre Bestätigung in den weit verbreiteten Assoziationen an die bewegten Bilder der Kinematografie.

In ähnlicher Weise zeigt sich in der Pässefahrt mit dem Automobil ein neues Raumerleben, weil die Vehikel in einen nicht mehr einfach linear durchmessenen, sondern durch die Anlage der Strassen, ihre Kehren und Höhendifferenz dreidimensional erschlossenen Raum führen. Aus raumtheoretischer Perspektive und im Sinne der jüngeren Landschaftstheorie formuliert, figuriert sich dieser freilich erst relational in der mobilen Erschliessung. Anders gesagt, die Passstrasse des 20. Jahrhunderts erschliesst nicht einfach Raum, sondern kreiert ihn.

Das gilt auch in einer etwas weiteren Perspektive, als sie neue Ordnungen von Grosslandschaften anstösst und damit über die imaginären Topografien auch in die konkrete lebensweltliche Räumlichkeit eingreift. Die zahlreichen populären illustrierten Panoramen und Kartenwerke, die sich in diesem Zusammenhang erhalten haben, fassen die Vorstellungen eines Netzes der Alpenstrassen und der durch diese geschaffenen Verbindungen von Nord und Süd, West und Ost ins Bild und suggerieren eine neue Nähe einstmals getrennter Räume oder schwer zugänglicher Gebiete.

Damit war ein Paradigma grundgelegt, das für die Neuanlage und Umgestaltung alpiner Passstrassen massgeblich werden sollte. Bauten wie die Grossglockner Hochalpenstrasse (1930–1935) folgten nicht mehr verkehrsmässigen Erfordernissen und richteten ihre Streckenführung an den Massstäben einer vom Auto als medialem Vehikel der Landschaftserfahrung diktierten Ästhetik aus. Solche Anlagen führten mitunter sogar – wie das Beispiel der eigens benannten Edelweissspitze an der Glocknerstrasse zeigt – über eigentliche Passhöhen hinaus und richteten sich primär nach den zu gewinnenden Blicken und Bildern. In den Alpen zur Perfektion gebracht wurde solche Regie am schweizerischen Sustenpass (1938–1945), der nicht nur als politisches Symbol der Reduit-Schweiz fungierte, sondern bei dem für die Inszenierung des mobilen Alpenerlebnisses selbst verzichtbare Tunnel gegraben und Wasserläufe verlegt worden sind.

Die Alpen sehen – das Alpensehen: Perspektiven
Die Modi des Alpensehens sind, wie diese Revue durch mehrere Jahrhunderte visueller Sinnesgeschichte zeigen sollte, einerseits von lange nachwirkenden und die je zeitgenössische Erfahrung rahmenden Bild- und Blickkonventionen geprägt. Andererseits verdanken diese ihre nachhaltige Präsenz der engen Einbindung des Alpensehens in moderne Medienwelten und der damit ermöglichten laufenden Aktualisierung bildlicher Wissensbestände und Emotionspraktiken. Das gilt auch für die Gegenwart der Alpen als Sinneslandschaft, in der wie in zahlreichen anderen Lebensbereichen die Möglichkeiten der Erfahrung und Kommunikation durch die mit Digitalisierung nur unzureichend umschriebenen umfassenden Dynamiken der sozialen Welt eine massive Erweiterung erfahren haben. Durch sie hat nicht nur das Wissen über den Raum und seine Potentiale eine andere Verfügbarkeit und ein neues Aussehen gewonnen, sondern es sind auch die Grenzen zwischen analoger und digitaler Welt, zwischen den Produzent:innen und Konsument:innen von Medienangeboten weiter aufgebrochen worden. Dabei zeigte aber die medienhistorische Sichtung, dass die Erfahrung des Alpinen über eine lange Tradition dessen verfügt, was wir heute als Augmentierung bezeichnen – nämlich im Sinne der technisch-medialen Erweiterung körperlich-sinnlichen Erlebens.

Eine künftige Beschäftigung mit den Alpen als Sinneslandschaft müsste diese Prozesse noch starker adressieren und vor allem auch danach fragen, welche Effekte die Individualisierung des Alpenerlebnisses für die Pluralisierung von «Alpensichten» – durchaus auch im Sinne konkurrierender Werte und Nutzungsanspruche – hat. Die verfügbaren Auswertungen von populären Abbildungen und Fotoaufnahmen verweisen auf ein recht ambivalentes, aber für die gegenwärtigen Sehnsüchte in Bezug auf Natur und körperlich-sinnliches Wohlbefinden auch bezeichnendes Bild. Die Mehrheit der Bilder sucht zwar das Unberührte und blendet möglichst aus, was diesem im Weg steht, sie sucht aber zugleich vertraute Perspektiven und verzichtet vor allem selten auf den Hinweis der eigenen Anwesenheit im Bild: «Seht her, das war mein Blick, das habe ich erlebt!»

Editorischer Hinweis: Die vorliegende Wiederverwertung des Aufsatzes «Die Alpen sehen» von Bernhard Tschofen wurde für das Lesebuch um Bilder und Fussnoten gekürzt.

Anhang

Autorinnen und Autoren, Nachweise

Judith Arlt, *1957 in Liestal BL, lebt in Meldorf (D). «Priele», aus: «Handschlag der Tide», Achter Verlag, Weinheim 2023.

Franz Böni, *1952 in Winterthur, †2023 ebenda. Auszug aus: «Alle Züge fahren nach Salem», Suhrkamp Verlag, Frankfurt am Main 1984.

Renata Burckhardt, *1973 in Bern, lebt in Zürich. Originalbeitrag. Zuletzt: «Alma», Novelle, Verlag about books, Zürich, 2021.

Christine K. Gubler, *1954, aufgewachsen in Zürich und Basel, lebt im Glarnerland. Auszug aus: «Tierfehd», Somedia Buchverlag, Glarus und Chur 2013.

Roland Heer, *1959 in Montreal (CAN), lebt in Zürich. «bergfahrt. *ein dramatisches Gedicht*», aus: «Das Meer ist leer», Waldgut-Verlag, Frauenfeld 1993. Der Text wurde für diese Ausgabe vom Autor redigiert.

Ludwig Hohl, *1904 in Netstal GL, †1980 in Genf. «Auf dem Grat», aus: «Bergfahrt», Suhrkamp Verlag, Frankfurt am Main 1975.

Franz Hohler, *1943 in Biel, lebt in Zürich. «In die Öde», aus: «Immer höher», AS Verlag, Zürich 2014.

Alfonso C. Hophan, *1992, von Näfels GL, Originalbeitrag. Zuletzt: «Schuld Ein Geständnis», Elster Verlag, Zürich 2017.

Meinrad Inglin, *1893 in Schwyz, †1971 ebenda. Auszug aus: «Drei Männer im Schneesturm», aus: «Schneesturm im Hochsommer», Erzählungen. Herausgegeben von Ulrich Niederer. Mit einem Nachwort von Usama Al Shahmani. © 2021 by Limmat Verlag, Zürich.

Fridolin Jakober, *1961 in Glarus, lebt in Mollis GL. «Über die Entstehung der Flurnamen», aus: «Landsicht und Landnahme», Waldgut Verlag, Frauenfeld 1996.

Richard Knecht, *1954 in Brugg AG, lebt in Glarus. «De Tödi», aus: «länger als arme», Verlag Pro Lyrica, Winterthur 2015.

Seraina Kobler, *1982 in Locarno, lebt in Zürich. Originalbeitrag. Zuletzt: «Nachtschein», Ein Zürich-Krimi, Diogenes Verlag, Zürich 2023.

Karl Kraus, *1874 in Böhmen, †1936 in Wien. «Landschaft (Thierfehd am Tödi)», geschrieben 1916, aus: «Ausgewählte Gedichte», Verlag der Schriften von Karl Kraus (Kurt Wolff), München 1920.

Samuel F. Krämer, *1962 in Pfäffikon SZ, aufgewachen in Glarus, lebt ebenda. «Auf Fessis», aus: «Blösche», tradition Verlag, Hamburg 2019.

Tim Krohn, *1965 in Wiedenbrück (D), aufgewachsen in Glarus, lebt in Santa Maria Val Müstair. Auszug aus: «Vrenelis Gärtli», Galiani Verlag, Berlin 2007.

Claudio Landolt, *1984 in Glarus, lebt ebenda. Originalbeitrag. Zuletzt: «Nicht die Fülle nicht Idylle nicht der Berg», Der gesunde Menschenversand, Luzern 2021.

Mirja Lanz, *1977 in Zürich, lebt ebenda. Überarbeiteter Auszug aus der Online-Chronik zum Pfad im Val Frisal, entstanden im Rahmen des Kultur- und Kunstprojekts «Crystallization» (2019) des Schweizer Alpen-Club.

Hansjakob Marti, *1952 in Matt GL, lebt ebenda. «Die Katastrophe», aus: «Dachdecker Fridolin», Cameo, Bern 2022.

Daniel Mezger, *1978 in Linthal GL, lebt in Glarus. Originalbeitrag. Zuletzt: «Alles ausser ich», Roman, Salis Verlag, Zürich 2019.

Vreni Stauffacher, geboren im Sernftal (Kanton Glarus), lebt im Zürcher Unterland. «Verena, die fiktive Erzählung», aus: «Abgeschoben? Fortgegangen?», Selbstverlag 2021, o. O.

Ralph Tharayil, *1980 bei Basel, lebt in Berlin. Auszug aus: «Nimm die Alpen weg», Azur im Verlag Voland & Quist, Berlin und Dresden 2023.

Maria Thorgevskaja, *1960 in Leningrad (RU). «Ich, der Berg», aus: «Wo Berge das Sagen haben», Baeschlin Verlag, Glarus 2021.

Bernhard Tschofen, *1966 in Bregenz (A). «Die Alpen sehen», aus: Valsangiacomo, Nelly; Mathieu, Jon. «Sinneslandschaften der Alpen: Fühlen, Schmecken, Riechen, Hören, Sehen», Böhlau Verlag, Wien 2022.

Leo Tuor, *1959 in Ilanz GR, lebt in Surrein GR. Auszug aus: «Cavrein», © 2017 by Limmat Verlag, Zürich. Aus dem Rätoromanischen von Claudio Spescha.

Peter Weber, *1968 in Wattwil, lebt in Zürich. Originalbeitrag. Zuletzt: «Die melodielosen Jahre», Roman, Suhrkamp Verlag, Frankfurt am Main 2007.

Melchior Werdenberg, *1954 in Schaffhausen, aufgewachsen u.a. im Glarnerland, lebt in Zürich. Auszüge aus: «Teilwelten – Geschichten vom Werden», Elster & Salis Verlag, Zürich 2021.

Tanja Wirz, *1970, lebt in Feldmeilen ZH. Auszug aus: «Gipfelstürmerinnen», Verlag Hier + Jetzt, Baden 2007.

Emil Zopfi, *1943 in Wald ZH, nach Jahrzehnten im Kanton Glarus lebt er heute in Zürich. Originalbeitrag. Erzählerische Kurzfassung des Stücks «Speck auf dem Tödi», UA Glarus, 2024.

Elsbeth Zweifel, *1938 in Diesbach GL, lebt in Zürich. Auszüge aus: «Das Bündel Zeit». © 2017 by Limmat Verlag, Zürich.

Nelly Zwicky, *1872 in Obstalden GL, †1946 in Mollis GL. «Das Geheimnis des Knechts», aus: «Wenn die Wasser steigen», Verlag Friedrich Reinhardt, Basel 1937.

Berggeschichten im AS Verlag

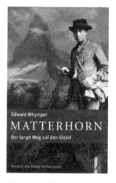

Nicht einmal Mark Twains wunderbar bissiger Reisebericht «Bummel durch Europa» geht so hoch ins Hochgebirge wie Alphonse Daudet mit seinem Helden in diesem humoristischauthentischen Bergtourismusroman.

Die fünfzig Texte erzählen von der grossen Sehnsucht, die an Sucht grenzt, wenn der «Stoff» fehlt: der Fels! Vom Glück nach einer gelungenen «on sight»-Begehung, vom Klettern im Tangotakt, Stürzen ins Seil und dem Scheitern am Berg oder an den eigenen Grenzen.

Whympers klassischer Originalbericht von seinen Versuchen und vom abschließenden Erfolg ist eine der spannendsten Episoden, welche die Alpingeschichte zu bieten hat.

Alphonse Daudet
Tartarin in den Alpen
Die Besteigung
der Jungfrau
ISBN: 978-3-909111-85-5

Emil Zopfi
FelsenFest
Noch schöner als Fliegen
50 Kurzgeschichten
ISBN: 978-3-906055-46-6

Edward Whymper
Matterhorn
Der lange Weg
auf den Gipfel
ISBN: 978-3-909111-14-5

Skifahrer, Bergsteiger, Ballonpilot – und in allen drei Sparten ein Pionier: Victor de Beauclair (1874–1929) schaffte die erste Skidurchquerung der Berner Alpen und die erste Ballonüberfahrt des gesamten Alpenkamms ...

Von lebensgefährlichen Viehtrieben und utopischen Ausbauplänen. Geschichte und Kulturgeschichte des Panixerpasses und der Regionen Glarus und Surselva.

Es sind Texte, die in ihrer Farbigkeit und Lebendig-keit, auch ihrer Genauigkeit erstaunen; so entsteht ein plastisches Bild Graubün-dens im ersten Drittel des 19. Jahrhunderts, in dem wir immer wieder verblüffende Parallelen zur Gegenwart erkennen können.

Emil Zopfi
Victors letzte Fahrt
Alpinist und Luftschiffer aus Leidenschaft.
Ein Leben.
ISBN: 978-3-03913-037-5

Susanne Peter-Kubli
Panixer · Pass Pigniu
Ein Verkehrsweg als Angel-punkt in der Wirtschafts- und Kulturgeschichte zwischen Glarus und der Surselva
ISBN 978-3-03913-058-0

Peter Conradin von Tscharner
Wanderungen durch die Rhätischen Alpen
Herausgegeben von Andreas Simmen
ISBN: 978-3-03913-049-8